Paul Misar

LEBENSSANIERUNG

Sanieren statt Planieren

aus der Reihe

DESIGN your LIFE

PM Multimedia Verlags GmbH

Lebenssanierung - Sanieren statt Planieren von Paul Misar
Überarbeitete Drittauflage Mai 2011

PM Multimedia Verlags GmbH
Candidplatz 13, 81543 München
office@lifedesigner.info
ISBN 978-3-9502968-0-8

Gestaltung und Layout:
Atelier Misar . www.misar.at
Fotos: Fotostudio B&G Baden, www.fotolia.com, www.istockphoto.com,
Atelier Misar, PM Multimedia Verlags GmbH

Gewidmet meinem Sohn Patrick.

Kapitelübersicht

Wer zur Hölle ist Paul Misar?

Paul Misar, in Wien geborener Entrepreneur aus Leidenschaft, wurde durch Seminare und Vorträge als Europas erster Lifedesigner bekannt.

Er machte sich einen Namen als erfolgreicher Firmensanierer, bevor er auf die Seite des Investors wechselte und sich in weiterer Folge schwerpunktmäßig seiner Academy (mehr Infos unter www. lifedesigner.at) mit Sitz in München, Wien, Salzburg und Bregenz sowie seiner Autoren-, Referenten- und Seminartätigkeit widmete. Umso treffender ist der Titel „Lebenssanierung" gewählt, denn ähnlich wie bei einer erfolgreichen Firmensanierung gibt es auch bei Lebenskrisen einfach handhabbare Erfolgsrezepte, um rasch wieder den Weg aus der Krise zu finden. Einige dieser Rezepte werden Ihnen in diesem Buch vermittelt. Es handelt sich dabei um Empfehlungen, die der Autor selbst getestet und entwickelt hat, als er sich vor Jahren selbst in einer Lebenskrise befand.

Die große Vision des Autors ist es, möglichst vielen Menschen zu helfen, Ihr Leben ganzheitlich ZU EINEM MEISTERWERK ZU MACHEN oder um mit seinen Worten zu sprechen: „Entdecken Sie Ihr Potenzial und designen Sie Ihr Leben!!!" Dieses Buch soll der erste Schritt in einem nie endenden Prozess werden, Ihnen dabei zu helfen:

„Der oder die Beste zu werden, der Sie werden können!"

PM Multimedia Verlag

Warum soll ich dieses Buch eigentlich lesen?

Es ist mittlerweile mehr als 20 Jahre her, dass ich mir erstmals folgende Fragen stellte: Was ist das Geheimnis von Erfolg? Warum sind manche Menschen sehr erfolgreich, andere jedoch nicht? Warum sind manche glücklich und andere unglücklich? Warum gelingt einigen alles, was sie sich vornehmen, während andere von einem Problem ins nächste stürzen?

Daraus ergibt sich eine weitere entscheidende Fragestellung: Haben wir nicht theoretisch alle von Geburt an ein Recht auf Glück und Erfolg? Haben wir nicht ein Geburtsrecht auf Wohlstand? Warum gelingt es dann einigen und der Mehrzahl der Menschen nicht? Sind wir nicht alle auf die Welt gekommen, um unser Leben zu genießen - Tag für Tag? Ist es nicht der größte Wunsch aller Menschen, möglichst viele positive Erfahrungen im Leben zu machen und Freude dabei zu spüren? Sind wir nicht alle geboren, um die Schönheiten des Planeten, auf dem wir leben, auskosten zu können, mit all seiner Vielfalt in Fauna und Flora? Sind uns nicht all unsere Sinne gegeben worden, damit wir unser Leben zelebrieren können - und nicht nur, um so lange Probleme zu bewältigen, bis wir irgendwann mutlos und frustriert sterben?

Ich fragte mich weiter: Haben erfolgreiche Menschen die gleichen Probleme wie die Erfolglosen oder gehen die Erfolgreichen Problemen aus dem Weg? Oder aber sind gar letztgenannte durch Glück und Zufall begünstigt? Erleiden erfolgreiche Menschen die gleichen Schicksalsschläge, die sie zurückwerfen? Wo liegt der Unterschied? Ist alles tatsächlich nur Glück und Pech im Leben? Ist es vielleicht Vorherbestimmung? Sind es nur Zufälle im Leben, die über Erfolg oder Misserfolg entscheiden? Oder kann man Glück vielleicht sogar planen?

Haben Sie vielleicht auch schon vereinzelt Menschen kennen gelernt, die aus jeder Niederlage, und scheint diese noch so groß zu sein, gestärkt hervor gehen? Die jedes Problem langfristig nutzen, um danach einen noch größeren Erfolg für sich selbst zu verbuchen?

Haben Sie solche Menschen immer bewundert?

Und last but not least stellte ich mir immer und immer wieder speziell eine Frage, die mir einfach nicht mehr aus dem Kopf ging: Was ist der eigentliche Grund unseres Daseins? Haben wir nicht alle das Recht, dieses Leben bestmöglich und mit einem höchstmöglichen Grad an Freude, Spaß, Liebe und Befriedigung zu führen? Geht es nicht darum, dieses Leben optimal zu leben, mit viel Lachen, viel Freude und viel Glück? Ist nicht vielleicht dieser Aspekt einer der wichtigsten in unserem Leben? Spaß zu haben - Lebensfreude!

Ist das nicht genau der Punkt, der so viele „Suchende" antreibt, bis an ihr Lebensende nach „dem höheren Sinn" zu forschen? Viele suchen diesen höheren Sinn des Lebens in religiösen Zukunftshoffnungen, andere in stundenlangen Vergangenheitsanalysen bei ihrem Psychiater, Psychologen, Pfarrer, Geistlichen oder anderen religiösen Führern. Nur sehr wenige sind unabhängig ihrer Glaubensansichten bezüglich künftiger Leben bereit, ihr heutiges aktuelles Dasein, ihr "Leben im Hier und Jetzt" als eigentlichen Zweck ihres jetzigen Seins zu akzeptieren und das Beste daraus zu machen.

Warum suchen so viele Menschen ihr Heil in künftigen Welten, in einer Erfüllung nach dem Tod oder in der Bewältigung traumatischer Vergangenheitserlebnisse? Warum schaffen es so wenige Menschen, erfolgreich ihr tatsächliches aktuelles Leben zu führen, sondern verschieben stattdessen all ihre Hoffnungen und Erwartungen in eine unbestimmte Zukunft oder in eine andere Welt?

Wir brauchen neue Fragestellungen! „Gibt es eigentlich auch ein Leben VOR dem Tode?" und, vielleicht die wichtigsten Fragen, denen ich mich speziell in meinem zweiten Buch „Lebensdrehbuch - Make Your Life A Masterpiece!" sehr intensiv widme: „Was ist meine spezielle Aufgabe in diesem Leben?" und „Welche besondere Herausforderung, welche Berufung, die das Leben für mich reserviert hat, kann ich jetzt und in der nächsten Zukunft so erfüllen wie kein anderer?"

All diese Fragen gingen mir nicht aus dem Kopf, doch ich blieb mir selbst viele Antworten schuldig - jedenfalls lange Zeit. Es sollte auch in meinem Leben viele Jahre dauern, bis mir die Beantwortung in Form von Erkenntnissen geschenkt wurde.

Aber eine innere Stimme sagte mir schon sehr früh, dass es unsere eigentliche Aufgabe in diesem Leben sein muss, dazu beizutragen, dass diese Erde zum Zeitpunkt unseres Abtrittes von dieser Weltbühne etwas besser da steht als am Tag unserer Geburt. In meiner Kindheit schien das nicht so sicher, denn zur Zeit des kalten Krieges hatten viele Menschen immer wieder Angst, der Ost-West-Konflikt könnte dazu führen, dass sich die Menschheit in einem Atomkrieg selbst zerstört. Dann kam die Zeit von Tschernobyl, und alle Welt hatte Furcht, dass es noch größere und schwerere Atomkatstrophen geben könnte. Da ich in einer sehr gläubigen Familie aufwuchs, wurde dort immer die Bibelstelle zitiert: „Gott werde die zerstören, die die Erde zerstören" - Gott werde also einen Großteil der Menschheit vernichten, ehe die Menschen selbst die Erde zerstören. "Auch nicht gerade ein schönes Szenario" dachte ich mir daher schon als Kind. Aber ich wollte meine Lebensphilosophie nicht auf „Zerstörungstheorien" aufbauen. Ich ging davon aus, dass die Vernunft letztlich siegen wird.

Ich war mir jedoch auch bewusst, dass einzelne Menschen, eine kleine Minderheit von vielleicht max. ein bis zwei Prozent, das Geschick der gesamten Menschheit lenken, weil sie im Gegensatz zu vielen anderen ihr Leben bewusst nutzen. Mir war klar, dass man nicht in diese „Top Liga" hineingeboren wird, sondern dafür etwas tun muss, um in der „Champions-League" spielen zu können. Was ich dabei überhaupt nicht verstand, war der Umstand, dass sich alle anderen mit der Rolle der „Schafe, welche dem Herdentrieb folgen" begnügen. Jedenfalls beschloss ich für mich, kein „dummes Schaf" mehr sein zu wollen, sondern in die „Ein-Prozent Top Liga" aufzusteigen! Ich traf daher die Entscheidung, dass es dazu keine Alternative gibt. „Ich muss und werde der Beste werden, der ich werden kann". Keine anderen Optionen! Ich war es mir selbst schuldig, meinem Umfeld und allen, die an mich geglaubt haben - und noch vielmehr jenen, die das nicht getan haben. Meine Devise war ab sofort: „Besser Top als Flop!"

Sehr früh begann ich daher Biografien erfolgreicher Leute regelrecht in mich „hineinzusaugen", so wie andere Menschen Liebesgeschichten, Seifenopern oder Kriminalromane. Anfangs las ich ein bis zwei im Monat. Später, nachdem ich die Möglichkeiten des Speed-Readings entdeckt hatte (mehr dazu im Buch „Lebensdrehbuch - Make Your Life A Masterpiece!"), manchmal ein bis zwei in einer Woche, aber niemals weniger als zwei bis drei im Monat. Dieses Pensum wurde zu meiner Planuntergrenze. Ich hatte bei der Analyse dieser erfolgreichen Menschen und deren Karrieren einige Erkenntnisse gewonnen und stellte viele Parallelen zwischen all den Persönlichkeiten fest, speziell in der Art und Weise, wie sie sich Ziele, nämlich im Einklang mit ihren Fähigkeiten steckten und diese konsequent umsetzten. Gleich verhielt es sich in den Bereichen Ausdauer, Zähigkeit und Glaube. Aber eines kann ich Ihnen schon vorweg sagen: Keiner von ihnen ist als Sieger geboren worden – und keinem wurde in seinem Leben etwas geschenkt.

Nehmen Sie nur vorab als eines von vielen Beispielen Arnold Schwarzenegger, der in einem kleinen steirischen Dorf mit nur wenigen Häusern als Sohn eines Dorfpolizisten aufwuchs, bevor er als Bodybuilder startete, später als mehrfacher Mister Universum beim Film landete, um letztlich Gouverneur von Kalifornien zu werden. Ein unscheinbarer Junge aus einem Grazer Vorort, der heute mit einem Mitglied des bekannten Kennedy-Clans verheiratet ist und vielleicht doch noch einmal als erster nicht in den USA geborener Politiker Präsident der Vereinigten Staaten werden könnte. Wie war all das möglich? Weil er exakt wusste, was er wollte. Er kannte seine jeweils nächste Bestimmung. Und er war flexibel genug, auch gelegentlich die Wege zu wechseln. Ich habe sehr viel Respekt vor „Arnie". Ich werde Ihnen auch zeigen, dass es nicht nur wichtig ist, die Wege richtig zu gehen (damit befassen sich 99% der Sachbücher), sondern noch viel wichtiger, die richtigen Wege zu gehen. Üben Sie sich nicht nur darin schneller zu klettern sondern überprüfen Sie auch von Zeit zu Zeit, ob die Leiter noch an der richtigen Mauern lehnt. Wie Sie Ihre Bestimmung in Ihrem Leben oder auch mehrere finden können, dabei will ich Ihnen mit diesem Buch behilflich sein.

Sollten Sie ähnliche oder auch andere Erfahrungen gemacht haben, senden Sie mir Ihre persönliche Story. Ich freue mich darüber und werde die besten Geschichten in meinen nächsten Büchern einbauen. Ihre diesbezüglichen Zuschriften senden Sie bitte an:

office@lifedesigner.info

Lassen Sie mich kurz zu meiner Geschichte zurückkehren, bevor wir uns gemeinsam ansehen, welchen Nutzen Sie daraus ziehen können: Erst nach einer Vielzahl von Jahren, als ich mit meiner eigenen Karriere bereits in einem Stadium angelangt war, in dem ich zwar nach außen hin erfolgreich, aber innerlich tief unzufrieden war, ging mir ein Licht auf. Erst nach einer großen privaten Krise begann ich, immer mehr zu begreifen und zu verstehen, entdeckte auf einmal ein Lebensgesetz nach dem anderen... Und plötzlich wurde vieles, was vorher für mich im Nebel verschwommen schien, klarer und klarer.

Aus NEBEL wurde LEBEN!

Einer der Punkte, die ich durch leidvolle Erfahrung erkennen musste war, dass wir die grenzenlose Macht unserer Gedanken unterschätzen, und dass wir oft im Leben, dazu neigen, andere für unsere Tiefschläge und Misserfolge verantwortlich zu machen. Vermutlich ist dieser Fehler der schlimmste, den wir begehen können und genau die Ursache dafür, warum fast alle Menschen nie über ein Mittelmaß hinauskommen. In diesem Zusammenhang scheint mir ebenso wichtig zu sein, große Träume und Visionen zu haben und diese trotz Widerstandes NIE aufzugeben. Wir benötigen: Klare Vorstellungen von unserer Zukunft, Zielbilder, eine genaue Idee davon, wo wir hinwollen. Wenn wir nicht wissen, wohin die Reise geht, werden wir irgendwo ankommen, wo wir nie hin wollten. Der Satz ist nicht von mir, sondern von Mark Twain, aber er trifft den Nagel auf den Kopf.

Visionen sind nur dann von Nutzen, wenn wir sie zum Leben erwecken. Daher müssen wir aus unseren Visionen klare Ziele formulieren, denn sonst bleiben diese nur unerfüllte Wünsche und Träume, von welchen die Masse der Menschen träumt, sie aber nie umsetzen. Dieses Buch (wie Sie dem Titel schon entnommen haben) ist eine Anleitung für "die Sanierung Ihres Lebens". Eine Sanierung ist manchmal etwas schmerzvoll, aber sie dient dazu, dass etwas, das bereits stark angeschlagen scheint, wieder in Schwung kommt und aufblüht. Ganz so, als ob ein Gärtner durch den Garten geht und die Bäume und Sträucher zurechtschneidet, damit diese später wieder voll blühen können.

Noch etwas: Nicht alles in diesem Buch ist neu und nicht alles habe ich selbst erfunden. Aber so wie nahezu alle Haubenköche dieser Welt, mit ähnlichen Zutaten arbeiten, so sind doch die Zubereitungsarten sehr unterschiedlich.
Wählen Sie vom Buffet was Ihnen gefällt und zu Ihnen passt!

Ihr
Paul Misar

Mein Start als „Europas erster Lifedesigncoach“

Was veranlasst eigentlich einen erfolgreichen Sanierer und Investor, also einen Turnaroundfachmann, Bücher über „Lebenssanierung“ und „Lebensdesign“ zu schreiben? Eine durchaus berechtigte Frage. Nach einer eigenen durchlebten Krise, auf die ich noch zu sprechen kommen werde, und dem darauf folgendem Verkauf meiner international in West- und Osteuropa tätigen Firmengruppe bin ich vom normalen Unternehmer in den Sanierungs- und Beteiligungsbereich gewechselt. Es war und ist eine meiner Stärken, mich an kleineren und mittelgroßen Firmen, sogenannten KMU´s (Klein- und Mittelstandsunternehmen), in wirtschaftlichen Turbulenzen zu beteiligen oder Teilbereiche durch Asset Deal* zu übernehmen, diese zu sanieren und später nach erfolgreicher Sanierung mit Gewinn wieder zu verkaufen. Einige sogenannte „Geschäftsfreunde“ nannten mich daher neidisch „Edward Lewis“ in Anlehnung an den von Richard Gere verkörperten Finanzmogul aus dem Filmklassiker Pretty Woman. Der Film wurde primär dadurch bekannt, weil Julia Roberts als Vivian in der zweiten Hauptrolle, der ganz große Durchbruch in Hollywood gelang. Die Szene, in der plötzlich eine der Schnecken von Vivians Teller im First Class Restaurant in der Hand des Obers landet, verbunden mit der Aussage: „Schlüpfrige kleine Scheißerchen!“ ist ebenso legendär wie die Antwort „Das passiert jedem“. Aber zurück zu “meinem Film“.

Schon sehr bald entwickelte ich in meiner neuen Lebensrolle das Konzept einer Firmenübernahme unter weiterer Mitbeteiligung der Altinhaber mit dem Ziel einer „Win-win-Situation“. Wie es dazu kam, werde ich an anderer Stelle noch ausführlich erzählen. Jedenfalls bedeutete „Win-win“ in diesem Fall, die Altinhaber an der erfolgreichen Sanierung zu beteiligen und am Gewinn partizipieren

* Bei einem Asset Deal handelt es sich um eine Unterart des Unternehmenskaufs. Der Kauf vollzieht sich hierbei durch den Erwerb von Teilen oder sämtlicher Wirtschaftsgüter (engl. Assets) des Unternehmens.

zu lassen. Das war aus wirtschaftlichen Gründen nicht immer möglich aber doch häufig, zumindestens wenn es das Ziel war die Firma später wieder zu verkaufen. Normalerweise dauerte so eine Sanierungsphase mit anschließendem Unternehmensverkauf einige Monate, oft aber auch bis zu drei Jahren. Es ist normal, dass man mit dem Kunden oder Klienten in dieser Phase, in der man gemeinsam schwierige Gespräche mit Banken, Gläubigern und anderen Investoren durchkämpft, sozusagen durch „dick und dünn" geht und dabei ein gutes Vertrauensverhältnis aufbaut. Das bedeutet normalerweise, dass die Leute auch sehr offen über ihr Gefühlsleben und ihre Empfindungen sprechen. Deshalb wurde ich in solchen Prozessen immer wieder auch zum „Personal Coach". Umso mehr schien es mir unverständlich, dass einige dieser Personen trotz finanzieller Sanierung und teilweise sogar lukrativster Gewinne beim Verkauf ihrer Unternehmung danach nicht richtig glücklich waren. Es gab sogar Einzelfälle, die frustriert und extrem unglücklich schienen - trotz abgebauter Schulden, trotz teilweise voller Konten. Und das nach vorherigem, oft jahrelangem Kampf ums nackte Überleben. Mein Ego war verletzt, denn dadurch schmälerte sich mein eigenes Erfolgsgefühl. Eines Tages beschloss ich, diesen Umstand nicht als gegeben hinzunehmen, sondern einige dieser Kunden unentgeltlich weiter zu „coachen". Ich versuchte zu analysieren warum diese nicht glücklich waren, hatten wir doch das gemeinsam gesteckte Ziel (Sanierung und erfolgreichen gewinnbringenden Verkauf der Unternehmung) in nahezu allen Fällen erreicht. Um Ihren Sinn für die Ursachen von Firmenkrisen an dieser Stelle zu schärfen, möchte ich es nicht versäumen, offen mögliche Ursachen aufzuzeigen. Dabei möchte ich nicht nur meine Erfolge hervorheben, sondern auch aufzeigen, welche Fehler Sie als Unternehmer vermeiden müssen, falls Sie sich selbst in einer Krisensituation befinden. Nur drei Mal in all den Jahren, mussten wir nach der Due Dilligence*

---

* Die Due-Diligence-Prüfung ist eine systematische Stärken-/Schwächen-Analyse, bei welcher die mit dem Kauf verbundenen Risiken nach einem vorher gewählten Prüfungsraster (z.B. EFQM) überprüft werden. Meistens sind bei diesem Prozess auch erfahrene Anwälte und Wirtschaftsprüfer involviert.

von einer Übernahme und Sanierung Abstand nehmen oder hatten bereits Teile des Unternehmens übernommen, aber trotzdem keinen durchschlagenden Erfolg.

In einem der Fälle hatte die Firma die Schulden auf über hundert Lieferanten in ganz Europa verteilt, wobei einige dieser Partner nicht verhandlungsbereit waren. Wir lehnten daher eine Sanierung ab, nachdem wir über die Faktenlage vollständig informiert waren. Beim zweiten Fall erwirkte einer der Gläubiger in der Sanierungsphase einen Konkurs, und bei der dritten Firma gelang uns zwar eine Sanierung, die aber einige Jahre später leider doch einen Wermutstropfen hatte, weil das Unternehmen dann doch noch insolvent ging. Die Pleite kam drei Jahre nach der ersten erfolgreichen Sanierung, bei der die Firma einen Schuldenbetrag in Millionenhöhe gespart hatte. Leider hatten die Altinhaber uns eine Reihe von Altlasten verheimlicht, die letztlich dann doch schlagend wurden.

Unabhängig davon kann ich sagen, dass das Schema in nahezu allen Fällen von krisengeschüttelten Unternehmen gleich war. Die Altinhaber der Firmen, altersmäßig oft zwischen 60 und 75 Jahren angesiedelt, hatten uns zu spät hinzugezogen und unzureichend oder nicht 100 Prozent ehrlich mit den Fakten rund ums Unternehmen versorgt.

Das hatte zumindest in zwei Fällen persönliche Gründe, führte jedoch zu falschem Informationsstand. Auf Basis falscher Informationen ist es auch für ein Team aus Fachleuten schwierig, die richtigen Entscheidungen zu treffen. Trotzdem entschloss ich mich, diesen Menschen weiterhin meine persönliche Hilfe anzubieten, zumindest so lange, wie Sie dazu bereit waren, meine ausgestreckte Hand zu ergreifen. (Ich erwähne das nur deshalb weil 100%ige Ehrlichkeit zu Ihrem Coach essentiell wichtig ist wenn er Ihnen helfen soll). Ehrlichkeit, Fleiss und Loyalität sind für mich im übrigen die wichtigsten Tugenden im zwischenmenschlichen Umgang, weshalb ich mich immer wieder auch von Geschäftspartnern, Mitarbeiter und Klienten trenne wenn sie diese Voraussetzungen oder Spielregeln nicht akzeptieren. Aber zurück zu meinen „Sanierungsklienten".

Alle hatten irgendwann einmal Ihre Firmen geliebt und, teilweise vielleicht sogar bis zum Schluss, die Zeichen der Zeit geleugnet oder falsch gedeutet. Sie hatten nicht erkannt, dass in Zeiten des Paradigmenwechsels und der damit verbundenen Schnelllebigkeit unserer Gesellschaft neue Vertriebswege und neue Kommunikationswege notwendig waren.

Die meisten meiner Sanierungskunden waren Unternehmen, die vom Mehrheitseigentümer oder Gründer selbst geführt wurden. Das durchschnittliche Alter der Geschäftsführer lag dabei zwischen 60 und 75 Jahren. Themen wie Globalisierung, Internetauftritt, Positionierung und Spezialisierung, Basel II oder gar Basel III waren für die meisten viele Jahre lang nur Reizwörter, bis es schlussendlich zu einer lebensbedrohlichen Krise der Unternehmungen kam. Auch hatten fast alle der betroffenen Unternehmen eine stark hierarchisch geprägte Führungsstruktur, die meisten schon an der Grenze zum diktatorischen Führungsstil. „Teamarbeit“ war da ein Fremdwort. Es zog sich weiter wie ein roter Faden durch all diese Firmen, dass es keine vernünftige Nachfolgeregelung gab, oftmals deshalb, weil die autoritär und inhabergeführten Unternehmen es verabsäumt hatten, firmenintern Managementstrukturen aufzubauen oder innerhalb der Familie das Ruder rechtzeitig an die nächste Generation zu übergeben.

Der Begriff TEAM stand in diesen Unternehmungen bestenfalls noch für:

Toll	T
Ein	E
Anderer	A
Macht's	M

Das beschriebene Schema traf de facto auf 90 Prozent der Sanierungsfälle zu und zwar unabhängig davon, ob es sich um eine kleine GmbH oder eine größere AG handelte, die noch zehn Jahre vorher auf ihrem Gebiet Weltmarktführer war. Das Topmanagement, aber auch das mittlere Management hatte sich zu lange auf den „Lorbeeren des Erfolges“ ausgeruht.

Sie hatten allesamt die Zeichen der Zeit nicht verstanden. Sie wunderten sich viel zu spät darüber, dass Dinge, die jahrelang funktioniert hatten, auf einmal aufgehört hatten zu funktionieren. Die meisten hatten am Höhepunkt ihrer Erfolge aufgehört, sich weiter zu entwickeln. Sie haben zwar in ihrer Firma gearbeitet, aber schon lange nicht mehr an ihrer Firma.

So wie der Unternehmer Claus in Edgar K. Geffroys spannenden Wirtschaftsroman „Machtschock“ hatten alle meine Kunden einige grundsätzliche Erkenntnisse nicht erfasst.

Aber vor allem hatten Sie nicht verstanden, dass:

1. das alte Denken „Besitz gleicht Macht“ nicht mehr zeitgemäß ist.
2. es keine Käufer- oder Verkäufermärkte mehr gibt, sondern Partnerschaften.
3. der klassische Verkäufer schon lange vom Beziehungsmanager verdrängt wurde.
4. Marktwirtschaft zu Netzwirtschaft wird.
5. die erfolgreiche Zukunftsfirma ein “Netzwerkunternehmen” ist - oder zu mindestens ihre Führungskräfte „Netzwerkdenker“ sein werden.
6. sich der Erfolg der Unternehmen im 21. Jahrhundert nach der Anzahl der strategischen Partnerschaften bestimmen wird.
7. ein wesentlicher Teil der Geschäfte vieler Branchen in den nächsten Jahren immer mehr im Internet und über das Internet stattfinden wird, egal ob mit oder ohne uns.
8. Unternehmen für Ihre Partner „spannend“ bleiben müssen, um Erfolg zu haben.
9. Unternehmen, die langfristig überleben möchten, eine Strategie des “permanenten Wandels” entwickeln müssen.
10. autoritärer Führungsstil nicht mehr funktioniert.

11. mittelfristig Zielgruppenkompetenz die Produktkompetenz ersetzen wird.
12. wir uns von der Old, New und True Economy verabschieden müssen, um die Human Economy zu begrüßen. Das Motto: „begeisterte Mitarbeiter schaffen begeisterte Kunden."
13. Moral, Glaubwürdigkeit und Fairness der wichtigste Klebstoff zwischen Unternehmer, Mitarbeitern und Geschäftspartnern sein werden.
14. künftig nur jene Firmen überleben werden, die es schaffen, ihren Geschäftspartnern zu helfen, selbst erfolgreicher zu sein.
15. Unternehmen künftig durch Sog und nicht durch Druck Geschäfte machen werden.
16. last but not least „Benutzen statt Besitzen" das Schlagwort sein wird.

Hinzu kam, dass so mancher Firmeninhaber es gewohnt war, 60 bis 70 Stunden wöchentlich zu arbeiten und es daher verabsäumt hatte, parallel zur ursprünglich erfolgreichen Geschäftstätigkeit ein vernünftiges Privatleben aufzubauen. So manchem dieser Kunden wurde die Leere erst in der Schlussphase der Due Dilligence bewusst oder danach, als der Verkauf des Unternehmens unterschrieben war.

Was geschah dann?

So manchen meiner Klientinnen und Klienten, bei denen ich eine derartige „Lebenssinnkrise“ diagnostiziert hatte, beschloss ich also, coachingtechnisch nachzubetreuen. Nicht um des Geldes wegen, denn die eigentlichen Deals waren zu diesem Zeitpunkt ja bereits abgeschlossen. Aber es interessierte mich ob ich in der Lage wäre, zumindest einigen von Ihnen dabei zu helfen, mehr Glück im Leben zu empfinden und eine neue „Berufung“ zu entdecken. Ich stellte dann meistens bei unseren Gesprächen eine Reihe von Fragen, die ich auch Ihnen im Rahmen dieses Buches noch stellen werde. Da ich selbst einige Jahre vorher eine Lebenssinnkrise hatte, über die ich Ihnen in Kürze mehr berichten werde, wusste ich nur zu gut, welche Art von Fragen ich ihm stellen musste, um die richtigen Antworten zu erhalten.

So wie der amerikanische Motivationsexperte Tony Robbins, von dem ich einiges lernen durfte, einmal gesagt hat: „Die Qualität unserer Fragen ist verantwortlich für die Qualität der Antworten, und die Qualität unserer Antworten ist letztlich verantwortlich für die Qualität unseres Lebens.“ Gar nicht so schwierig, oder? Warum vermeiden wir dann so oft die richtigen Fragen? Darauf kommen wir später noch einmal zu sprechen.

Zurück also zu meinen Klienten. Vielen von Ihnen konnte ich in wiederholten mehrstündigen Sitzungen zu neuer Lebensfreude verhelfen. Der eine oder andere fand seinen „wilden Spaß“ im Leben, den er davor in der aktiven „Workaholic-Zeit“ niemals gespürt hatte. Die Vorgehensweise meinerseits war meistens sehr ähnlich. Ich erarbeitete mit meinen Klienten gemeinsam eine „ideale Szene“ für ihr künftiges Leben, sowohl privat als auch geschäftlich. Manchmal formulierten Sie das Zielbild auch alleine, sozusagen als „Homework“, nachdem ich ihnen einen Fragenkatalog und eine Anleitung zukommen ließ, wie sie dabei vorzugehen hatten. Danach überlegten wir uns gemeinsam beim nächsten Treffen, wie das Drehbuch zu dieser Szene aussehen sollte. Schließlich und endlich beschlossen eine

Vielzahl meiner teilweise auch schon betagten Kunden, ihrem Film des Lebens doch noch ein Happy End zu geben. Diese Situation und der Umstand, dass ich in den kommenden Monaten beobachtete, wie viele meiner Klienten förmlich aufblühten und von Tag zu Tag glücklicher, effizienter und strahlender wurden, steuerte auch mein Leben in eine neue Richtung und lieferte mir eine wesentliche Erkenntnis bezüglich meiner eigentlichen „Berufung“ im Leben. So manche ursprüngliche „„Tragödie“ fand noch ein „Happy End“.
Diese Umstände waren für mich ausschlaggebend, nicht nur dieses Buch sowie das daran anknüpfende Buch aus der „Design Your Life-Reihe“ mit dem Titel: „Lebensdrehbuch - Make Your Life A Masterpiece!“ zu schreiben, sondern auch, anderen Menschen dabei zu helfen, ihr Leben entsprechend zu „sanieren“ und danach ein neues „Lebensdrehbuch“ bzw. einen neuen „Lebensdrehplan“ zu schreiben. Durch diesen individuellen Weg, nicht nur Firmen bei der Firmenpositionierung sondern auch Privatpersonen bei ihrer persönlichen Positionierung als Marke zu helfen und beides zu verknüpfen, fanden nicht nur andere ihr Lebensglück, sondern auch ich meine persönliche Berufung und Positionierung.

Mittlerweile habe ich meine Methoden schon bei einer großen Gruppe von Kunden und Klienten in Einzelcoachings angewendet, bevor ich beschloss, sie einer Vielzahl von Menschen im Rahmen dieses Buches und von Seminaren zugänglich zu machen. Während früher mein Slogan nur lautete: „Design your Company“, so heißt er heute: „Design your Company - Design your Life“. Es ist kein Geheimnis und ich hatte es am eigenen Leib in mehr als zwei Jahrzehnten Unternehmerdasein erlebt, dass privates Glück und Firmenglück nicht immer, aber doch sehr oft, “Hand in Hand” gehen. Ein einheitliches Leben ohne befriedigende, erfolgreiche Arbeit, befriedigende Tätigkeit ohne glückliches Leben – das eine ist ohne das andere nicht leicht möglich.

Letzteres ist der wichtigere Schritt für ein ganzheitlich erfülltes Leben! Sollten Sie noch unsicher sein, ob meine Aussage stimmt - „don´t worry", auch bei mir hat es lange gedauert, bis ich diese Erkenntnis gewinnen konnte. Vermutlich wäre ich als Lifedesigncoach nie so erfolgreich geworden, wenn ich nicht davor viele Fehler, vor denen ich Sie warne, selbst gemacht hätte. Mein Unternehmerleben gab mir ausreichend Gelegenheit dazu. Nur die Kombination aus beidem, und zwar ein erfülltes Privat- und Geschäftsleben, kann langfristiges Glück und Erfolg gewährleisten.

Wie Sie das Buch benutzen sollten

Nutzen Sie das Buch als Arbeitsbuch. Streichen Sie Teile, die Ihnen wichtig erscheinen, bunt an und füllen Sie die Tests aus. Sie sollten das Buch als Ihr persönliches Arbeitsexemplar benutzen. Falls Sie der Meinung sind, Ihr/e Partner/in oder Ihr(e) Freund/in sollte das Buch auch lesen, so schenken Sie ihm oder ihr ein eigenes Exemplar. Ein Buch ist immer ein erstklassiges Geschenk, unabhängig vom Status des Beschenkten. Es kann ein Leben verändern.

Das Buch ist so aufgeteilt, dass Sie täglich bequem ein Kapitel lesen können und danach versuchen, den Inhalt anzuwenden.

Die wichtigsten Coachingtipps habe ich für Sie am Ende eines jeden Kapitels unter dem Stichwort >> -**Tipp** << zusammengefasst.

So kann das Buch auch später sehr übersichtlich als Nachschlagewerk verwendet oder in einem zweiten Durchgang nachgearbeitet werden.

Sie finden am Ende des Buches auf Seite 247 eine leere Seite mit dem Hinweis „Meine Diamanten". Sie werden dort all jene Erkenntnisse eintragen, die Ihnen so wichtig scheinen, dass daraus Taten resultieren sollten. Die Ihrer Meinung nach wichtigsten fünf Punkte, die Sie zuerst umsetzen wollen, markieren Sie bitte farbig oder unterstreichen Sie diese. Danach übertragen Sie diese bitte nochmals unter Punkt eins bis fünf am Kopf der jeweiligen Seite. Erst, wenn Sie diese Seite ausgefüllt haben, gehen Sie bitte auf Seite 248 „Aktionsplan" und tragen dort in Ihrem Aktionsplan jene fünf Punkte ein, die Ihnen am Wichtigsten erscheinen und terminisieren Sie diese. Dann starten Sie mit der Umsetzung UNBEDINGT BINNEN 72 Stunden.

„Warum gerade 72 Stunden?", könnten Sie fragen. Diese Erkenntnis ist, wie viele andere in diesem Buch, nicht von mir. Stattdessen habe ich hier viel geballtes Wissen exklusiv für Sie als Kernstück meiner eigenen Lernaktivitäten zusammengetragen. Bitte glauben Sie mir: Die Erfahrung zeigt, dass der Mensch dazu neigt, Dinge, die er nicht binnen 72 Stunden umsetzt, gar nicht umsetzt. Lassen Sie daher unbedingt dieses Buch auch nach dem Lesen so lange auf Ihrem

Schreibtisch liegen, bis Sie mit der Umsetzung der fünf wichtigsten Punkte begonnen haben.

Ich habe mir diese Methode vor einigen Jahren angeeignet und kann Ihnen aus eigener Erfahrung versichern, dass sie funktioniert. Seitdem ich bei jedem Sachbuch, das ich lese, und bei jedem Seminar, das ich besuche, mindestens fünf Punkte zur Umsetzung festlege, habe ich die Größe meiner Schritte in der eigenen Persönlichkeitsentwicklung verfünffacht. Da ich als Coach auch Sie auf den nächsten Stufen zum Erfolg nach oben bringen möchte, bitte ich Sie jetzt, augenblicklich eine Vereinbarung mit sich selbst zu schließen und zu bestätigen, dass Sie diesen Rat befolgen werden.

Da dies ein Arbeitsbuch ist, sollten Sie es nach dem Lesen niemals für immer ungenutzt in den Schrank stellen. Nein, ich ermutige Sie, spätestens, nachdem Sie die ersten fünf Punkte aus Ihrer Diamantenliste abgearbeitet und umgesetzt haben, weitere Punkte herauszusuchen, die Sie zum Leben erwecken wollen. Scheuen Sie sich auch nicht, Markierungen im Buch anzubringen oder Bemerkungen zu notieren, wenn Ihnen etwas besonders gut gefällt. Schmieren Sie es voll, es ist ihr persönliches Hilfsmittel, das Sie weiterbringen soll und Ihr Leben verändern wird. Aber nur dann, wenn Sie auch die darin gegebenen Ratschläge nicht nur lesen und es anschließend im Bücherregal abstellen, sondern die Empfehlungen auch in die Tat umsetzen.

Sobald Sie merken (wovon ich ausgehe), dass dieses Buch Ihr Leben erfolgreicher macht, bitte ich Sie, es Ihren zwei oder drei besten Freunden, Ihrem Lebenspartner oder anderen Menschen, die Sie lieben, zum Geschenk zu machen, damit auch diese ihr Leben noch erfolgreicher gestalten können. Natürlich dürfen Sie es mit oder ohne besonderen Anlass auch ihren besten zehn, 20, 100 oder 300 Geschäftspartnern zukommen lassen. Sie müssen damit auch nicht bis Weihnachten warten, denn erfolgreiche Aktionen sind immer abseits dessen was die Masse tut, wie Sie aus meinen Positionierungsvorträgen wissen. Spätestens, wenn Ihr Freund, Ihre Freundin oder Ihr Geschäftspartner das Buch zu Ende gelesen hat und den dauerhaften

Nutzen für das eigene Leben erkennt, wird sie oder er Ihnen ewig für diese Entscheidung dankbar sein. Glauben Sie mir bitte, Bücher sind die besten Geschenke, und ein lebensveränderndes Buch wie dieses ein Präsent der ganz besonderen Art. Ein weiterer Vorteil: Sie können Bücher immer und zu jedem Anlass schenken, unabhängig davon, was die beschenkte Person schon alles besitzt. Über ein gutes Buch wird sich der Beschenkte immer freuen, besonders dann, wenn ihm der Inhalt hilft, noch erfolgreicher zu werden. Außerdem ergibt sich daraus auch guter Gesprächsstoff, der sowohl Sie als auch Ihre Freunde weiterbringt. Vergessen Sie auch nicht, einige persönliche Zeilen der Widmung ins Buch zu schreiben, bevor Sie es verschenken.

Sie können dieses Buch auf meiner Homepage **www.lifedesigner.at** oder **www.europas-erster-lifedesigncoach.com** bestellen. Falls Sie es verschenken möchten, besteht die Möglichkeit, ein Exemplar mit persönlicher Widmung zu bestellen, und zwar unter: **office@lifedesigner.info**
Ob Sie es gleich tun oder am Ende stelle ich Ihnen frei, aber bitte tun Sie es! Glauben Sie mir, wenn alle nach den Prinzipien dieses Buches leben würden, wäre diese Welt schon ein kleines Stück besser geworden.

Gelegentlich kommen einzelne Menschen zu mir, so wie zuletzt nach einem Vortrag und sagen: „Das was Sie da erzählen, das ist aber nicht alles neu."

„Richtig", sage ich dann. „Sie haben das perfekt erkannt. Einige der Weisheiten über die wir hier sprechen waren einigen Auserwählten schon vor Jahrtausenden bekannt. Der einzige Unterschied ist, dass diese früher einigen wenigen Genies wie Leonardo da Vinci, Michelangelo oder später Thomas Alva Edison vorbehalten waren." Dann kommt meine nächste Frage nachgeschossen: „Welche der Erkenntnisse konnten Sie denn bisher schon erfolgreich umsetzen?" Und spätestens hier erkennt man das Huhn, wie mein Kollege Jürgen Höller sagt, oder die Ente, um mit den Worten von Bodo Schäfer zu sprechen. Das was diese Menschen machen, ist „gackern" und „quaken". Oder einfach wie die Muschel: „Klappe auf - Klappe zu" -

ohne zu denken nachplappern was andere, sei es Bild-Zeitung oder RTL, vorgeben. Sie hören sich Vorträge an, besuchen regelmäßig Seminare und tun überall interessiert. Aber wenn man Sie fünf Jahre später an der Hotelbar wiedertrifft und fragt: „Was hat sich in deinem Leben verändert?“, dann hört man tausend Ausreden und merkt schon nach dem dritten Satz, dass die Persönlichkeitsentwicklung immun gegen alle „Secrets“ dieser Welt war. Die Quintessenz aus so viel „Veränderungsimmunität“ nenne ich: „Find ich toll, aber mach ich trotzdem nicht“. Nennen wir es einfach “Nichts für mich-Mentalität“.

Im Gegensatz zu manchen anderen Trainern und Coachs erzähle ich Ihnen daher vorsorglich einmal nicht, die Weisheiten des Buches wären ausschließlich meine eigenen Erkenntnisse. “Außer manche...”. Aber welche das sind, werden Sie herausfinden, es ist meinem „Ego“ aber auch nur bedingt wichtig.

Nein, die Wahrheit ist, dass mir eine Vielzahl kluger Menschen, darunter einige Mentoren, Trainer und Coachs aus mehreren Kulturkreisen und Ländern eine Reihe von Input geliefert haben. Einige von Ihnen sind auch heute regelmäßige Partner bei gemeinsamen Veranstaltungen. Viele ihrer Bücher und Werke können Sie über meine Academy (mehr Infos unter www.lifedesigner.at) beziehen und die meisten von ihnen auch als Coachs oder Vortragsrednern buchen oder ihre Bücher bestellen.

Dieses Buch beinhaltet Weisheiten aus mehr als 120 guten Seminaren und unzähligen Büchern aus aller Welt. Die Inhalte sind daher einerseits essentielle Lebensgesetze aber auch Geschichten die das Leben schrieb und last but not least die Quintessenz aus den besten Seminaren und Büchern, die es derzeit gibt - „von den Besten für die Besten“. Einige Weisheiten dieses Buches sind hunderte von Jahren alt. Einige der essentiellen Lebensgesetze finden sich schon in vielen historischen Schriften sowie in den Glaubenslehren unterschiedlichster Kulturen und Religionen.

Ich selbst habe unter bestmöglicher Einhaltung des vorgeschlagenen Weges einen Großteil meiner mir selbst gesetzten Ziele erreicht, obwohl es natürlich auch in meinem Leben wie bei den meisten erfolgreichen Menschen bereits viele Höhen und Tiefen gab und auch heute noch gibt, so ehrlich will ich sein.

Jedenfalls sehe ich mich selbst nur als Wegweiser, nicht als Weg. Ich bin gekommen, um mich als Ihr Coach anzubieten, jedoch nicht, um Ihr "Guru" zu sein. Für einen „Papst" fühle ich mich auch noch zu jung, obwohl ich entschuldigend für so manche Kollegen, die ich sehr schätze sagen muss, dass diese etwas eigentümlich anmutenden Termini normalerweise gerne von Presseleuten vergeben werden und daher die Buchautoren und Trainer meistens keine diesbezügliche Schuld trifft. Unabhängig davon: Entscheiden Sie selbst, ob Ihnen mein Weg gefällt. Folgen Sie Ihrem Herzen und leben Sie Ihren Lebenstraum, und zwar konsequent. Um nichts anderes bitte ich Sie.

So, und jetzt viel Spaß beim Lesen, beim Arbeiten mit diesem Buch und, je nachdem, wo Sie gerade stehen: „Heute ist der erste Tag vom Rest Ihres Lebens!" Ein neuer Abschnitt hat soeben begonnen, zögern Sie nicht, sondern handeln Sie!

Die Zukunft beginnt JETZT!
„Träume nicht dein Leben, sondern lebe deine Träume!"

Ihr persönlicher Lifedesigncoach
Paul Misar

LEBENSSANIERUNG Schritt 1:

WARNUNG! Lesen Sie den Beipackzettel Lebenssanierung kann kurzfristig Schmerzen verursachen!

Diejenigen unter den Lesern, die mich bereits besser kennen oder jene welche die einleitenden Worte aufmerksam gelesen haben, wissen, dass ich aus dem Bereich der Firmensanierung und des Investments komme. Jede Unternehmenssanierung beginnt mit einer eingehenden Analyse der IST-Situation, sprich einer Bestandsaufnahme. Warum die Bezeichnung „Lebenssanierung", warum der Untertitel „Sanieren statt Planieren"? Was war der ursprüngliche Auslöser, der Anlass für dieses Buch? Und wann entstand der Wunsch, es zu schreiben? Zu diesem Zweck wollen wir einige Jahre zurückblicken und in eine Filmszene einsteigen.

Wir sehen einen Mann etwas über Mitte 30, der mit seinem Leben absolut unzufrieden ist. Es ist der 24. November - sein Geburtstag. Kein Fest, keine Feier, keine Freunde. Er hat ganz bewusst beschlossen, alleine zu sein, ohne seine Kumpels, ohne seine „zukünftige Ex-Frau", von der er phasenweise getrennt lebt. Er benötigt Ruhe, Stille, Zeit für sich. Er sitzt in einem Fitnesshotel, wo er gerade eine Saftfastenkur absolviert. Fasten hatte ihm schon immer geholfen, besser in sich hinein hören zu können. Er will Raum zum Denken haben, ohne Menschen um ihn. Zeit zum Nachdenken über sein Leben, warum seine Ehe gescheitert ist und über viele andere Dinge die derzeit „unrund" laufen in seinem Leben. Wo er im Leben steht und wo er eigentlich hin möchte. Zeit, nachzudenken darüber, um anschließend Entscheidungen zu treffen. Das Fasten sollte ihm dabei helfen, in sich zu gehen, die innere Mitte wiederzufinden. Bei seinem Körper wollte er beginnen, etwas zu verändern. Vermutlich hat sich die Idee entwickelt, indem er sich große Männer der Geschichte wie beispielsweise Jesus oder Mahatma Ghandi zum Vorbild genommen hat, die weitreichende Entscheidungen gerne nach langen Fastenzeiten gefällt haben.

- Er, der es normalerweise liebt, Feste zu feiern, sich mit Freunden zu umgeben.
- Er, der normalerweise ein sehr geselliger Mensch ist.
- Er sitzt nun alleine in diesem schönen Hotel fernab des Trubels und denkt über sein Leben nach.
- Er ist tief unzufrieden mit dem Status quo, „unzufrieden mit der Gesamtsituation", wie man so sagt.
- Er ist unzufrieden mit seinem Körper.

Früher war er sportlich, ist sogar Radrennen gefahren, aber das ist schon lange her. Nach seiner aktiven Zeit als Juniorenamateurradsportler hat er wenigstens noch Tennis gespielt und war als Surfer und Skifahrer aktiv, und ging regelmäßig ins Fitnesscenter. Er war doch immer stolz auf seinen muskulösen, gut durchtrainierten Körper gewesen. Wie lange war das jetzt wohl her? Doch schon einige Jahre. Jetzt ist sein Körper nicht nur einige Kilogramm vom Idealgewicht entfernt, sondern auch untrainiert; die unregelmäßige Lebensführung, die schlechten Ess- und Lebensgewohnheiten. Vereinfacht ausgedrückt: Die falschen Dinge zur falschen Zeit hineingestopft in diesen "Body". Die vielen Geschäftsessen, und speziell bei Reisen in die osteuropäischen Märkte viel zu viel Alkohol. Wodka in Russland, Wodka in der Ukraine, Wodka in Belarus, jedenfalls Wodka in Strömen. Dabei schmeckte ihm das „Zeug" nicht einmal! Und dann als „Entschärfungsmittel" fette, deftige Speisen damit das „Zeug" nicht so wirkt. „Eigentlich schrecklich blöd!" dachte er bei sich selbst in diesem Moment. Wenigstens hatte er sich dieses verdammte Rauchen abgewöhnt. Sinnloses, stinkendes Zeug. Aber warum war er so kaputt? Warum fühlte er sich so ausgelaugt?

Es war die Trennung von seiner Frau, die ihm sehr zugesetzt hat. Er hatte sie sehr geliebt und er wollte bis vor kurzem die Hoffnung nicht aufgeben, dass die Beziehung noch zu retten war. Aber mittlerweile hatte er realisiert: „Es ist vorbei. Dieser Zug ist abgefahren!" Es riss ihn manchmal schweißüberströmt aus dem Schlaf, wenn er wieder einen Albtraum hatte oder, noch schlimmer, wenn er realisierte, dass die Realität ein Albtraum war. Und wie fühlte er sich sonst?

Er war unzufrieden mit seinem Job. Die Arbeit machte ihm keinen Spaß mehr. Wie war er doch erfolgreich, früher. Immer erfolgreicher als alle anderen in seinem Bekanntenkreis. Schon mit 20 in Designer- und Maßkleidung unterwegs, viel früher als alle seine Freunde. Karriere im Großkonzern, binnen weniger Jahre Vertriebs- und kurz danach Marketingleiter, alle möglichen Akademiker überholt. Anschließend eine Karriere in Rekordtempo als Unternehmer. Ein echter Selfmademan. Die erste Firma gegründet, die zweite Firma gegründet, die dritte Firma zugekauft ... Mit 28 der Swimmingpool zum Traumhaus, mit knapp 30 der erste Porsche, die erste Rolex, mit 35 Jahren eigener Fuhrpark mit acht Firmenautos. Drei private Autos vor dem Haus geparkt, davon zwei Sportwagen, wie er sie immer wollte, Cabrios, schwarz und rot, seine Spielzeuge je nach Lust und Laune. Jedes dieser Autos zum Preis einer Eigentumswohnung. Gutes Leben nach außen, alles paletti. Patchworkfamilie mit drei hübschen Kindern (wovon zwei seine Frau in die Ehe mitgebracht hatte), schönes Haus in der Nähe des Golfplatzes mit Gärtner und Nanny, sozusagen alles, was dazu gehört. Nicht zu vergessen: tolle Urlaube, Fernreisen natürlich. Fehlte nur noch die Yacht in Monaco und der Privatjet. Wunderbare heile Welt!

Der Schrank voll mit vielen Designeranzügen, 50 teure Maßanzüge von den besten Schneidern aus Wien und Italien, Maßhemden ohne Ende, 40 Maßschuhe wie ein Frauenzimmer... Dabei erkennt er deutlich, dass das alles nur elende „Ersatzbefriedigung“ ist. Und doch, als Freund der Ästhetik hat er früh gelernt, Schönheit und Luxus zu lieben, obwohl es ihm nie so wichtig war, wie vielen seiner Freunde. Immerhin konnte er genauso in einem 5-Sternehotel absteigen und sich weltmännisch bewegen wie in einer einfachen Pension in der Toskana.

Und natürlich das regelmäßige Essen in Luxusrestaurants, er hatte sich an alles gewöhnt, aber die Dinge, die wirklich wichtig waren im Leben, wo waren sie jetzt? Er war damals so stolz auf sich, als er all diesen Wohlstand aufgebaut hatte - den negativen Unkenrufen seines Vaters zum Trotz, all den Skeptikern um ihn herum - schon das alleine war Motivation, es den eigenen „Altvorderen" zu beweisen. Doch wo war diese Motivation geblieben? War es die richtige Art von Motivation? Er grübelte: „War es das wert? Wo stehe ich heute? Wo war der wilde Spaß geblieben?"

Aber was war die Wahrheit? Er beschloss, in sich zu gehen, tief hinein. Ja, er wollte diesmal ehrlich zu sich selbst sein, viel ehrlicher als bisher. „Wo stehe ich wirklich?" Diese Frage wollte er sich diesmal schonungslos selbst beantworten.

Wie sah es aus in den wichtigsten Lebensbereichen? Wie schon gesagt, körperlich musste er dringend etwas unternehmen. Wenig Bewegung, kaum Sport, falsche Ernährungsgewohnheiten, zu kalorienreich, zu unregelmäßig. Kaum Freizeit, bis auf die wenigen Tage Urlaub im Jahr. Arbeiten auch an den Wochenenden – ja, er war ein wirklicher Workaholic geworden. Das war auch der Grund, warum er sich jetzt so ausgebrannt fühlte. Einer der Gründe jedenfalls. Körperliche Fitness nur in der Erinnerung. Einmal alle zwei bis drei Wochen Sport. Das war viel zu selten. Die letzten Jahre, ein Businessflug nach dem anderen, Koffer packen, ehe man den alten Koffer noch ausgepackt hat. Leben im Hotel. Ein solcher Lifestyle hat nicht nur Robbie Williams und andere bekannte Personen beinahe ruiniert. Da musste irgendwann auch seine Beziehung auf der Strecke bleiben.

Da ist es das Stichwort: Beziehung - ja, die war vollständig kaputt, das musste er sich eingestehen. Nach außen immer das Vorbild, "der Leithammel", aber innerlich vieles im Argen. Ja, endlich gestand er sich ein, was er seit nahezu drei Jahren verdrängt hatte: Er war unzufrieden mit seiner Beziehung. Seine Frau trank und schluckte Antidepressiva. Oftmals hatten sie versucht, sich auszusprechen, aber mittlerweile versuchten Sie es gar nicht mehr. Es war alles Routine geworden, und zwischenzeitlich wusste er gar nicht mehr, was zuerst da war, „die Henne" oder „das Ei". War seine Frau unglücklich, weil er nie da war, oder war er geflüchtet, weil seine Ehe ohnedies nicht mehr zu retten war?

Er dachte weiter nach an diesem Abend, schonungslos mit sich selbst und endlich, ohne die Dinge zu beschönigen. Die Liebe war verflogen, und alles, was geblieben war, war Eintönigkeit, Depression, Unzufriedenheit. Und er fühlte sich ausgebrannt, energielos, kraftlos, leer. Das waren die Fakten. Und während er nachdachte, fühlte er das erste Mal seit Jahren, dass sich seine Augen mit Tränen füllten. Jahrelang hatte er gar nicht mehr gewusst, dass er zu solchen Empfindungen wie tiefer Traurigkeit aus dem Innersten der Seele heraus fähig war. Darf ein Mann seinen Gefühlen überhaupt nachgeben? Gerade in diesem Moment war ihm das egal. Er wollte seine Trauer nicht mehr unterdrücken. Trotzdem war er froh, dass ihn niemand so sah, wo er doch nach außen immer der Starke war, der Unerschütterliche, das Alphatier, an das sich alle anlehnen können. Aber auch Alphatiere sind verletzlich und können leiden, das wusste er jetzt!

Er ging weiter in sich. Tiefer und tiefer, viel tiefer als er die letzten Jahre in der Selbstanalyse gegangen war. So tief, dass er die letzten Winkel seiner eigenen Seele sah. Und was er sah, erschreckte ihn. Unweigerlich musste er nachdenken über alle Träume, Wünsche, Ziele, die er hatte. Über sein Privatleben, seine gescheiterte Ehe - ja das war er sich nun sicher - sie war gescheitert. Er dachte über die Firma nach, die von Jahr zu Jahr gewachsen war, jedoch auf Kosten seiner Privatsphäre und seiner Lebensqualität. 27 Flugtickets in den letzen beiden Monaten. Seit Jahren ein Leben aus dem Koffer. Ja, wirtschaftlich gesehen hatte er eine internationale Firmengruppe, bestehend aus sieben Firmen, verteilt auf Österreich und Osteuropa im Wasseraufbereitungs- und Chemiehandelssektor. Mitbewerber hatten ihm mehrmals Angebote unterbreitet, weil sie sein Unternehmen kaufen wollten. Er dachte nicht einmal daran, vielmehr wollte er die Großen in der gesamten Branche ärgern. Als Fels in der Brandung, an dem ihre Wellen brechen. Das hatte ihn immer schon interessiert. Und das konnte er gut als Nischenplayer, der sich durch Positionierung zu einem Marktleader in einem kleinen, aber feinen Segment gemausert hatte. Aber wie sah es aus, wenn man an der schicken geschäftlichen Fassade kratzte?

Es war nicht viel besser als in seinem Privatleben. Die Firmengruppe nach außen erfolgreich, aber nach innen? Wo lag die Wahrheit? Ein Chef, der um Expansion bemüht, 80 Prozent seiner Zeit in Europa unterwegs war, um die Auslandstöchter in Osteuropa unter Kontrolle zu halten, zu expandieren und eine Firma nach der anderen zu kaufen oder zu gründen. Durchschnittliche Arbeitswochen mit 70 oder 80 Stunden und maximal fünf oder sechs Stunden Schlaf täglich. Ja, das war er, so sah seine Lebensqualität wirklich aus. Auf der anderen Seite: Intrigen in der Firma, vor denen er viel zu lange die Augen verschlossen hatte. Ein unloyaler Mitarbeiter, der die Konkurrenz mit Preisinformationen versorgte. Einige leitende Mitarbeiter, die versuchten, hinter seinem Rücken in der Firma Stimmung gegen ihn zu machen und Geschäfte aus der Firma umzuleiten, um sich selbständig zu machen, während er um Expansion bemüht war. Geschäftspartner, die versuchten mit Ränkeschmieden und allen unsauberen Tricks „rechts zu überholen", um Vorteile für sich zu erzielen und die Verträge nicht einhielten, Rechtsstreitigkeiten, Unaufrichtigkeiten, Heuchelei, Falschheit, Unterstellungen!

Das Schlimmste an dieser verdammten Krise war, dass die Dinge zu eskalieren drohten und er sich zu kraftlos fühlte, um an allen Fronten weiter zu kämpfen. Zusätzlich hatte er es nicht verstanden, in guten Zeiten Privat- und Geschäftsvermögen voneinander zu trennen. Er war privat unzählige Haftungen eingegangen, stand nun gerade mit all seinem Privatvermögen für die Firma, die ihm keinerlei Freude mehr machte.
War er vom Schicksal eingeholt worden? War er vom Pech verfolgt? Unschuldig? Nein, er musste sich eingestehen, dass er die Verantwortung trug. Er hatte zu lange nur die Expansion gesehen, das interne Controlling verabsäumt, ebenso, wie er auch sein Privatleben vernachlässigte. Auch musste er zugeben, damals geschäftlich meistens selbst sehr zielorientiert und hart agiert zu haben. Dadurch hatte er offensichtlich genau dieses Verhalten um sich herum ebenfalls angezogen, und zwar nach dem Gesetz der Resonanz, von dem wir später noch mehr erfahren werden. Jetzt stand er vor einem Scherbenhaufen, aber noch hielt die Fassade einigermaßen. Doch wie lange noch? Und unabhängig davon: Wie sah es in ihm aus? Innerlich fühlte er sich ausgebrannt, energielos, ohne Kraft und leer.

Und wo waren seine richtigen Freunde, die ihm früher immer Rückhalt gegeben hatten? Wie schön war doch die Zeit, als sie sich noch regelmäßig getroffen hatten. Nicht die großen "In-Partys" oder Veranstaltungen, bei denen nur „sehen und gesehen werden“ angesagt war und die ihm teilweise schon ankotzten. Nein, nicht diese Art von Treffen meinte er, sondern seine ein oder zwei, maximal aber drei besten Freunde, die er so gerne im engen Kreis traf, ganz privat. Er vermisste sie. Wie lange war es wohl her, seitdem sie sich aus den Augen verloren hatten? Er dachte an die schöne Zeit mit ihnen, an die vielen schönen Momente. Wie sie sich in schwierigen Zeiten gegenseitig Kraft gegeben und in guten Zeiten viel Spaß miteinander gehabt hatten. Ja, wo war dieser Spaß geblieben? Dieser „wilde Spaß“? Der fehlte ihm, und er wusste nicht, wann und wo er ihn verloren hatte. Was noch viel wichtiger war: Zu jenem Zeitpunkt hatte er keine Ahnung, wo er ihn wiederfinden sollte.

Nun hatte er eine Reihe von Leuten um sich geschart, die nur daran interessiert waren, von seinen Kontakten zu profitieren. Er hatte sich auf Drängen seiner Kumpels trotz anfänglicher eigener Bedenken zum Präsidenten des Fußball- und Tennisvereins machen lassen. Aber das war nicht alles. Er saß auch noch in vielen anderen Vereinen und Organisationen. Ursprünglich war ihm das ja auch alles wichtig für sein Netzwerk. Aber wollte er es jetzt überhaupt noch? Ihm schien das alles auf einmal so unwesentlich. Diese ganze Falschheit um sich herum, die Opportunisten, die immer nur an ihren eigenen Vorteil denken und sich überlegen, wie sie an sein Geld, seine „Kohle", wie man so schön sagt, und an seine Kontakte herankommen könnten. Nicht geben und nehmen war deren Devise, wie er es in letzter Zeit immer stärker praktizierte, seitdem ihm klar geworden war, dass rücksichtslose Härte im Geschäftsleben nicht der Weg ist, der langfristigen Erfolg sichert. Nein, diese Leute lebten eine „Einbahnstraße". Wie auch schon bei einzelnen falschen Geschäftsfreunden konnten auch hier wieder einige den "Hals nicht genug voll bekommen".

Auch in diesem Augenblick, als er so darüber nachdachte, über all diese falschen „Kumpels" und „Schönwetterfreunde", regte sich wieder dieses Gefühl in ihm. Er fühlte sich tatsächlich so ausgebrannt, energielos, ohne Kraft und leer. Er hatte seine guten Freunde vernachlässigt, ebenso seinen Sohn, an den er jetzt unweigerlich denken musste, der bei seiner "Ex" lebte und den er über alles liebte. Dafür hatte er falschen Freunden vertraut, Menschen, die nur ihre eigenen egoistischen Ziele verfolgten, von denen er sich ausgenutzt und enttäuscht fühlte. Enttäuschung, Frustration, das war es, was er empfand und was von Tag zu Tag wuchs wie ein Geschwür. Er sollte sich aufbäumen, es entfernen, – doch er fühlte sich allein beim Gedanken daran entsetzlich ausgebrannt, energielos, ohne Kraft und leer.

Was war schief gelaufen? Er hatte eine Reihe falscher Entscheidungen getroffen, eine Reihe von Entscheidungen, bei denen er Lebensprinzipien und Gesetze verletzt hatte, die er damals noch nicht kannte oder nicht wahrhaben wollte:

- Er hatte es versäumt, seine wichtigsten Lebensmotive herauszufinden und damit seine eigentliche Aufgabe im Leben.
- Er hatte Ziele verfolgt die nicht zu ihm passten.
- Er hatte den Fehler gemacht, sich zu weit von seinen Idealen zu entfernen.
- Er war die falschen Wege gegangen aber dafür schneller.
- Seine Leiter lehnte definitiv an der falschen Mauer, aber er war schneller geklettert.
- Er war zu viele Kompromisse eingegangen.
- Er hatte falsche Prioritäten gesetzt.
- Er war der junge Pate in seiner Branche und ebenso hatte er oft agiert. "Aug um Aug", "Zahn um Zahn" und „ich bin nicht auf der Welt um von allen geliebt zu werden" war oft sein Motto.

Sein Leben war zum Kampf geworden. Business zum Krieg und die Liebe war auf der Strecke geblieben. Nicht immer war Ethik für ihn das Wichtigste gewesen, wenn es um das Verfolgen seiner persönlichen Ziele ging. Auch hatte er noch nicht erkannt, dass nichts im Leben Zufall ist, kein Glück oder Unglück, keine zufällige Fügung des Schicksals, sondern, dass unser Leben ein Produkt unserer Gedanken und Entscheidungen ist. Wie war das möglich, wo doch alles so gut begonnen hatte. Er war doch ein Kind aus einfachen, bürgerlichen Verhältnissen, aufgewachsen in einer kleinen Stadtwohnung, und hatte es dennoch zu etwas gebracht. Nach all den Niederlagen und Kämpfen in seiner Kindheit und Jugend hatte er es geschafft. Clever und „straßenschlau" hatte er sich seinen Weg gebahnt. Warum war auf einmal all dieser Erfolg so wertlos und so vergänglich für ihn?

Der deprimierte, ausgebrannte, einst so erfolgreiche Mann hatte noch nicht bemerkt, dass er zu lange die Augen verschlossen hatte vor falschen Entwicklungen in seinem Leben, und dass sein Schiff des Lebens, oder besser gesagt sein „Rennboot", deshalb einen Kurs genommen hatte den er nie hatte nehmen wollte. Er hatte seinen ursprünglichen, so erfolgreichen Kurs aus den Augen verloren und das Ruder aus der Hand gegeben. Das Boot wurde immer schneller am falschen Kurs. Tatsächlich war er zu einem Reagierer geworden statt zu einem Agierer. Während er erschöpft am Bett lag und über all das nachdachte, war ihm klar, dass es so nicht weitergehen konnte. Wenn er nicht rasch Konsequenzen zog, sondern so weitermachte, war dies das Ende aller Träume. Die Depressionen und der Frust würden ihn auffressen. Die Sorgen und Ängste, wie es im Privatleben mit seiner Partnerin weiterging, der fehlende Sinn im Leben. So durfte er nicht weiter machen. Gut, er hatte jetzt einen Tiefschlag. Wie ein Boxer war er in die Knie gegangen. Aber ihm fiel der Satz ein:

„Nicht niederfallen ist eine Schande, sondern nicht mehr aufzustehen. Du musst einmal öfter aufstehen, als du niederfällst!" (Winston Churchill)

Und ich füge dem hinzu:
„Wenn Du nur einmal öfter aufstehst, als Du niederfällst! Dann bist du ein Gewinner!!!"

Warum erzähle ich Ihnen diese Geschichte, und warum sind mir die Gefühle dieses Mannes so gut bekannt? Ganz einfach und kurzum: Der Mann war ich. Ich möchte deswegen offen über meine Fehler sprechen, damit Sie möglicherweise Ihre erkennen oder klüger agieren, als ich es damals tat. Ich bin heute dankbar für jeden Fehler den ich mal gemacht habe und der mich weitergebracht hat. Nur wenn du Dinge riskierst die andere nicht riskieren, kannst du Fehler machen die andere nicht machen können um daraus Erkenntnisse zu gewinnen die andere nicht gewinnen können und in weiterer Folge Maßnahmen zu setzen die andere nicht setzen können um last but not least Resultate zu erzielen und Erfolge zu haben die andere nicht haben. Dafür danke ich dem Leben und dem Schöpfer für jedes PRO-blem. Aber dazu später.

Lassen Sie uns jedoch zu einem Zeitpunkt in meine kritische Selbstanalyse einsteigen, als alles begann und anhand meines Beispiels analysieren, welche Lebensgesetze ich instinktiv richtig anwandte – und in welchen Punkten ich unwissentlich gegen Gesetze des Lebens verstieß. Zum damaligen Zeitpunkt geschah durch diese innere Leere in mir etwas, das unheimlich wichtig für meine persönliche Entwicklung war. In mir wuchs der unbändige Wunsch, zu erforschen, was notwendig ist, um im Leben wirklich glücklich zu sein. Mein Schmerzpegel war endlich hoch genug! Ich sah, dass beruflicher Erfolg und persönliches Glück nicht immer im Einklang stehen sondern nur dann wenn man auch seine Berufung gefunden hat. Wie konnte ich das Glück und die Zufriedenheit im Leben wiederfinden, diese tiefe innere Befriedigung? Welche Werkzeuge musste ich finden, die es mir ermöglichten, wieder Kraft zu tanken, wieder erfüllt zu sein? Viele Fragen, aber aus Ihnen heraus ein einziger Entschluss: Ja, es musste sich vieles ändern. „Morgen ist der erste Tag meines neuen Lebens", dachte ich bei mir. Ich erinnerte mich an die vielen Dinge, die ich früher gelesen hatte, als ich mir noch Zeit für meine persönliche Weiterentwicklung genommen hatte. Damals, als ich noch auf dem richtigen Weg war und das Leben führte das ich geplant hatte, nicht welches mir einfach passierte.

> „Krise kann ein produktiver Zustand sein. Man muss ihm nur den Beigeschmack der Katastrophe nehmen."
> (Max Frisch)

„Alles in Deinem Leben beginnt mit Deinen Gedanken", dachte ich bei mir. Mit ihnen kannst du dich wieder auf die Siegerstraße bringen, dorthin, wo du schon einmal warst und wo du immer hinwolltest, wo du im Nebel der Alltagsroutine allerdings den Weg aus den Augen verloren hattest. Die Trostlosigkeit wurde für nur wenige Augenblicke durchbrochen, aber in denen sah ich fragmentartig wieder meine ursprünglichen Wünsche, meine Träume und Ideale, die ich vor einigen Jahren noch hatte, und ich musste einsehen, wie weit ich mich davon entfernt hatte. Jetzt war es Zeit, eine Entscheidung zu fällen. Die Entscheidung, Verantwortung zu übernehmen. Verantwortung für den eigenen Zustand, diese unbefriedigende Gesamtsituation, dafür, genau jetzt aufzustehen und zu sagen:

"Ich **KANN** es ändern!
Ich **MUSS** es ändern!
Ich **WERDE** es ändern!"

„Ich kann freilich nicht sagen ob es besser werden wird,
wenn es anders wird; aber soviel kann ich sagen;
es muss anders werden, wenn es gut werden soll!"
(Georg Christoph Lichtenberg - deutscher Schriftsteller 1742-1799)

Ich ändere es nicht morgen, nicht übermorgen, sondern jetzt - ich beginne jetzt. Denn heute ist der erste Tag vom Rest meines Lebens! Ich habe auch später in meinem Leben immer wieder Fehler begangen, aber diese Handlungsweise war ab diesem Zeitpunkt immer klar! Zurück zur damaligen Situation: Nun beschloss ich, meine „Hausaufgaben" zu machen. Ich wollte herausfinden, welche Lebensgesetze darüber entscheiden, ob wir in unseren Augen erfolgreich oder erfolglos sind, ob wir glücklich sind oder deprimiert. Ich wollte herausfinden, was geschehen muss, damit wir in einer Beziehung aufblühen und täglich glücklich sind und gerne nach Hause kommen.

Ich wollte herausfinden, was notwendig ist, um ein glückliches Familienleben zu führen. Ich wollte entdecken, was man tun muss, um ein strahlender, erotischer und liebevoller Partner zu sein und zwar nicht nur am Beginn einer Beziehung sondern langfristig. Außerdem wollte ich herausfinden, was notwendig ist, damit wir uns im Leben zu dauerhaften Erfolgen in allen Lebensbereichen führen können. Aber dann ging mir die nächste Frage durch den Kopf „Ist es überhaupt möglich in allen Lebensbereichen gleichzeitig erfolgreich zu sein?“ War es wirklich zwangsläufig notwendig in einem Bereich Niederlagen einzustecken um in einem anderen erfolgreich sein zu können? Oder aber war das wieder das alte “Mangeldenken”? All diese Fragen schienen mir von essentieller Bedeutung. Aber bis ich alle Antworten darauf finden sollte, war es noch ein langer Weg. Zum Glück wusste ich das damals noch nicht. Aber ich hatte den ersten Schritt gemacht, indem ich die Lage nicht so akzeptierte, wie sie war, sondern mich aufrichtete, um zu handeln und für mich herauszufinden, wohin ich in Zukunft gehen musste.

Es waren die Spielregeln des Lebens, die ich zu erforschen beschloss. Die Anleitungen für Glück, Wohlstand, Zufriedenheit, Gesundheit, zu gut funktionierenden Freundschaften und vorbildlichen Beziehungen. Was mir aber noch wichtiger war: Ich wollte wissen, welche größere Aufgabe ich abseits der Umsetzung materieller Wünsche im Leben habe und wie ich anderen helfen kann. Die Unzufriedenheit, die ich damals innerlich spürte, ließ diesen Wunsch immer größer und größer werden. Mittlerweile bin ich mir sicher, dass diese schwierige Phase meines Lebens mir geholfen hat, genau jene wichtigen Fragen zu beantworten und die Lösungen zu entdecken, die immer schon da waren, die ich aber in meiner damaligen Verblendung nicht wahrnehmen konnte.

Auch daraus können wir etwas Entscheidendes lernen: Nicht in den Augenblicken unserer größten Triumphe wachsen wir, sondern in Zeiten der Niederlage, wenn wir Demut lernen. Nicht umsonst sagt man: Die größten Geschenke sendet uns unser Gott und Schöpfer als Problem verpackt. Ich habe keine Lust darauf, ein weiteres „Think positive“-Buch zu schreiben. Aber wenn Sie in Ruhe und mit Abstand über Ihr Leben nachdenken und die Situationen, in denen Sie das meiste dazu lernen durften, reflektieren, so werden wahrscheinlich auch Sie feststellen, dass diese Phasen sehr oft mit Problemen begonnen haben! Auch in meinem Leben gab es oft die Situation „shit happens". Einmal bist du die Taube, einmal das Denkmal. Für alle Fälle als ich die Taube war - sorry ich wollte es nie sein - aber manchmal spielt das Leben mit dir und gibt dir Zitronen - oder du wirst ohne es zu wollen selbst zur Zitrusfrucht. In diesem Fall verlange Salz und Tequila, der Barmann wird ihn dir geben.

Ich könnte ja an dieser Stelle in Anlehnung an die zynischen Äußerungen des 2007 verstorbenen österreichischen Psychoanalytikers Paul Watzlawick fragen, ob es überhaupt Schlimmeres geben kann als längere Zeiten ohne Probleme. In diesem Zusammenhang kann ich Ihnen übrigens seinen Klassiker „Anleitung zum Unglücklichsein" empfehlen, den Sie mit einer Prise Humor lesen sollten, um den innewohnenden Zynismus richtig zu deuten.

Warum heißt es denn PRO-blem und nicht KONTRA-blem? Schon der Name ist positiv besetzt! Wenn wir ein Leben ohne Probleme hätten, könnten wir uns nicht weiterentwickeln, nicht wachsen. Es geht nicht darum, keine Probleme zu haben, sondern es geht darum, nicht jedes Problem als „Lebensbedrohung", als gefährlichen „Kampf" zu sehen, sondern einfach als Herausforderung. Ja, genau das ist es: eine Herausforderung! Wer das erkennt, wer das Leben als spannendes Spiel mit täglich neuen Herausforderungen sieht, wird ab sofort eine neue Lebensqualität erleben und es schaffen, aus der Depressions- und Frustfalle innerhalb kürzester Zeit auszubrechen. Das Monopoly des Lebens wartet auf Sie!

> Es ist ein großer Vorteil im Leben, die Fehler, aus denen man lernen kann, möglichst früh zu begehen! (Winston Churchill)

Spielen Sie mit und gewinnen Sie! Und wenn Sie einmal eine Runde verlieren sollten, dann haben Sie eine Runde verloren - na und? Aber hindert Sie das daran, morgen eine neue Runde zu starten und es besser zu machen? Wohl kaum, außer Sie selbst hindern sich daran.

Wenn Sie das einmal erkannt haben, wird es Ihnen helfen, mit Ihren Ängsten und Sorgen viel besser umzugehen, als sie es bisher getan haben.

Auch darum geht es in diesem Buch. Spielen Sie Ihr Spiel und lernen Sie! Suchen Sie sich Mitspieler, die dieses Spiel schon länger oder auf höherem Level spielen als Sie. Suchen Sie sich Spieler, die Abschnitte dieses Spieles schon oft gewonnen haben und beobachten Sie diese genau. Machen Sie es wie ein Neuling im Casino, der noch nie gesehen hat, wie Poker funktioniert und wie Roulette gespielt wird. Nun geht er die Tische ab und beobachtet die Profis, die Zocker, die Routinespieler. Und er staunt, er lauscht und er lernt. Machen Sie es im Spiel des Lebens genauso. Suchen Sie sich Vorbilder, suchen Sie sich erfolgreiche Spieler und versuchen Sie, einen davon als Coach zu gewinnen. Aber Vorsicht! Suchen Sie sich nicht irgendeinen, sondern einen Topcoach, einen der „Best of Best“, der bewiesen hat, dass er etwas vom Spiel versteht, und zwar nicht einmal, nicht zweimal, sondern wiederholt. Wenn ich jetzt Ihr Interesse wecken konnte, dann steigen Sie mit mir ein in den zweiten Schritt der Lebenssanierung.

3
26
0
32
15
19
4
21
25
17

LEBENSSANIERUNG Schritt 2:

Übernehmen Sie Verantwortung!

Ich habe in meinem beruflichen und privaten Leben Leute kennengelernt, die einmal ganz oben waren und dann wieder ganz unten, aber aus eigener Kraft nicht mehr hochkamen. Sie stammten aus unterschiedlichen Branchen und hatten alle gemein, dass sie einige Jahre davor äußerst erfolgreich waren und Millionen verdient hatten. Ich fragte mich: „Was hatten sie noch gemeinsam mit diesen Erfolgsmenschen von früher? Nicht viel. Aber welche Gemeinsamkeiten hatten sie untereinander?"

Es war interessant für mich, dass es zwischen den meisten wirklich Parallelen gab. Kaum einer von ihnen sprach über das, was ihm widerfahren war, in einer verantwortungsvollen Art und Weise. Immer war nur das „Pech" schuld, das sich gegen sie verschworen hatte, so wie ihre gesamte Umwelt, der böse Chef oder Ex-Chef, der Ex-Partner, der Staat, das Finanzamt, die Mitarbeiter, die Konkurrenten, die Lieferanten, die Umstände, ihre Eltern ... und vielleicht noch der Papst und der liebe Gott. Ja, das war das Hauptproblem: Sie wollten keine Verantwortung für ihre Niederlagen übernehmen. Sie fühlten sich allesamt als unschuldige Opfer. Opfer geschäftlich bei missglückten Deals, Opfer im Privatleben - betrogen von Partnerinnen und Kollegen, im Stich gelassen! Opfer ihrer Umwelt, ihrer Freunde; des Systems; und ich hatte anfänglich sogar manchmal Mitleid mit diesen Menschen. Ich versuchte, ihnen zu helfen, bis ich lernte, dass es keinen Sinn macht, solange sich diese Menschen als Opfer fühlen.

> „Wem Sie die Schuld geben, geben Sie die Macht." (Dr. Wayne Dyer)

Verantwortung für unser Leben übernehmen oder die Verantwortung an andere abgeben. Es gibt keinen Kompromiss dazwischen. Wenn wir in unserem Leben Verantwortung (VER-ANTWORT-UNG) für alle unsere Taten übernehmen, dann finden wir nicht nur die Antwort auf viele Probleme (wie der Name schon sagt), sondern wir haben die Chance, etwas zu verändern. Das war eine der wichtigsten Lektionen, die mir gleich mein erster Coach beibrachte. Sehen Sie nochmal genau hin:

VER-ANTWORT-UNG

Wenn wir die Opferrolle spielen, dann überlassen wir die Verantwortung, sprich die Ver-ANTWORT-ung, jemand anderem, also Dritten, und es wird das in unserem Leben passieren, was für andere zweckmäßig scheint. Sobald Sie aber selbst bewusst und kompromisslos die Ver-ANTWORT-ung übernehmen und sich entscheiden, aus den Fehlern der Vergangenheit zu lernen, dann haben Sie auch schon die vollständige ANTWORT.

Wer Verantwortung übernimmt, ist ein „Sieger des Lebens". Wer Verantwortung von sich weist und immer die Opferrolle übernimmt, ist ein „Verlierer des Lebens".

Wir werden später im Buch noch näher auf die Erkennungsmerkmale eingehen, aber schon einmal vorab einige Punkte:

- Der Sieger hat immer einen Plan!
- Der Verlierer hat immer eine Ausrede.
- Der Sieger sucht für jedes Problem eine Lösung.
- Der Verlierer sucht in jeder Lösung ein Problem
- Der Sieger vergleicht seine Leistungen mit seinen Zielen.
- Der Verlierer vergleicht seine Leistungen mit den Zielen anderer.

- Der Sieger sagt: „Es mag schwierig sein, aber es ist möglich."
- Der Verlierer sagt: "Es ist möglich, aber zu schwierig."
- Der Sieger ist immer Teil der Lösung.
- Der Verlierer ist immer ein Teil des Problems.
- Der Sieger sagt ich habe einen Fehler begangen
- Der Verlierer schiebt die Schuld auf alle anderen!

Lebenssanierungs-Analyse

Meine wichtigsten Erlebnisse

Ich werde Sie nun bitten, mit mir eine Übung zu machen, und zwar ganz spontan, ohne lange nachzudenken:

A) Die zehn negativsten Ereignisse meines bisherigen Lebens:
Bitte vermerken Sie in den nächsten Zeilen die zehn schlimmsten Ereignisse Ihres Lebens!

1. ______________________________
2. ______________________________
3. ______________________________
4. ______________________________
5. ______________________________
6. ______________________________
7. ______________________________
8. ______________________________
9. ______________________________
10. ______________________________

Vermerken Sie jetzt bitte in wenigen Worten, was Sie jeweils aus dem Erlebnis gelernt haben und welche Erkenntnisse Sie daraus gewonnen haben!

1. ______________________________
2. ______________________________
3. ______________________________
4. ______________________________
5. ______________________________
6. ______________________________
7. ______________________________
8. ______________________________
9. ______________________________
10. ______________________________

B) Die zehn positivsten Ereignisse meines bisherigen Lebens:

Bitte vermerken Sie in den nächsten Zeilen die zehn besten Ereignisse Ihres Lebens!

1. ______________________________
2. ______________________________
3. ______________________________
4. ______________________________
5. ______________________________
6. ______________________________
7. ______________________________
8. ______________________________
9. ______________________________
10. ______________________________

Vermerken Sie jetzt bitte in wenigen Worten, was Sie jeweils aus dem Erlebnis gelernt haben bzw. welche Erkenntnisse Sie daraus gewonnen haben!

1. ______________________________
2. ______________________________
3. ______________________________
4. ______________________________
5. ______________________________
6. ______________________________
7. ______________________________
8. ______________________________
9. ______________________________
10. ______________________________

Sie sehen nun auf der Seite 53 Ihr Leben als fortlaufendes Lebensrad dargestellt. **Bitte machen Sie mit mir folgende Übung:**

Markieren Sie bitte auf dem Kreis mit einem kleinen Kreuzchen den Zeitpunkt, an dem Sie heute im Leben stehen. Vermutlich nehmen Sie normalerweise 80 Jahre als durchschnittliches Lebensalter an. In diesem Zusammenhang habe ich positive Nachrichten für Sie: Die durchschnittliche Lebenserwartung in Österreich und Deutschland steigt. In Österreich z.B. liegt die Lebenserwartung im Jahr 2008 um 3,2 Jahre höher als zehn Jahre zuvor. Wenn Frauen heute durchschnittlich 80 Jahre alt werden und Männer 77,6 Jahre, dann können also für den Zeitpunkt, zu dem Sie dieses Alter erreichen werden, 85 bis 95 Jahre als realistischer Wert angenommen werden. Was für Österreich gilt, trifft auch auf die meisten anderen europäischen Länder zu. Da wir davon ausgehen können, dass sich die medizinische Versorgung und Forschung noch weiter verbessert, haben wir das Rad mit 100 Jahren angesetzt. Wenn Sie Johannes Heesters sind, könnten es auch einige Jährchen mehr werden.

Bitte malen Sie nun das Kreuzchen. Wenn Sie also beispielsweise 40 Jahre alt sind, dann sollte Ihr Kreuzchen knapp vor der oberen Hälfte des Rades bei 40 zu sehen sein. Jetzt tragen Sie bitte auf der Innenseite des Rades chronologisch die einschneidenden Positiv-, aber auch die Negativerlebnisse ein, die Ihr Leben maßgeblich beeinflusst haben und die Sie zuvor auf den Seiten 49 bis 51 notiert hatten. Ergänzen Sie am Rad nun auch jene Erlebnisse, die zwar weder extrem positiv oder negativ waren, aber trotzdem dem Leben jeweils eine neue Richtung gegeben haben. Insgesamt sollte die Anzahl der Ereignisse 20 bis 30 nicht überschreiten.

Sind Sie der Meinung, dass der Löwenanteil der Ereignisse selbst bestimmt oder eher fremdbestimmt war? Falls Sie noch zu den Menschen gehören, die die Umstände und äußeren Einflüsse für ihre Lebensentwicklung verantwortlich machen - wie übrigens ein Großteil aller Menschen - dann werde ich Ihnen zeigen, dass nahezu alles, was wir im Leben bekommen, kein Zufall ist. Glauben Sie mir das? Müssen Sie nicht aber werden Sie noch, bitte vertrauen Sie mir.

Das ist definitiv so, und zwar resultierend aus dem Gesetz der Anziehung. Durch alles, was Sie im Leben tun, ziehen Sie wiederum Dinge an. So kommt es, dass Sie oft Menschen kennenlernen und sich mit Ihnen zusammentun, die Ihnen ähnlicher sind, als Sie im ersten Moment wahrhaben möchten. Wenn Sie merken dass Sie von Menschen umgeben sind, die frühere Entwicklungsstufen widerspiegeln dann akzeptieren Sie die „Karmalektion". Gehen Sie nun neue Wege! Leben Sie ab jetzt konsequent Ihre neuen Wege und Sie werden künftig mehr gutes anziehen. Aber übernehmen Sie immer Verantwortung. Auf diesen Punkt werden wir später noch ausführlicher eingehen. Es handelt sich hierbei nicht um Spinnerei sondern meine Thesen sind bewiesen. Aber zurück zur Praxisarbeit.

Vermerken Sie bitte jeweils neben dem Ereignis (außerhalb des Kreises) ein S, wenn das Ereignis Ihrer Meinung nach selbst bestimmt herbeigeführt wurde, und ein F, wenn es Ihrer Meinung nach fremdbestimmt war. Machen Sie diese Übung bitte jetzt.

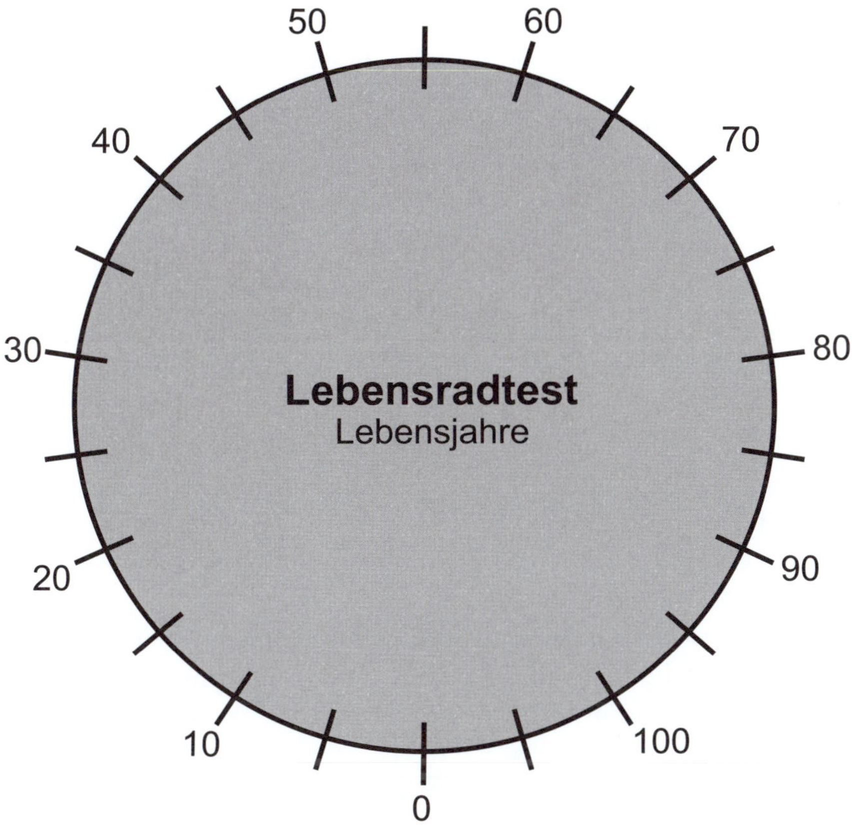

Wenn Sie damit fertig sind und nun einen Blick auf Ihr bisheriges Leben werfen, sehen Sie mehr S oder mehr F?

Übung:

Summe der S: ________ Summe der F: ________

Haben Sie bereits verstanden was es bedeutet Eigenverantwortung für unser Leben zu übernehmen? Wir sind auf dieser Welt, in der wir leben, mit einer Vielzahl von Naturgesetzen konfrontiert, die wir nicht umgehen können.

Nehmen Sie beispielsweise das Gesetz der Schwerkraft. Sie nehmen einen Gegenstand, etwa einen Kugelschreiber, und lassen ihn fallen. Sekundenbruchteile später liegt er am Boden, unabhängig davon, ob Sie es wollten oder nicht.

Ab dem Zeitpunkt, an dem Sie den Kugelschreiber fallen ließen, konnten Sie wissen, was passieren wird, da das Gesetz der Schwerkraft als eines unserer Naturgesetze nicht ausgesetzt werden kann. Die Lebensgesetze funktionieren, ob wir sie kennen oder nicht. Sie funktionieren, ob wir möchten, dass sie funktionieren oder ob wir es nicht akzeptieren. Sie funktionieren in allen Erdteilen und allen Gesellschaftsschichten gleich. Wir müssen auch nicht immer verstehen, warum Dinge so funktionieren, wie sie nun einmal tun. Nehmen Sie die Elektrizität, den Magnetismus und vieles mehr, was wir täglich benutzen. Der Umstand, dass diese Dinge zu unserem Nutzen eingesetzt werden können, genügt uns, ohne dass wir immer wissen müssen, wie die Kräfte im Detail wirken.

Auch das Gesetz der Verantwortung funktioniert. Glauben Sie mir diesen Punkt und ziehen Sie daraus bitte Ihre Schlüsse. Ihr Leben wird qualitativer um vieles besser werden wenn Sie diesen Punkt akzeptiert haben.

Bevor wir im Laufe dieses Buches und des Fortsetzungsteils „Lebensdrehbuch-Make Your Life A Masterpiece!“ erfahren werden, wie wir unseren Lebensfilm zu einem Meisterwerk designen können, lassen Sie mich Ihnen im nächsten Lebenssanierungs-Schritt eine Metapher vom Brillanten erzählen.

>> TIPP <<

Finden Sie Antworten, indem Sie Verantwortung übernehmen!

LEBENSSANIERUNG Schritt 3:

Werden Sie ein geschliffener Diamant! (oder: Der Weg vom Diamanten zum Brillanten)

Bitte stellen Sie sich einen Diamanten vor. Dieser Traum eines funkelnden Steins liegt nun vor Ihnen. Es ist nicht irgendein Diamant, sondern ein Hochkaräter, ein wunderschöner Brillant. Sie können den Blick nicht mehr lösen, so schön sind Lichtbrechung und Glanz. Eine Faszination geht von diesem Stein aus. Unser Diamant hat etwas Edles, etwas Einzigartiges an sich. Er besitzt eine einzigartige Strahlkraft, wie Sie diese nur selten zuvor bei einem Edelstein gesehen haben.

Doch sehen wir uns an, wie er zu dem wurde, was er heute ist. Irgendwann vor Tausenden von Jahren lag dieser Diamant einmal in einer Tiefe von zirka 150 Kilometern im Erdmantel versteckt. Unter extrem hohem Druck musste er dort Temperaturen von bis zu 1.400 Grad Celsius standhalten. (Sind Sie gerade in dieser Phase?)

Eines Tages, nach endlos langer Zeit der Vorbereitung auf diesen Moment, wurde er dann, zusammen mit anderen Bruchstücken des

Erdmantels, von gasreichen vulkanischen Gesteinen, sogenannten Kimberliten oder Lamproiten, bei einer Eruption an die Erdoberfläche befördert.

Auch dort musste er Geduld haben, bevor er dann nach einer Vielzahl weiterer Jahre in den vulkanischen Eruptivschloten der Kimberlitvulkane endlich abgebaut wurde. Dieser Prozess war nicht gerade angenehm. Damit man ihn nämlich letztlich gewinnen konnte, musste das Muttergestein zermahlen werden, und das war schmerzvoll für unseren Diamanten. Aber er hatte beschlossen, dass er etwas Besonderes werden und nicht in der Erdkruste verkümmern will. Jetzt hatte er also den ersten Schritt geschafft. Er sah nun einige seiner Kollegen wieder, die mit ihm gleichzeitig seinerzeit in der südafrikanischen Mine angekommen waren. Manche starteten einen Job als Industriediamanten in Bohr-, Schneid- und Schleifwerkzeugen. Einzelne Kollegen suchten neue Erfahrungen in der Halbleiterindustrie. Andere wiederum hatten es schlechter getroffen und landeten in Polierpasten.

Aber Sie wissen schon: Unser Diamant hatte ja beschlossen, er wird in seiner Diamantenlaufbahn etwas Besonderes erreichen. Gut, er war noch ein ungeschliffener Rohdiamant, aber er wusste, er hatte das Zeug zu mehr. Er wollte zu jenem Prozentsatz gehören, der als Schmuckstein weiterveredelt wird, und das sind bei Diamanten maximal ein Viertel aller Diamanten. Sein Ziel war es auch nicht, irgendein beliebiger Schmuckstein zu werden. Er wollte in wenigen Jahren ein besonders schöner Hochkaräter am wohlgeformten Dekolleté einer wunderschönen Frau sein. Mit extrem hoher Lichtbrechung und starkem Glanz würde er dort alle Betrachter erfreuen. Ja, er wollte ein hochkarätiger Brillant werden, und dafür sind nur wenige Auserwählte geeignet. Ihm war klar, dass es ein langer Prozess werden würde, denn ein hochkarätiger Brillant muss mindestens 32 Facetten und die Tafel im Oberteil besitzen, eine kreisrunde Rundiste sowie mindestens 24 Facetten im Unterteil. Das bedeutet oftmaliges Schleifen, Kontrollieren und wieder Schleifen. Er musste in jeden Fall einen guten Schleifer finden, nein, nicht nur einen guten, sondern einen hervorragenden - einen der besten. Sein Brillantschleifer musste Erfahrung mitbringen und schon viele schöne Brillanten geschliffen haben, das nahm er sich vor, denn der Schliff war jetzt das Wichtigste.

Nur dann, wenn dieser Schliff perfekt wäre, würde er als Hochkaräter mit hervorragender Brillanz von den Fachleuten eingestuft. Dann dürfte er sich Brillant nennen. Doch dem noch nicht genug: Er wollte etwas Besonderes sein und gemeinsam mit Namen wie Großmogul, Florentiner und Koh-i-Noor genannt werden. Der Entschluss stand fest, und so ging er daran, sich einen der Besten Brillantschleifer zu suchen.

Wir fassen noch einmal zusammen, was einen hochkarätigen Brillanten auszeichnet:

1. **HÄRTE** - Diamanten sind das härteste bekannte Mineral. Zeigen Sie Härte!

2. **UNBEZWINGBARKEIT** - Diamant leitet sich vom griechischen Wort „adamas“ ab, was so viel wie „unbezwingbar“ bedeutet. Also werden Sie „unbezwingbar“!

3. Diamanten bilden sich unter hohem **DRUCK** im Erdmantel; typischerweise in einer Tiefe von 150 km und Temperaturen von 1200 bis 1400 Grad Celsius. Sie werden unter schwierigsten Bedingungen gewonnen, indem das Muttergestein zermahlen wird. Lernen Sie mit Druck richtig umzugehen!

4. Erst der **SCHLIFF** macht aus dem Diamanten einen BRILLANTEN. Suchen Sie sich den **besten** Diamantenschleifer!

Sie haben in Ihrem bisherigen Leben Kampfgeist und Härte bewiesen, indem Sie immer wieder aufgestanden sind und an Ihrer Persönlichkeit gearbeitet haben?

Sie haben vieles unter Druck geleistet und sind bereit 120% zu geben?
Sie sind bereit dafür Unbezwingbarkeit zu erlernen?
Sehr gut! Denn jetzt in dieser Phase können wir mit dem tatsächlichen Schliff beginnen.

>>  **TIPP <<**

Entscheiden Sie sich jetzt dafür, ein einzigartiger und hochkarätiger Brillant zu werden!

LEBENSSANIERUNG Schritt 4:

Suchen Sie sich einen Topcoach!

Was haben ein Brillantschleifer und ein guter Coach gemeinsam? Beide haben das Know-how. Der eine hat das Wissen, den Diamanten so zu schleifen, dass am Ende des Prozesses ein hochwertiger Brillant zum Vorschein kommt; der andere das Wissen, die menschlichen Ressourcen auszuschöpfen, um das Beste aus jemanden herauszuholen. Ein guter Coach versteht es zum richtigen Zeitpunkt die richtigen Fragen zu stellen.

„Lernen von den Besten", sagt man in Europa, „modelling of excellence" in den USA. Wie immer Sie das Prozedere nennen möchten – Sie sparen mit einem guten Coach wertvolle Zeit. So, wie es in meinem Fall war, nicht nur Jahre, sondern wahrscheinlich Jahrzehnte. Oftmals werde ich von Geschäftsfreunden und Partnern gefragt, wie ich geschäftlich in so vielen unterschiedlichen Branchen tätig sein konnte. Die Gebiete, in denen ich geschäftlich teils als Unternehmer und Gründer, teils als Investor, und/oder Sanierer aktiv war, sind unter anderem folgende:

Chemie, Wasseraufbereitung, Handel (unterschiedlichste Bereiche wie Rohstoffe, Chemikalien, Pellets und Industrieanlagen, Wintergärten), Bauträger- und Baunebengewerbe, Immobilienverkauf, -verwaltung und -entwicklung, Fundraising z.B. in Formel 1-Zirkus und Filmbranche, Kunststofftechnik, EDV-Dienstleistung, Werbung, Druck- und Verlagswesen und viele mehr. Die Vielzahl der Beratungsaufträge zu nennen würde den Rahmen sprengen.

Ich sage Ihnen ehrlich: Es wäre niemals möglich gewesen, wenn ich mir nicht die für mich besten verfügbaren Coachs gesucht hätte. Wann immer es möglich war, habe ich sogar versucht, die Coachs als Partner in mein Geschäft zu holen, woraus letztlich auch mein Firmenbeteiligungsmodell entstanden ist. Einmal habe ich einem meiner Coachs sogar unentgeltlich Geschäftsanteile übertragen, weil ich dadurch die Möglichkeit gegeben sah, mit ihm aus nächster Nähe zusammenzuarbeiten und jahrzehntelange Erfahrungen innerhalb kurzer Zeit wie ein Schwamm aufzusaugen.

Sie sehen also, dass ich, bevor ich vor einigen Jahren selbst zum erfolgreichen Coach wurde und meine Consultingfirma gründete, diesen Rat, den ich Ihnen hier gebe, selbst auch befolgt und gelebt habe. Damals, als ich die Weichen meines Lebens neu stellte, meine Firmengruppe verkaufte, meine Scheidung einreichte und auch sonst so ziemlich alles in meinem Leben in Frage stellte und umkrempelte, suchte ich mir in den verschiedenen Lebensbereichen Coachs, und zwar nicht irgendwelche, sondern Topleute. Ich kann Ihnen daher nur empfehlen sparen Sie nicht am falschen Platz sondern suchen Sie sich die besten Coaches die gerade verfügbar sind. Nicht der Preis zählt sondern der Output - das Ergebnis!

Der erste Schritt, um den richtigen Weg, den richtigen Pfad einzuschlagen, ist die Standortbestimmung und natürlich parallel dazu auch die Zielbestimmung: „Wo will ich eigentlich hin?“ Wer startet, ohne zu wissen, wohin er eigentlich will, wird zwar schneller ankommen, aber in der Regel an einem Zielpunkt, an den er nie landen wollte. Bei dieser Standortbestimmung kann einem ein Coach sehr behilflich sein, ebenso wie bei der Zieldefinition und beim Einhalten des Weges zum Ziel.

„Wer nicht weiß wohin er will, der muss sich nicht wundern, wenn er ganz woanders ankommt.“ (Mark Twain)

Dieser Satz ist so wichtig, dass Sie ihn von mir noch öfter hören werden. Sie wissen: „Steter Tropfen höhlt den Stein“. Doch zurück zu meiner Geschichte: Nachdem der Entschluss feststand, etwas zu verändern, und ich eine Reihe von Büchern zu den Themen Fitness, Ernährung und ganzheitliches Denken gelesen hatte, suchte ich mir als ersten Schritt einen Fitnesscoach und einen Ernährungscoach. Denn für mich war eines klar!

„Mens sana in corpore sano.“
(Ein gesunder Geist wohnt in einem gesunden Körper)

Diese Worte gingen mir nicht aus dem Sinn, als ich beschloss, dort den Anfang zu machen, wo vermutlich Erfolge am schnellsten sichtbar werden würde. Und zwar an meinem Körper. Darüber hinaus war mir klar, dass ich meinen Körper, den Tempel meiner Seele, wieder zur Energiequelle machen musste.

Über die positiven Veränderungen meines Körpers würde ich mir die Motivation holen, letztlich mein gesamtes Leben wieder zu einem vollen Erfolg zu machen. Außerdem schien es mir wichtig, mit meinem Körper wieder Energiereserven aufzubauen, denn ich wusste, der folgende Umbau- und Sanierungsprozess meines Lebens (noch war von *designen* keine Rede) würde sich alles andere als einfach gestalten. In dieser Zeit ist mir zufällig (oder vielleicht gibt es ja auch gar keine Zufälle...) ein Fitnessvideo des Entertainers, Schauspielers und Sängers Rainhard Fendrich in die Hände gefallen, in dem er die Zuschauer zum Abnehmen motivierte und dazu, mehr für ihre Fitness zu tun, wie er es auch selbst getan hatte. Innerhalb von sieben Monaten hatte er damals 20 kg abgenommen, und ich konnte mich selbst davon überzeugen, wie hart er dafür gearbeitet hat, weil wir im selben Fitnesscenter trainierten. Den Fitnesstrainer im Video Michael Heck kannte ich von meinem Fitnessstudio, also beschloss ich kurzerhand, nicht mit irgendwem, sondern mit ihm meine Fitnessziele zu besprechen und ihn zu fragen, ob er mich coachen wolle. Zuerst machte er einen Test mit mir, als Standortbestimmung sozusagen. Danach war ich noch frustrierter als vorher, weil ich nun „schwarz auf weiß“ sah, wie weit ich jetzt von meinem ursprünglichen Fitnesslevel entfernt war. Dann besprachen wir gemeinsam, wo ich eigentlich stehen sollte, und definierten ein realistisches Ziel. Es ist ein Unterschied, ob Sie ein Fitnesslevel anpeilen, das Sie gesund sein lässt und das dazu führt, dass Sie sich wohl fühlen, oder ob Sie

Leistungssport betreiben wollen. In meinem Fall definierten wir, dass ich mittelfristig auch gerne Marathon laufen würde, aber aufgrund meines aktuellen Levels dieser Wunsch das Langzeitziel sein müsse.

Im Normalfall überschätzen wir immer, was wir in einem Jahr erreichen können, aber unterschätzen, was wir in fünf Jahren erreichen können. Das war auch in meinem Fall so. Kurzfristig hieß mein konkretes Ziel: bessere Fitness durch weniger Gewicht, Wiederbelebung der Muskeln sowie Bodystyling auf einem ähnlichen Level, das ich schon einige Jahr vorher hatte. Aber auch „ganzkörperliches Wohlfühlen" war ein Thema. Dieses würde sich auch dadurch einstellen, indem ich den Fettanteil meines Körpers reduzierte und diesen durch Muskelmasse ersetzen würde. Ich fixierte mein Ziel schriftlich. "The way back to Atonis" konnte starten.

Auf dieser Basis stellte mein Trainer und Coach für mich Programme zusammen, die mir helfen sollten, nicht nur mein Idealgewicht zu erlangen, sondern auch ein Fitnesslevel zu erreichen, mit dem ich zufrieden sein könnte.

Der Vorteil eines guten Coaches ist, dass er die richtigen Rezepte besitzt, mit denen Sie rasch positive Ergebnisse erzielen. Diese Rezepte sind in der Regel schon zigfach bewährt. Ich erinnere mich an meine Großmutter, die in meinen Augen die beste Sachertorte backen konnte, die man sich nur vorstellen kann. Auf meine Frage, warum sie denn so gut sei, erzählte sie mir immer, ihre Familie hätte das Rezept von der alten Gräfin Sacher erhalten, und zeigte mir ein handgeschriebenes Blatt, das sie in einem alten Kochbuch aus der k.u.k-Monarchie aufbewahrte.

Was will ich damit sagen? Es liegt an Ihnen, von wem Sie sich die Rezepte besorgen. Wenn Sie eine Sachertorte backen wollen, wenden Sie sich an irgendeinen Freund, vielleicht einen gelernter Installateur, einen regionalen Elektriker oder vielleicht doch an den örtlichen Tischler? Natürlich nicht. Gehen Sie zu einem mittelmäßigem Bäcker oder Konditor im nächsten Dorf? Gehen Sie vielleicht schon zum nahe gelegenen Wirtshaus- oder Kaffeehausbesitzer? Oder aber gehen Sie vielleicht gleich zum Edelkonditor? Sie haben natürlich auch die

Möglichkeit, im Falle der Sachertorte direkt dort nachzufragen, wo diese produziert wird: im Hotel Sacher oder, wenn Sie das Glück hatten, so eine Oma wie ich zu haben, dann hätten Sie sogar die Chance, in einem speziellen Rezeptbuch für traditionelle Süßspeisen aus der alten k.u.k- Monarchie nachzulesen.

Viele machen in dieser Phase den Fehler, falsche Personen aus der Familie oder dem Freundeskreis um Rat zu fragen. Schauen Sie sich, bevor Sie das tun, immer das Leben der entsprechenden Person genau an. Fragen Sie sich, ob Sie wirklich gerne so leben würden, wie Ihr potentieller Ratgeber es gerade tut. Ist die Person, die Sie fragen, auf dem Gebiet, auf dem Sie aktuell Rat benötigen, wirklich eine Kapazität und nachahmbar?

Das Problem ist, dass schlussendlich nur ein sehr kleiner Prozentsatz von Menschen wirklich erfolgreich ist und im Alter sagen kann: „Ich habe ein glückliches und erfülltes Leben gelebt!“

Bedenken Sie, dass

- 98 von 100 Menschen Ihnen sagen können, wie es nicht funktioniert.
- 98 von 100 Menschen Ihnen einreden werden, dass sie es auch nicht schaffen werden, wie schon viele vor Ihnen, die es vergeblich versucht haben.

Und

- 98 von 100 Menschen Ihren Misserfolg benötigen, um Ihnen nicht erklären zu müssen, warum sie es selbst nicht geschafft haben.
- Gehen Sie daher also, wenn Sie sich coachen lassen möchten, bitte niemals zum „Schmiedl", sondern zum „Schmied", wie wir in Wien sagen.

Auf die gleiche Art und Weise beschloss ich, als ich meine Tätigkeit im Sanierungs- Investment- und M+A-Bereich (M+A= Merger and Akquisitions)* startete, mein Fachwissen bezüglich Firmendeals zu verbessern. Zu diesem Zweck baute ich mir eine Expertenrunde von vier guten Coachs in diesen Bereichen auf, wozu damals zwei Steuerberater, ein Entrepreneur mit einem eigenen Firmennetzwerk und ein besonders erfahrener Consulter, der damals auf Firmenbeteiligungen spezialisiert war, gehörten. Diese Expertenrunde hat sicherlich stark zu meiner persönlichen Entwicklung beigetragen, und ich bin, wie in diesem Buch mehrmals erwähnt, allen meinen Coachs die ich Zeit meines Lebens hatte, sehr dankbar.

Als ich noch sehr jung war und in einem multinationalen Großkonzern arbeitete, habe ich mich innerhalb weniger Jahre von drei verschiedenen Topleuten coachen lassen. Einer davon trug aufgrund seiner Herkunft den Spitznamen „Herr Baron". Wahrscheinlich war er auf mein Berufsleben bezogen der erste

* Unternehmensverkauf und -beteiligung

Mensch, der mich entscheidend geprägt hat. Tatsächlich war er ein sehr feiner Mann, mit bestem Auftreten und vorbildlichen Manieren, was mich besonders faszinierte, er besaß über die Maßen Stil; etwas, das leider bei vielen Menschen heute zu kurz kommt. Schon damals hat diese Entscheidung dazu beigetragen, mir mindestens zehn Jahre „Entwicklungsarbeit" zu sparen. Dies ermöglichte es mir, mit „Mitte 20" Vertriebsleiter und mit knapp 27 Jahren Marketingleiter eines großen Bereiches zu werden – und zwar der Jüngste, den der damals noch 167.000 Mitarbeiter zählende multinationale Konzern bis zum damaligen Zeitpunkt je hervorbrachte.

Wie ich schon erwähnte, habe ich dieses Rezept auch befolgt, als ich beschloss, anderen mein Wissen als Vortragsredner, Coach und Seminartrainer weiterzugeben. Ich suchte mir die Besten der Besten, um mich an ihnen zu orientieren. Der Amerikaner Anthony Robbins ist in einigen Bereichen seines Schaffens eines meiner persönlichen Vorbilder als Trainer und Coach. Auch Donald Trump hat mir immer gut gefallen. Besonders seine Fähigkeit, über Niederlagen zu sprechen und sich durch eigene Kraft immer weiter nach oben zu bringen. Außerdem verbindet uns die Liebe zu Immobilien jeglicher Art. Du musst die Stärke haben als Milliardär pleite zu machen und kurz später wieder Milliardär zu sein!

Natürlich haben mich auch die Buchautoren und Speakerkollegen Edgar Geoffrey, Bodo Schäfer, Jürgen Höller, Brian Tracy, Wayne Dyer, Harv Erker und einige andere mitgeprägt. Dr. Ulrich Strunz den ich auch als Arzt sehr schätze und der mich mit den Geheimnissen des „Bluttunings*" vertraut machte ist mittlerweile sogar Mitglied meiner Adlerlounge und einige andere der vorhergenannten ebenso. Ich habe ihre Bücher gelesen und in mich aufgesogen wie ein Schwamm, ihre Hörbücher im Auto gehört, und ich genoss es jedes Mal einer ihrer Vorträge oder eines ihrer Seminare zu besuchen. Mittlerweile kenne

* Es handelt sich dabei um eine legale Methode die darauf beruht, dass Sie Ihre Augenmerke nicht nur auf die „Drohwerte" sondern mehr noch auf Ihre „Frohwerte" richten müssen. Wenn Sie Interesse haben, kontaktieren Sie mich bitte unter: office@lifedesigner.info

ich sie fast alle persönlich, und teilweise bin ich zwischenzeitlich sogar mit einigen von ihnen befreundet.

An dieser Stelle sei auch erwähnt, dass Jürgen Höller besonderen Verdienst an meinem Werdegang als Buchautor und Trainer hat, da er mich im Rahmen eines Trainercoachings motivierte, mein eigenes Buch zu schreiben. Er ist vermutlich der am stärksten polarisierende Kollege in der Branche. An ihm hat mir persönlich am meisten imponiert, dass er, ebenso so wie Donald Trump, zu seinen Schwächen steht und daher authentisch ist. Trotz allen Coachings ist es stets wichtig, die eigene Identität zu behalten und zu leben. Das authentische die eigenen Stärken leben und trotzdem "modelling of excellence" zu betreiben ohne dabei "kopieren" ist ein sehr wichtiger Punkt. Wie Sie das bewerkstelligen können lernen Sie bei mir. In meinen eigenen Coachings, Seminaren und Büchern bin ich nun aufgrund meines Fachwissens und aufgrund der Vielzahl der besuchten Seminare in der Lage, Ihnen ein Menü der besten Weisheiten, verknüpft mit meinen eigenen Erkenntnissen und gekoppelt mit praktischer Umsetzung aller Theorie (vermutlich der wichtigste Punkt, ohne den alles theoretische Wissen wertlos ist) zu offerieren. Sie können damit in komprimierter Form von meinem Wissen profitieren. Mit meiner Academy (mehr Infos unter www.lifedesigner.at) ermögliche ich Ihnen den Zugang zu den besten Sprechern, Coaches und Trainern in der Branche. Dadurch verkürzen Sie die 20 Jahre, die ich benötigte, um mir das Fachwissen der „Ersten Klasse“ zu erarbeiten, indem Sie sich diverse Seminare in der dritten und zweiten Klasse einfach sparen und gleich von den Besten lernen.

Ich möchte nochmals kurz zusammenfassen was einen guten Coach aus meiner Sicht ausmacht:

- Er hat die richtigen Rezepte, mit denen ich den Weg abkürzen kann.
- Er hat die richtigen Methoden, mich zu den richtigen Antworten zu führen.
- Er hat Erfahrung und nutzt sie, indem er die theoretischen Kenntnisse praktisch umsetzt.
- Er ist ein Sparringpartner.
- Er sagt mir auch Dinge, die weh tun, wenn es meiner Entwicklung gut tut, indem er mir einen Spiegel vorhält.
- Er kann anschaulich erklären und vermitteln.
- Er bringt mich auf der Leiter meiner Entwicklung vorwärts, wesentlich schneller, als ich es alleine schaffen würde.
- Er lebt, was er lehrt, und hat viele Entwicklungsstufen und Probleme seiner Sparringpartner schon am eigenen Leib durchlebt.
- Er ist Richtungspfeil und Vorbild, aber trotzdem Mensch und unvollkommen. Das macht ihn menschlich und seine Botschaften leicht annehmbar.
- „Er ist der Wegweiser aber nicht der Weg!“ und daraus macht er kein Geheimnis!
- Er hilft mir dabei, aus meinem Leben ein Meisterwerk zu machen, indem er mir die richtigen Wege zeigt, die ich allerdings selbst gehen muss. Denn der Regisseur meines Lebensdrehbuches bin ich selbst!

Ich möchte das Thema mit einem Gleichnis abrunden, und zwar der Geschichte vom kleinen Adler, der sich von seinem Vater coachen lässt. Es ist eine meiner Lieblingsgeschichten. Prägen Sie sich diese Story gut ein. Warum? Wissen Sie, was das Besondere am Adler ist? Dass er beim Fliegen die Kraft außerhalb seines Körpers nutzt. Was meine ich damit?

Beobachten wir einmal gemeinsam einen kleinen Jungadler, der frisch aus seinem Ei geschlüpft ist. Nennen wir ihn „Babyadler". Nach kurzer Zeit, etwa nach zwei Wochen, macht er seine ersten Flugversuche. Meistens nicht ganz freiwillig, sondern weil er von den Adlereltern aus dem Nest geschubst wird. Die ersten Male flattert er wild mit den Flügeln, manchmal zu wild, und dann müssen ihn „Mutter- oder Vater-Adler" retten, indem sie ihm nachfliegen und ihn auffangen.

Schon nach einigen Versuchen schafft es der Jungadler, kleinere Distanzen zu fliegen. Er schafft einen Meter oder zwei bis drei Meter, dann ist er völlig erschöpft. Aber der kleine Adler übt weiter, und schon bald, nach einigen Tagen, fliegt er das erste Mal 200 Meter. Nun ist für den „Vateradler" klar, dass er seinen „Babyadler" in die Geheimnisse des Adlerlebens einweihen kann, und er nimmt den „Junior" mit, um ihn auf Höheres vorzubereiten. Am nächsten Tag ist es soweit. Die große Stunde. Daddy, der „Adlercoach", fliegt mit seinem Sohnemann 200 Meter hoch. „Babyadler" kann es gar nicht fassen, denn so hoch ist er alleine noch nie geflogen. 200 Meter Höhe, das war gestern noch seine ganze Strecken-Distanz, und heute schon ist das nur seine Flughöhe. Und nun, als sie die 200 Meter Flughöhe erreicht haben, ruft ihm sein Vater zu, er soll jetzt aufhören, mit den Flügeln zu schlagen.

„Wie bitte?", fragt der kleine „Babyadler". „Das kann ich nicht. Da werde ich abstürzen."

„Nein, wirst du nicht!", antwortet der „Vateradler". „Vertrau mir. Wenn du oben in der Höhe bist, musst du aufhören, zu flattern. Es geht dann alles viel leichter. Du musst nur schweben und gleiten."

Obwohl er seinem Vater anfänglich keinen Glauben schenkt, versucht er es schließlich doch. Und tatsächlich. Der „Babyadler" hört auf, mit den Flügeln zu schlagen, und plötzlich gleitet er, wie sein Vater. Als der kleine Adler am Abend bei seinen jüngeren Adlergeschwistern, die noch nie so hoch geflogen sind, im Nest sitzt, erzählt er ihnen begeistert von dem Ausflug:

„Ja, tatsächlich, wenn du oben bist, musst du aufhören zu flattern!" Worauf diese ihm kein Wort glauben und nur entgeistert den Kopf schütteln. (Der Unterschied zwischen Adlern und 98% der Menschen. Der kleine Jungadler macht binnen weniger Tage die gleiche Erfahrung → 98% der Menschen nie! Weil sie nicht glauben können oder wollen!)

Was lernen wir schlussendlich vom Adler?

- Er fliegt ohne Anstrengung mühelos.
- Er ist souverän.
- Er nutzt die Kraft außerhalb seines Körpers.
- Solange er klein ist, erscheint das Fliegen kurzer Distanzen für ihn mühsam, er muss wild flattern wie jeder andere Vogel auch. Aber sobald er sich von alten, erfahrenen Adlern hat coachen lassen und das Gleiten gelernt hat, fliegt er gänzlich ohne Kraftaufwand. Er kennt nun das Geheimnis. Wenn er am Anfang nach 200 Metern erschöpft war, so fliegt er nun 200 Kilometer gleitend, schwebend, und wird nicht müde dabei.

Werden Sie Adler und lernen Sie das mühelose Gleiten, das Schweben in höheren Regionen, indem Sie sich coachen lassen. Dieses Buch soll hierbei Ihr erster Schritt sein!

Und noch etwas: Falls Sie den Adrenalin-Kick des Adlers beim Fliegen lernen erleben wollen sollten Sie einmal einen Fallschirmtandemsprung ins Auge fassen. 45 Sekunden freier Fall nach dem Sprung aus dem Flugzeug (vorher noch eine kleine Rolle rückwärts mit dem Instructor) sind der „reine Wahnsinn"!!!

Wer das erleben will, einfach melden unter: office@lifedesigner.info

LEBENSSANIERUNG Schritt 5:

Stellen Sie die richtigen Fragen!

Sie kennen den Unterschied zwischen Guru, Trainer und Coach? Der Guru betet Ihnen etwas vor und sagt nur wenn Sie 100%ig das tun was er sagt werden Sie Erfolg haben. Der Trainer berücksichtigt Ihre individuelle Konstitution, sagt Ihnen aber trotzdem auf den Strich genau jede Übung. Wenn Sie Glück haben, hat er sogar eine „Reiss Profile Masterausbildung“ (was das genau bedeutet entnehmen Sie bitte meinem Buch „Lebensdrehbuch - Make Your Life A Masterpiece!“) Der Coach im Gegensatz dazu ist ein Sparringpartner der Ihnen die Augen immer wieder mit gezielten Fragen öffnet. Er sagt Ihnen nicht was Sie tun müssen sondern er führt Sie zu den richtigen Antworten. „Die Qualität unserer Fragen bestimmt die Qualität unserer Antworten.“ Und der Coach wird Ihnen so lange die richtigen Fragen stellen bis Sie selbst sich die richtigen gezielten Antworten geben.

Selbstanalyse: „Sind Sie zufrieden mit Ihrer Gesamtsituation?“

Wenn Sie diese Frage mit einem klaren und unmissverständlichen „Nein“ beantwortet haben, dann gehen wir nun ins Detail. Nutzen Sie die nachstehenden Zeilen, die nächste freie Seite oder nehmen Sie sich ein Blatt Papier und beantworten Sie bitte folgende Fragen, und zwar wahrheitsgetreu und ohne lange zu überlegen, aus dem Bauch heraus. Bei **„Nein” begründen Sie** ehrlich und unmissverständlich, warum Sie unzufrieden sind.

1. Bin ich mit meinem(r) Partner(in) und unserer Beziehung in allen Punkten optimal zufrieden und würde ich mir, wenn ich heute nochmals wählen könnte, den/die gleiche(n) Partner(in) wieder wählen?

   ☐ Ja ☐ Nein

   Begründung: ______________________________
   ____
   ____

2. Liebe und respektiere ich meine(n) Partner(in), bin ich stolz auf sie/ihn und würde ich sie/ihn guten Gewissens als beste(n) Freund(in)bezeichnen?

   ☐ Ja ☐ Nein

   Begründung: ______________________________
   ____
   ____

3. Habe ich mit meinem(r) Partner(in) ein erfülltes Sexualleben und regelmäßigen Austausch von Zärtlichkeiten?

   ☐ Ja ☐ Nein

   Begründung: ______________________________
   ____
   ____

4. Denkt mein(e) Partner(in) genauso? (Wenn ich nicht sicher bin, wann habe ich sie/ihn das letzte Mal gefragt?)

☐ Ja ☐ Nein

Begründung: ______________________________

____

____

5. Bin ich mit meinem Familienleben und dem Verhältnis, das ich zu meinem(n) Kind(ern) habe, zufrieden?

☐ Ja ☐ Nein

Begründung: ______________________________

____

____

Zusatzfrage: Widme ich ihnen genügend Zeit?

☐ Ja ☐ Nein

Falls nein, warum nicht? ______________________________

____

____

6. Denken meine Kinder genauso? (Wenn ich nicht sicher bin, wann habe ich sie das letzte Mal gefragt?)

   ☐ Ja ☐ Nein ☐ unsicher

   Wann habe ich sie gefragt?

   Begründung: ____

____

____

7. Falls ich keine Kinder habe, bereue ich es, dass ich keine Kinder habe und hätte ich gerne welche?

   ☐ Ja ☐ Nein

   Begründung: ____

____

____

8. Falls ich die vorhergehende Frage mit „ja" beantwortet habe, warum habe ich keine?

   Begründung: ____

____

____

   Zusatzfrage: Falls es medizinische oder körperliche Probleme gibt, habe ich schon einmal über die Adoption eines Waisenkindes nachgedacht?

   ☐ Ja ☐ Nein

Wenn nein - warum nicht? ______________________________

____

____

9. Bin ich mit dem Verhältnis zu meinen Eltern bzw. meinen Geschwistern zufrieden?

☐ Ja ☐ Nein

Begründung: ______________________________

____

____

10. Bin ich mit meinen Freundschaften zufrieden und verhalte ich mich meinen Freunden gegenüber so, wie ich es von ihnen erwarte?

☐ Ja ☐ Nein

Begründung: ______________________________

____

____

11. Widme ich meinen Freundschaften genügend Zeit?

☐ Ja ☐ Nein

Begründung: ______________________________

____

____

12. Habe ich jenen sozialen Status erreicht, den ich gerne hätte?

☐ Ja ☐ Nein

Begründung: ______________________________

____

____

13. Ist mein Beruf für mich Berufung?

☐ Ja ☐ Nein

Begründung: ______________________________

____

____

14. Wenn ich mir heute einen Beruf wählen könnte und wüsste, ich bin binnen eines Jahres erfolgreich und verdiene mehr Geld als in meinem jetzigen Beruf, würde ich dann wieder meinen jetzigen Beruf wählen?

☐ Ja ☐ Nein

Begründung: ______________________________

____

____

15. Befinde ich mich auf der Karriereleiter da, wo ich hinwollte?

☐ Ja ☐ Nein

Begründung: ______________________________

____

____

16. Bin ich mit meiner aktuellen Einkommenssituation zufrieden?

☐ Ja ☐ Nein

Begründung: ____

____

____

17. Habe ich den Wohlstand erreicht, den ich mir früher gewünscht habe?

☐ Ja ☐ Nein

Begründung: ____

____

____

18. Empfinde ich tiefes inneres Glück, Zufriedenheit und Erfüllung in meinem Leben?

☐ Ja ☐ Nein

Begründung: ____

____

____

19. Habe ich wilden Spaß am Leben und macht es mir Freude, morgens zu erwachen? Verlasse ich gerne und voll Tatendrang täglich mein Bett?

☐ Ja ☐ Nein

Begründung: ______________________________

____

____

20. Bin ich mit meiner Freizeitgestaltung zufrieden?

☐ Ja ☐ Nein

Begründung: ______________________________

____

____

21. Ist mir manchmal langweilig?

☐ Ja ☐ Nein

Begründung: ______________________________

____

____

22. Habe ich ausreichende Erholungs- und Ruhephasen in meinem Leben?

☐ Ja ☐ Nein

Begründung: ______________________________

____

____

23. Habe ich genügend Urlaub? Wann war ich das letzte Mal auf Urlaub?

☐ Ja ☐ Nein

Begründung: ____
____
____

24. Kann ich mir jeden Urlaubswunsch erfüllen?

☐ Ja ☐ Nein

Begründung: ____
____
____

25. Bin ich mit meiner Gesundheit vollständig zufrieden?

☐ Ja ☐ Nein

Begründung: ____
____
____

26. Bin ich mit dem Energielevel meines Körpers zufrieden?

☐ Ja ☐ Nein

Begründung: ____
____
____

Zusatzfrage: Fühle ich mich in puncto Energievorrat des Körpers wirklich immer in der Lage, alle Dinge zu tun, die ich gerne tun würde?

☐ Ja ☐ Nein

Begründung: ______________________________

____

____

27. Betreibe ich regelmäßig und ausreichend Sport?

☐ Ja ☐ Nein

Begründung: ______________________________

____

____

28. Kann ich jeden Sport betreiben, der mich interessiert?

☐ Ja ☐ Nein

Begründung: ______________________________

____

____

29. Habe ich im normalen Tagesablauf ausreichend Bewegung?

☐ Ja ☐ Nein

Begründung: ______________________________

____

____

30. Ernähre ich mich gut und vernünftig?

☐ Ja ☐ Nein

Begründung: ____

____

____

31. Bin ich mit meinem Körper zufrieden? (z.B. in puncto Gewicht, Fettanteil und Fitness)

☐ Ja ☐ Nein

Begründung: ____

____

____

32. Habe ich meinen Sinn im Leben gefunden?

☐ Ja ☐ Nein

Begründung: ____

____

____

33. Bin ich mit meinem spirituellen Leben zufrieden?

☐ Ja ☐ Nein

Begründung: ____

____

____

34. Gönne ich mir regelmäßig etwas in puncto persönlicher Weiterentwicklung und persönlichem Wachstum?

☐ Ja ☐ Nein

Begründung: ____

____

____

35. Bin ich 100 prozentig frei von Zukunftsängsten und Sorgen?

☐ Ja ☐ Nein

Begründung: ____

____

____

36. Habe ich gelernt, loszulassen?

☐ Ja ☐ Nein

Begründung: ____

____

____

37. Bin ich ausreichend sozial engagiert?

☐ Ja ☐ Nein

Begründung: ____

____

____

38. Habe ich das Gefühl, etwas Bleibendes in meinem Leben zu hinterlassen?

☐ Ja ☐ Nein

Begründung: ____
____
____

39. Funktioniert mein Zeitmanagement?

☐ Ja ☐ Nein

Begründung: ____
____
____

40. Bin ich gesamtheitlich weitestgehend glücklich oder gibt es einen anderen Bereich in meinem Leben wo ich dringend etwas ändern muss um mich wieder glücklich zu fühlen.

☐ Ja ☐ Nein

Begründung: ____
____
____

41. Bin ich Nichtraucher bzw. falls ich rauche bin ich Gelegenheits/ oder Genussraucher z.B. 5x jährlich Zigarre oder monatlich 5-10 Zigaretten - oder rauche ich noch immer zuviel obwohl ich mir des Schadens bewusst bin weil ich bisher nicht die Kraft aufgebracht habe es zu ändern? (Wenn Sie gerne mit dem Rauchen aufhören möchten kommen Sie zu meinem Seminar „Lizenz zum Nichtrauchen“ - aus der Reihe „Design Your Life“. Kontaktieren Sie mich bitte unter office@lifedesigner.info)

Wenn Sie alle Fragen mit „Ja“ beantworten konnten, dann sind Sie in Ihrer persönlichen Entwicklung schon sehr weit und können den Sanierungsteil möglicherweise überspringen, das Buch schließen und beim zweiten Buch „Lebensdrehbuch - Make Your Life A Masterpiece!“ wieder einsteigen; es sei denn, Sie möchten das Buch trotzdem gerne lesen, um anderen besser behilflich sein zu können, die ihr Leben noch nicht so perfekt im Griff haben. Falls Sie nur ein bis zwei Fragen mit “Nein” beantworten mussten, stelle ich es Ihnen frei, ob Sie den Sanierungsteil überspringen möchten oder sich entscheiden, diesen trotzdem kurz zu „überfliegen“.
Wenn Sie mehr als zwei Fragen mit „Nein“ beantworten mussten, dann gestehen Sie sich bitte ein, dass Ihr Leben derzeit nicht so gut ist, wie es sein könnte. Lassen Sie sich aber dabei durch nichts aus der Ruhe bringen. Auch wenn wir diesen Prozess, den wir jetzt gemeinsam starten werden, als „Lebenssanierung“ bezeichnen, so ist dieser Umstand kein Grund zu Frust oder Depression. Es ist definitiv nie zu spät, das eigene Leben zu optimieren oder zu verbessern. Viele „Traumkarrieren“, „Traumehen” und “Traumbeziehungen“ haben nicht sehr glorreich begonnen. Beachten Sie daher bitte, dass es ganz egal ist, wo Sie heute stehen. Es ist irrelevant, wie viele Fehler Sie in der Vergangenheit gemacht haben. Es ist auch unwichtig, wie alt Sie heute

sind. Es zählt nicht, ob Sie bereits eine oder mehrere Pleiten hinter sich haben, ob Sie sehr krank waren, wobei ich auch Alkoholkrankheit und Drogenabhängigkeit in diese Kategorie einbeziehe. Am Ende fragt niemand, wie oft Sie niedergefallen sind. Wissen Sie noch? Wichtig ist nur, dass Sie einmal öfter aufstehen, als Sie gestürzt sind.

Ich will das anhand einiger Coachingbeispiele verdeutlichen:

Coachingbeispiel A: Walter Elias Disney = kurz genannt Walt Disney

Walt Disney hat bereits mehrere Pleiten erlebt, als sein Durchbruch kommt. Bereits mit 14 Jahren nimmt er erstmals Kunstunterricht in Kansas City. Dann führt ihn der Erste Weltkrieg nach Frankreich, wo er als Ambulanzfahrer bei der Armee dient. Gleichzeitig mit ihm dient übrigens auch ein gewisser Ray Kroc, der später McDonalds zu einem Weltkonzern aufbauen wird. Als Walt Disney vom Krieg zurückkommt, hat ihn seine Verlobte verlassen, weil sie denkt er sei tot und hat zwischenzeitlich einen anderen Mann geheiratet. Bereits 1919 macht er sich gemeinsam mit seinem Bruder Roy selbstständig. Aber trotz einer Reihe von Kurzfilmen wird Walt Disney zweimal Pleite machen, bevor sich die ersten Erfolge einstellen. Als er 1922 nach Hollywood reist, um Investoren für seine Zeichentrickfilme mit Tieren die menschlich dargestellt sein sollen zu gewinnen, wird er nicht ernst genommen. Endlich findet er in Kalifornien einen wagemutigen Geldgeber, der sich von seinen Ideen überzeugen lässt. Das gibt ihm die Möglichkeit, den Film „Oswald, der lustige Hase“ zu produzieren. Der Film wird zwar ein Erfolg, aber es bleibt ein Wermutstropfen:

Disney hatte es verabsäumt, die Kopierrechte schützen zu lassen, und somit geht ein Großteil der Einspielergebnisse verloren. 1923 schließlich gründet Disney die „Disney Company“. 1925 heiratet er seine Frau Lilian. Sie ist es auch die ihm zwei Jahre später, als er ihr ein Bild einer Zeichentrickfigur zeigt, die er Mortimer nennen möchte, sagt: „Nein, vergiss Mortimer. Ich würde sie Mickey Mouse nennen.“

Damit stellen sich, neun Jahre nach Kriegsende und in Zeiten der finanziellen Not, endlich erste finanzielle Erfolge ein. Aber noch immer ist Geld nicht im Überfluss vorhanden. 1937 schließlich wird Walt Disney den ersten Zeichentrickfilm produzieren, der mit einem Oscar ausgezeichnet wird, „Schneewittchen und die sieben Zwerge".

Doch seine Vision ist damit noch nicht zu Ende. Als die Firma nun beginnt, Gewinne zu schreiben, erscheint Walt Disney eines Tages im Büro seines Bruders Roy und erzählt ihm von seiner Vision eines riesigen Vergnügungsparks für Kinder und Erwachsene. Als Roy die Kostenschätzung in Höhe von 650 Millionen Dollar hört, schüttelt er nur den Kopf.

Dazu muss man wissen, dass die Firma damals gerade einmal über 50 Millionen Dollar verfügte. Doch Walt Disney ist, wie auch schon vorher, von all seinen Visionen derart überzeugt, dass er weiß, er wird es schaffen das Projekt zu finanzieren. 302 Bankgespräche später (davon weisen ihn 301 Banken - teilweise recht barsch - ab) hatte er die Finanzierung in der Tasche. Millionen von Kindern und Erwachsenen freuen sich noch heute in den Disney-Parks über die Realisierung dieser Vision.

Haben auch Sie eine Vision an die außer Ihnen keiner glaubt?

Fazit: Am Weg zum großen Erfolg kann es immer wieder auch Rückschläge geben. Nur die Ausdauer und die Frustrationstoleranz bringen den Erfolg, auch wenn es vorher aussichtslos scheint.

Coachingbeispiel B: Enrico Caruso

Schon als Kind will Enrico Caruso gerne an der Mailänder Scala singen. Er hatte großes Talent, doch irgendwann verliert er seinen großen Traum aus den Augen und schließt sich einer Wanderoper an. Die Reise mit der Wanderoper führt ihn auch nach Sizilien, wo er einen alten Freund trifft, der seine ursprünglichen Ziele kennt. Übrigens, ich erzähle diese Geschichte nicht nur weil ich italienische Vorfahren habe. Sein Freund ist entsetzt, in welchem Zustand er ihn antrifft, da ihm anzusehen ist, dass er dazu neigt, seine Frustration über die gescheiterten Jugendziele im Alkohol zu ertränken. Er macht ihm ernste Vorwürfe, warum er nicht an seinen ursprünglichen Zielen festgehalten hat.

Caruso hasst sich selbst für seine Inkonsequenz, als er über die Worte seines Freundes nachdenkt. Aber anstatt zu handeln, betrinkt er sich an diesem Tag neuerlich maßlos. Als die Vorstellung am Abend beginnt, hat er einen Vollrausch. Es ist so schlimm, dass er auf die Schleppe der Sopranistin tritt. Dadurch wird dieser das Kleid vom Leib gerissen. Die Leute schreien, es bricht ein Tumult aus, der letztlich dazu führt, dass die gesamte Bühne einstürzte. Eine größere Blöße kann man sich kaum geben.

Aber Caruso, durch den Schock wieder nüchtern, trifft unmittelbar eine Entscheidung. Er reißt sich zusammen und singt im letzten Akt, als ob es um sein Leben ginge. Er singt aus ganzer Kraft und Inbrunst, so wie er noch nie gesungen hat. Tatsächlich vergisst er alles um sich herum und singt, als ob er schon auf der Bühne der Mailänder Scala singen würde.

Das Publikum ist schlußendlich begeistert und gibt ihm Standing Ovations. Die anwesenden Kritiker zerreißen ihre anfänglich negativen Kritiken und loben Caruso letztendlich in den höchsten Tönen. Noch am gleichen Abend verlässt Caruso die Wanderoper und entschließt sich, nach Mailand zu gehen und er schafft es auf die Mailänder Scala. Ab diesem Zeitpunkt hört er auf, sich regelmäßig zu betrinken, und übt so gut er kann. Er gibt jeden Tag alles und wird einer der größten Opernstars, den die Geschichte der Mailänder Scala und der Opernwelt je hatte.

Haben auch Sie schon einmal Ihren Traum aus den Augen verloren? Es ist nie zu spät!

Fazit: Die Dinge, die wir später bereuen, sind nicht die Fehler, die wir gemacht haben. Die Dinge die wir später bereuen, sind die Chancen, die wir nicht ergriffen haben. Machen Sie es wie Caruso: Jetzt oder nie - Handeln ist angesagt!

Coachingbeispiel C: Ray Kroc/McDonalds

Der bis dahin mittelmäßig erfolgreiche Verkäufer für Multimixer, Ray Kroc, ist bereits 52 Jahre alt, als er einen seiner Kunden in Kalifornien besucht, der acht Multimixer zur gleichen Zeit bestellt hatte. Wir schreiben das Jahr 1954. Als er das Restaurant betritt, stellt er fest, dass er noch nie zuvor gesehen hatte, wie so viele Menschen innerhalb kürzester Zeit in einem Restaurant bedient werden. In seinem Kopf manifestiert sich eine Idee. Kurze Zeit später wird er Lizenznehmer der Brüder Dick und Mac McDonald, denen das Restaurant gehört. Aber ist das schon der Durchbruch?
Tatsächlich hat er beim Aufbau seines Firmenimperiums in den nächsten Jahren nicht nur einmal Krisen zu bewältigen. Mehrmals steht er knapp am Rande des Ruins. Wie so viele der Erfolgreichen vor und nach ihm. Doch er lässt sich durch nichts und niemanden von seiner Vision abbringen. Eine Mitarbeiterin namens June Martinez, der er in der kritischen Aufbauphase nur sehr wenig Gehalt zahlen kann, erhält 1964 beim Börsengang als kleines Dankeschön einige kleine Aktienpakete. Jahre später verkauft sie diese für rund 25 Mio. Dollar. Heute hat McDonalds mehr als 31.000 Restaurants als Franchisenehmer, in welchen ca. 58 Mio. Menschen in 118 Ländern täglich weltweit abgefertigt werden. Ray Kroc stirbt als Milliardär.

Haben Sie Angst, dass Sie für die Umsetzung IHRES TRAUMS zu alt sind?

Fazit: Ray Kroc war 52 Jahre alt, als er die Idee hatte, das Geschäft zu adaptieren und 54 Jahre, als er die erste Filiale eröffnete. Es ist nie zu spät! Starten Sie jetzt! Ohne wenn und aber!

Coachingbeispiel D: John F. Kennedy

Kennedy ist mit 43 Jahren nicht nur der jüngste Präsident der Vereinigten Staaten, als er am 8. November zum 35. Präsident der USA gewählt wird. Für viele ist er bis heute der strahlendste amerikanische Präsident aller Zeiten und das Symbol für Zukunft und Zuversicht. Aber wie war es wirklich um den Strahlemann bestellt?

John F. Kennedy wurde Präsident der Vereinigten Staaten mit einem schweren Wirbelsäulenschaden. Zeit seines Lebens muss er ein Korsett tragen, schläft in Spezialbetten und nimmt drei heiße Bäder täglich.

Seine Nebennieren sind gestört, und er muss täglich mit Cortison und Hormonen behandelt werden. Der „charismatische Leader“ leidet unter Muskelschwäche und leichter Ermüdbarkeit, weshalb er immer wieder auch tagsüber schlafen muss. Trotzdem ist er einer der bekanntesten und beliebtesten Präsidenten der USA, begehrter Frauenliebling (siehe Affäre mit Marilyn Monroe) und war Impulsgeber und Motor, die gigantische Vision einer Mondlandung umzusetzen. Kaum jemand spricht heute über seine Schwächen.

Glauben Sie, dass Sie für die Umsetzung Ihres Traums nicht fit oder ausreichend gesund sind?

Fazit: Es spielt keine Rolle, ob Sie körperliche Schwächen, Leiden oder Makel haben, ob Sie athletisch gebaut sind oder eine Behinderung haben. Vielleicht haben Sie auch schon einmal unter Burnout gelitten. Arbeiten Sie an Ihren Stärken!

Coachingbeispiel E: Richard Branson

Er arbeitet das halbe Jahr über von seiner eigenen Karibikinsel Neckar Island aus, wo viele Große der Wirtschaft, des Films und des Sports schon Gäste waren. Der durchschnittliche Arbeitstag des 1950 geborenen Virgin-Gründers beträgt heute eigenen Angaben zufolge an vielen Tagen nur mehr drei Stunden. Das kaum zu durchscheinende Geflecht aus Offshore-Trusts von über 300 Firmen in 30 Ländern beschäftigt über 50.000 Mitarbeiter und erzielt einen Umsatz in der Größenordnung von 13 Milliarden Euro.
(Quelle: Diners Club/Air Plus 01/11)
Könnte der Mann ein Vorbild sein?

Sein Reich ist breit gefächert: Brautkleider, Kosmetik, Fluggesellschaft, Eisenbahnen und Unterhaltungselektronik. Branson ist ein Rebell und ein Abenteurer, weshalb er bereits im Rahmen seiner Transoceanic- Heißluft- ballonrennen mindestens viermal mit dem Hubschrauber gerettet werden musste. Seine große Vision ist es, schon in wenigen Jahren mit einer seiner Firma Touristen ins Weltall zu transportieren. Doch obwohl Richard Branson mittlerweile von der Queen zum Ritter geschlagen wurde, begann seine Karriere 1971 mit einem Gefängnisaufenthalt nach einem Mehrwertsteuerbetrug.

Glauben Sie noch immer Sie können es nicht schaffen Ihren Traum Realität werden zu lassen weil Sie schon einmal einen zu schweren Fehler begangen haben?

Fazit: Auch falls Sie einmal in der Vergangenheit einen schweren Fehler begangen oder, wie man im Volksmund salopp formuliert, „Mist gebaut" haben: Die Zukunft beginnt jetzt und heute. Gestehen Sie Ihren Irrtum ein und handeln Sie richtig, dann wird sich der Erfolg kurzfristig einstellen.

Coachingbeispiel F: Arnold Schwarzenegger

Er wächst in einem kleinen steirischen Dorf namens Thal, einer Landgemeinde mit 1200 Einwohnern zwölf Kilometer vom Grazer Stadtkern entfernt auf. Es ist ein Dorf, das ohne Straßennamen auskommt, denn die Häuser sind von eins bis 250 durchnummeriert. Zwei bis drei Häuser stehen auf jedem Hügel, dazwischen liegen Felder, auf denen Kürbisse angebaut werden, manchmal auch Weizen. Lediglich vier Telefonanschlüsse gibt es Anfang der 1950er Jahre im ganzen Ort. Hinter dem Dorf erstreckt sich nur noch Wald.

Der dort aufwachsende Arnold Schwarzenegger ist der Zweitgeborene, Sohn eines kleinen Dorfpolizisten und einer Hausfrau und wächst nicht gerade in Wohlstand auf. Sein Vater verdient monatlich ATS 930,-- das sind rund € 67,50. Der Vater ist streng. Nicht nur einmal werden dem jüngeren Arnold, der gegenüber seinem um ein Jahr älteren Bruder Meinhard oft benachteiligt wird, „die Ohren vom Vater lang gezogen". Die „gsunde Watschn" und das „Winkerlstehen" gehören zu den Erziehungsmethoden des Vaters. Schon sehr bald beschließt Arnold für sich, dass er in Thal nicht alt werden will. Er, der später in den Kennedy-Clan einheiraten wird, schwärmt schon in der Schulzeit von Amerika. Die Kultur der Größe fasziniert ihn, und kein anderes Land verkörpert sie in seinen Augen so sehr wie Amerika.

In Erinnerung an Filmdokumentationen von damals sagt er Jahre später in einem Interview: „Ich habe die riesigen Autos geliebt, 57er Cadillacs mit ihrem großzügig geschwungenem Design, die Highways, die ganze Idee von Amerika." „Arnie" kauft sich Illustrierte, liest jeden Artikel über die USA und träumt den amerikanischen Traum: „Vom Tellerwäscher zum Millionär".

Er beschließt, in die USA zu gehen, doch er weiß nicht, wie er es schaffen soll. Eigenen Angaben zufolge ist er damals in keinem Bereich besonders gut, hat keine besonderen Fähigkeiten. Bis er im Spätsommer 1962 den amtierenden „Mister Austria" kennenlernt und mit dem Bodybuilding beginnt. Schon bald sieht er sich selbst als „Mister Universum", spätestens jedoch, als er auf Bilder von amtierenden Bodybuildinggrößen am Strand von Malibu stößt. Als er einige Zeit später im Herkules-Film Steve Reeves, einen ehemaligen Bodybuilder sieht, steht für ihn fest dass er „Mister Universum" werden wird. Die „steirische Eiche", wie man ihn später nennt, beschließt schon früh, dass dies nur ein Zwischenschritt auf seinem Weg zur Filmkarriere in Hollywood sein wird.

Als er einige Jahre später über seine Geliebte und spätere Frau Maria Shriver die Nähe zum Kennedy Clan findet, steht für ihn getreu seinem Leitsatz „stay hungry" fest: Auch die Schauspielerei ist noch nicht das Endziel. Von Ronald Reagan lässt er sich inspirieren, in die Politik zu gehen. Mit dem Posten des Gouverneurs von Kalifornien ist Schwarzenegger mittlerweile am Zenit seiner Karriere angelangt. Sein Vermögen wird heute auf ca. € 100 Mio. geschätzt, obwohl er als Gouverneur unentgeltlich arbeitet. Um das höchste politische Amt, das das Land zu vergeben hat, das Präsidentenamt kann er sich nicht bewerben weil er dazu in Amerika geboren sein müsste. Und doch glauben einige Schwarzenegger Fans, dass der Republikaner Schwarzenegger mit Hilfe seiner Frau und des Kennedy-Clans, also mit Unterstützung der Demokraten, auch diese Hürde in einigen Jahren noch nehmen wird können.

Glauben Sie noch immer Sie werden es nicht schaffen, weil Sie in die falsche Familie geboren wurden?

Fazit: Ein kleiner, unscheinbarer Junge aus einem steirischen Dorf formt sich seinen Wunschkörper und geht in die große Welt. Dort wird er Hollywoodstar, angelt sich seine Traumfrau und gelangt bis in die höchsten Kreise der amerikanischen Gesellschaft und Politik. Schaffen auch Sie sich klare Visionen!

Gut, verstehe ich alles, sagen Sie. Aber was, wenn ich im Leben wirklich von einer Katastrophe heimgesucht wurde und alles weg ist, was ich mir aufgebaut habe? Auch hierzu werde ich Ihnen eine wahre Geschichte erzählen:

Coachingbeispiel G: Thomas Edison

Wir schreiben das Jahr 1914, Dezember. Thomas Edison ist gerade 67 Jahre alt. Durch ein Unglück ist soeben sein Laboratorium abgebrannt. Seine gesamten Forschungsergebnisse sind vernichtet, sein Lebenswerk bis zu diesem Zeitpunkt sozusagen. Der Schaden beträgt nach heutigem Wert rund € 1,8 Mio., nur rund zehn Prozent dieser Summe werden durch die Versicherung gedeckt. Das Feuer ist noch nicht vollständig erloschen, Edison steht in sicherer Entfernung und starrt in die Flammen, als sein Sohn zu ihm kommt um ihn zu trösten. Ruhig, gefasst, mit einem Lächeln auf den Lippen bittet Edison seinen Sohn, er möge doch Edisons Frau holen. Als diese wenige Minuten später neben ihm steht, sagt er: „Schau doch, wir werden unser ganzes Leben lang nie wieder so etwas Einzigartiges erleben. Katastrophen haben einen großen Wert. All unsere Fehler verbrennen gerade. Gott sei Dank können wir jetzt ganz neu anfangen."

Glauben Sie wirklich noch immer Sie könnten es nicht schaffen, weil Sie noch einmal bei Null anfangen müssen?

Fazit: Verändern Sie nie Ihr Ziel, sondern nur die Mittel und Wege, es zu erreichen! Lassen Sie sich durch kein Handicap davon abbringen, weiter an der Erreichung Ihres Ziels zu arbeiten!

Wie schon in der Bibel steht:
„Der Glaube kann Berge versetzen!"

Ich hoffe, Sie nehmen mehrere wichtige Informationen aus all diesen Beispielen mit:

- Es zählt nicht, was bisher geschah.
- Es zählt nicht, wie alt Sie heute sind.
- Es ist egal, wie erfolglos Sie bisher in Ihrem Leben waren.
- Es zählt nicht, welche Laster oder Schwächen Sie bisher hatten oder ob Sie topfit sind.
- Egal, wo Sie derzeit in Ihrem Leben stehen, es gibt nur folgende drei Möglichkeiten:

LOVE IT! CHANGE IT! OR LEAVE IT!

>> TIPP <<

Unabhängig davon, wo Sie heute stehen, es ist IMMER möglich, Ihr Leben zum Positiven zu verändern. „Ich bin zu jung“, „ich bin zu alt“, „ich musste in meiner Vergangenheit bereits so viele Schicksalsschläge hinnehmen“, „ich kann aus eigener Kraft nicht mehr aufstehen“ – das alles sind Ausreden.

Bitte denken Sie an die Beispiele von Männern wie Walt Disney, Ray Krog, John F. Kennedy, Sir Richard Branson und Arnold Schwarzenegger sowie Thomas Edison.

Sie alle hatten eine unterschiedliche Ausgangslage und wurden alle früher oder später zu Gewinnern auf der ganzen Linie, zu Menschen, zu denen andere aufblicken.

Aber die Startposition war bei allen nicht die beste. Ob mehrmals pleite, schon sehr alt, körperlich gehandicapt, sogar einmal im Gefängnis, im hintersten Dorf unter ärmlichen Verhältnissen aufgewachsen oder knapp vor dem Ziel im wahrsten Sinn des Wortes abgebrannt.

Alles keine Wunschszenarien am Start, aber sie alle kämpften, bis sie ihr Ziel erreicht hatten.

STAY HUNGRY! (Arnold Schwarzenegger)

LEBENSSANIERUNG Schritt 6:

Umgeben Sie sich mit Optimisten und Adlern!

Eine Geschichte die ich immer wieder bei meinen Events und Seminaren erzähle:
„Einer alten indischen Schöpfungsgeschichte zufolge schuf Gott, nachdem er die Welt geschaffen hatte, zunächst die Muschel. Dann nahm Gott die Muschel und legte sie auf den Meeresboden. Das Leben dort war überaus eintönig. Den ganzen Tag tat die Muschel nichts anderes, als ihre Klappe zu öffnen, etwas Meerwasser hindurchfließen zu lassen und sie wieder zu schließen. Tagaus, tagein gab es nichts anderes als Klappe auf, Klappe zu, Klappe auf, Klappe zu, Klappe auf, Klappe zu...

Dann erschuf Gott den Adler. Ihm gab er die Freiheit, zu fliegen und selbst die höchsten Gipfel zu erreichen. Es existierte fast keine Grenze für ihn. Allerdings forderte Gott vom Adler für diese Freiheit einen Preis: Täglich musste der Adler um seine Beute kämpfen. Er war oft tagelang unterwegs, um für seine Jungen ausreichend Futter heranzuschaffen. Diesen Preis bezahlte der Adler aber gerne. Er genoss die Freiheit, mit seinen weiten Schwingen über Berge, Meer und Täler zu fliegen.

Schließlich erschuf Gott den Menschen. Erst führte er ihn zu der Muschel und anschließend zum Adler. Dann forderte er ihn auf, sich zu entscheiden, welches Leben er führen wolle.

Ein Großteil der Menschen entschied sich, so zu leben wie die Muschel. Sie sind träge. Sie haben Jobs, die sie eigentlich nicht lieben, fahren Autos, die Sie eigentlich nicht mögen, und leben in Wohnungen, in denen Sie nie wohnen wollten, aber Sie ändern dennoch nichts. Sie kommen abends nach Hause, lesen die Tageszeitung, öffnen ihr Bier oder schenken sich ihren Martini ein, schalten den Fernseher an und lassen sich berieseln. Wenn Sie gut drauf sind, haben Sie einmal die Woche einen erotischen Abend mit ihrem Partner bzw. ihrer Partnerin, wenn Sie Pech haben, alle zehn Tage. Und wenn Sie viel Pech haben, sogar nur einmal im Monat... Sie denken, das gibt es nicht? Ich coache persönlich gemeinsam mit anderen Coaches im Rahmen der Academy (mehr Infos unter www.lifedesigner.at) viele Menschen - Topleute der Wirtschaft, des Sports, der Politik, des Films oder Fernsehens, und glauben Sie mir, das gibt es leider viel zu oft. Das waren jetzt die besseren Fälle, jene die selbst aktiv werden und sich zum Positiven hin verändern möchten.

Wie ist es aber mit den „harten Fällen", die gar nicht mehr wissen, wo sie stehen? Diese „unglücklichen Muscheln" akzeptieren eine Schwiegermutter, die sie nicht lieben, im Haus oder lassen die Kinder als Schutzwall in der Mitte schlafen, damit Sie mit Ihrem Partner überhaupt keinen Sex mehr haben „müssen". Wenn Sie mir nicht glauben, dann schauen Sie auf die Scheidungsstatistiken und gehen Sie davon aus, dass, wenn wir jetzt noch die Unglücklichen wegrechnen, die vielleicht zu träge sind sich aus Ihrer Komfortzone zu bewegen oder zu feige sind, sich zu verändern, vielleicht 20 Prozent der Beziehungen wirklich gut sind. So, wie sich die Muschel vom Salzwasser durchspülen lässt, lassen viele Menschen Ihr Gehirn mit schlechten Talkshows und noch schlechteren Seifenopern berieseln und haben dabei gar keine Zeit, über ihr eigenes Leben nachzudenken. Oder um mit Thomas Gottschalks Worten zu sprechen "Wetten dass" sich in deren Leben so schnell nichts ändern wird.

Wollen Sie Adler sein oder Muschel?

Ich gehe davon aus, dass Sie ein Adler sind, sonst würden Sie jetzt dieses Buch vermutlich nicht mehr lesen, sondern hätten es schon weggelegt und würden vor der „Glotze" sitzen, so wie das viele „Muscheln" tun. Oder Sie würden in irgendeiner Kneipe mit den Kumpels saufen oder auf anderem Gebiet „Verliererverhalten" an den Tag legen. Der Ausdruck „Verliererverhalten" wird Ihnen vielleicht im ersten Moment nicht ganz verständlich scheinen, vielleicht sogar unangenehm sein, aber als Ihr Coach ist es meine Aufgabe, Ihnen auch manchmal Dinge zu sagen, die unangenehm sein könnten. (Das musste ich von meinen Coachs lernen, und ich werde diese Tradition fortsetzen.)

Sobald Sie sich laufend mit Verlierern und Energiemoskitos ("kleinen Blutsaugern" die dadurch am Leben bleiben indem diese anderen Energie nehmen und sich davon ernähren) umgeben - und ich spreche nicht ausschließlich von offensichtlichen Verlierern, sondern besonders von den viel gefährlicheren versteckten Verlierern - können Sie selbst nur verlieren. Wie Sie die wirklichen Verlierer des Lebens erkennen, werde ich Ihnen in diesem Buch noch zeigen. „Sage mir, mit wem du Umgang hast und ich sage dir, wer du bist." Wenn Sie gewohnheitsmäßige Verlierer zu Gewinnern machen wollen, müssen Sie als erstes deren Denken ändern, denn falls das überhaupt in Einzelfällen möglich ist, dann nur durch Vorbildwirkung. Sie können keinem Kind helfen, aus einer schmutzigen Pfütze herauszukommen, in der es spielt, wenn Sie zu ihm in die Lacke steigen. Sie werden das Kind dort nicht herausbekommen. Tatsächlich haben Sie keine Chance, jedenfalls nicht, ohne dabei selbst schmutzig zu werden. Wenn Sie helfen möchten, dann ist Vorbildwirkung tatsächlich der einzige Weg den Prozess in Gang zu bringen.

Verlierer fühlen sich in Gesellschaft anderer Verlierer und „Jammerer" wohl. Die Verlierer des Lebens versuchen, alle um sich herum für ihre Probleme verantwortlich zu machen. All diese „Jammerer" wollen auch, dass sich alle um sie herum schlecht und als Verlierer fühlen oder wenigstens Mitleid mit ihnen haben. Sie können bei diesem Spiel, wenn Sie es mitspielen, nur verlieren, so hart das auch klingen mag. Ich spreche nicht aus der Theorie, ich spreche aus der Praxis. Bis ich diese Lektion verstanden hatte, habe ich viele Hunderttausend Euro Lehrgeld bezahlt (von der verschwendeten Zeit will ich hier nicht reden) und was noch wichtiger ist, kostbare Energie verschwendet, die ich nutzbringender hätte anlegen können! Oder doch nicht? Wenn Sie heute aus meinen Erfahrungen Nutzen ziehen, dann war es die Sache wohl trotzdem wert. Spätestens ab jetzt können Sie mit meinen Coaching- oder Seminarpreisen.

Der Schritt, mich von einigen Menschen, die mir teilweise auch ziemlich nahe standen, zu trennen, war nicht einfach. Ich habe jahrelang nicht die nötige Kraft aufgebracht, bis ich merkte, dass mich einzelne Personen blockierten und zurückwarfen. Es waren Menschen in meinem nächsten Umfeld, denen ich immer wieder zu helfen versuchte, aber leider erfolglos blieb, weil sie sich nicht helfen lassen wollten bzw. die Kraft dazu nicht aufbringen konnten und/oder ich damals die "tools" sprich die richtigen Werkzeuge noch nicht kannte wie man solchen Menschen helfen kann. Sollten Sie sich in der Situation befinden, dass Sie in Ihrer Familie oder Ihrem Freundeskreis beispielsweise Personen haben, die alkoholkrank, drogenabhängig oder medikamentensüchtig sind, dann können Sie diesen Menschen nur helfen, indem Sie alles daran setzen, sie dazu zu bewegen, professionelle Hilfe aufzusuchen. Wir haben, um auch diesen Menschen zu helfen, eigene Profis in der Academy (mehr Infos unter www.lifedesigner.at) engagiert, die in Lösungen und nicht in Problemen denken um auch diesen Menschen zu helfen wenn diese von sich aus Veränderungsbereitschaft zeigen. Aber ich warne Sie: Jeder Versuch, ihnen in Eigeninitiative helfen zu wollen, wird scheitern, solange diese Personen aufgrund ihres Suchtproblems ihren Entscheidungswillen, sich selbst helfen zu wollen, nicht aktivieren können und für ihr Suchtproblem Entschuldigungen suchen und Sie nicht das Know-how haben das ein Profi besitzt. Leider verschärfen manche Psychotherapeuten die Situation noch indem diese die Menschen in unzähligen teuren Sitzungen die Historie bis zur schwierigen Kindheit aufrollen lassen und sich immer nur damit befassen was vielleicht die Gründe für das Suchtverhalten sein könnte ohne Lösungen anzubieten. Oftmals verschreiben sie den alkoholkranken Menschen dann Tabletten und letztlich haben Sie dann alkoholabhängige Tablettenabhängige die idealerweise auch noch wissen welches frühkindliche Trauma das spätere Problem ausgelöst hat. Es gibt kaum etwas Schlimmeres als Alkoholsucht und Medikamentenabhängigkeit in Kombination. Versuchen Sie nicht in Eigenregie zu helfen sondern bringen Sie die Person dazu selbst den einen Schritt aus der Schmutzlacke zu machen und professionelle Hilfe aufzusuchen. Meine „soziale Ader“ veranlasste mich damals in mehreren Bereichen die Probleme anderer zu meinen zu machen, mich im Umfeld meiner Mitarbeiter um Probleme zu kümmern, die mich eigentlich nichts angingen. Damit machte ich wie gesagt deren Probleme zu meinen. Ähnliches passierte mit notorischen Verlierendes Lebens ohne den Hintergrund zu kennen. Schlechter Plan!

Beispielsweise borgte ich einem meiner Mitarbeiter immer wieder Geld, obwohl der offensichtlich damit nicht umgehen konnte, weil er laufend das Problem hatte, „dass um den 20. noch so viel Monat übrig war“. Ich dachte damals, dieser Mensch sei arm, weil die Lebensumstände ihm so hart mitgespielt hatten, dass er jeden Monat hohe Zahlungsverpflichtungen hatte die höher waren als sein Einkommen. Einer anderen Mitarbeiterin, die über ihre Verhältnisse lebte, gab ich ein Firmendarlehen zu besonderen Konditionen, das Sie nie zurück zahlte, was ich mir eigentlich hätte denken können. Mittlerweile ist mir klar, dass Personen dann arm sind und nie Geld besitzen, wenn sie falsche Glaubenssätze zum Thema Geld und Wohlstand gespeichert haben. Auf diesen Punkt werden wir später noch ausführlich eingehen. Jedenfalls verstehe ich heute auch, dass das Beste, was Sie für arme Menschen tun können, nicht zu Ihnen zu gehören! Spass beiseite.

Verstehen Sie mich bitte nicht falsch, ich will damit nicht sagen, dass es sich nicht lohnt, Menschen die wirklich hilfsbedürftig sind, zu helfen. Auch ich tue das, und ich glaube sogar, dass es eine wichtige Verantwortung für jeden ist, der Geld besitzt. Trotzdem glaube ich, prinzipiell sollten wir jemanden der Hunger hat, nicht nur einen Fisch zu essen geben sondern ihn besser das Fischen lehren wie uns schon die Bibel sagt. Trotzdem macht Großzügigkeit und Helfen glücklich, allerdings dann, wenn der Beschenkte nicht jemand ist, der sich selbst helfen könnte, wenn er wirklich wollte.

Viele wohlhabende und reiche Menschen spenden automatisch einen gewissen Prozentsatz ihres Einkommens für soziale Zwecke an wirklich Bedürftige. Daher glaube ich auch, dass es wichtig ist, Menschen zu helfen, die den richtigen Weg gehen möchten (das ist jener Weg, den ich mit dem Fischen lernen bezeichnet habe) und nur die Strecke und die Wegweiser noch nicht kennen. Das war auch letztlich meine Motivation, dieses Buch zu schreiben und meine Erfahrungen mit möglichst vielen Menschen zu teilen, um auf diese Art und Weise anderen zu dienen. Daher möchte ich Sie, wie eingangs erwähnt, anspornen, dieses Buch weiter zu verschenken, und zwar an Menschen, die gewillt sind, ihr Leben zu einem Erfolg zu machen und die Potenzial in sich tragen, das brach liegt. Borgen Sie das Buch aber bitte nicht weiter. Wie ich schon eingangs erwähnte, ist es kein normales Buch, sondern vielleicht genau jenes Buch welches Ihr Leben verändert. Jedenfalls ist es Ihr Arbeitsbuch, das Sie mit Ihren persönlichen Gedanken voll schreiben werden, die Dritte nichts angehen. Wenn Sie das Buch möglichst vielen Menschen zum Geschenk machen, werden Ihnen diese nicht nur dankbar sein für den persönlichen Nutzen, den sie daraus ziehen. Auch das Universum wird Sie mit Großzügigkeit belohnen. Das ist übrigens das Lebensgesetz der Resonanz, von dem Sie in meinem Buch „Lebenssanierung" und bei meinen "Design your life" Seminaren noch öfters hören werden, so wie von vielen anderen Gesetzen des Lebens. Lehren Sie also andere das Fischen. Wenn Sie mehr als 5 Bücher bestellen möchten, melden Sie sich unter:
office@lifedesigner.info an.

Ich will mit diesem Buch nicht primär Geld verdienen, sondern Menschen positiv beeinflussen. Daher werde ich Ihnen bei Großbestellungen Sonderpreise machen. Aber zurück zum Kontext:

Auch ich konnte einigen meiner Kunden, Geschäftspartnern und, was mich besonders freut, auch einigen Freunden durch mein Vorbild und freundschaftliches Coaching helfen, ihr Leben so radikal zu verändern, dass sie heute selbst nicht mehr verstehen, wie sie sich binnen weniger Jahre so großartig weiterentwickeln konnten. Ist das nicht eigentlich die Hauptaufgabe unseres Lebens, unabhängig von allen sonstigen Berufungen? Geht es nicht eigentlich darum, aus unserem Leben ein Meisterwerk zu machen und anderen zu helfen, das Gleiche zu tun? Der oder die Bestmögliche zu werden, der oder die wir sein können? Was ist Ihr Lebensziel? Was halten Sie von folgender Definition: „Mein Lebensziel ist es, mein Leben möglichst hochwertig mit einem Höchstmaß an Freude und Spaß zu leben." Ist es nicht wichtig, das Leben zu genießen? Carpe Diem! Jeder Tag ist ein Geschenk, wenn Du Dein Leben richtig lebst; ich bin jetzt bewusst einen kurzen Moment per Du mit Ihnen, sowie auch mit meinen meisten Seminarteilnehmern, damit Sie sich mit meiner Aussage identifizieren! Genau das ist die Herausforderung. Trotzdem gab es auch andere Menschen in meinem Umfeld, von denen ich mich getrennt habe oder wieder andere, von denen ich mich zwar nicht vollständig zurückzog, aber den Kontakt doch stark eingeschränkt habe, um mich ihren negativen Energien weitgehend zu entziehen. Letzteres wird meistens dann der Fall sein, wenn es sich um langjährige Bekannte mit negativer Ausstrahlung oder fallweise auch um Verwandte handelt. Speziell Verwandte kann man sich ja bekanntlich nicht aussuchen oder haben wir diese im vorigen Leben selbst gewählt wie manche behaupten damit wir noch einige Lektionen in diesem Leben lernen? Amüsante Variante oder? Was immer sie glauben oder annehmen möchten es ist für mich ok. Gerade bei Eltern kommt es oft vor, dass sie sich in das Leben ihrer Kinder einmischen und häufig negative Aussagen machen wie „Du wirst schon sehen", „Das klappt sowieso wieder nicht", oder „Das kannst du so nicht machen". Wir werden später noch erkennen, dass uns unsere Eltern unbewusst viele Glaubenssätze mit auf unseren Weg gegeben haben, die uns mitunter später einschränken, wenn wir das Problem nicht bewusst erkennen und Handlungen setzen. Daher werden wir uns mit dieser Thematik noch ausgiebig im Buch „Lebensdrehbuch - Make Your Life A Masterpiece" beschäftigen. Was immer ich in diesem Kapitel über Eltern sage, ich liebe meine Eltern mit allen ihren Stärken und Schwächen. Und das sollten Sie auch versuchen. Trotzdem lernen Sie bitte erwachsen zu werden! Analysieren wir zu diesem Zweck nicht Ihre oder meine Eltern sondern ganz allgemein die "Erzeuger" und lassen Sie uns dabei möglichst neutral bleiben.

Natürlich wollen die meisten Eltern, dass es ihren Kindern gut geht. Kennen Sie den Satz: „Wir wollen, dass es unseren Kindern einmal besser geht als uns" oder „Wir wollen für dich ja nur das Beste"? Analysieren wir die Sätze einmal im Detail und vergleichen wir die Fakten mit Informationen, die Psychologen herausgefunden haben. Ja, es stimmt, dass Eltern wollen, dass es ihren Kindern besser geht als ihnen (die meisten Eltern jedenfalls), aber man müsste noch hinzufügen: „Aber nicht viel besser!" „Warum das?", werden Sie jetzt fragen um dann zu entgegnen: „Blödsinn, kann doch nicht sein". Ich sage Ihnen: „es ist so!" By the way: Wir sprechen hier nicht von Ihren Eltern und nicht von meinen Eltern, sondern von der Mehrheit da draußen. Nur um das klar zu stellen.

Unsere „Erzeuger" müssten sich sonst nämlich eingestehen, dass sie ihr eigenes Leben nicht optimal geführt haben und nicht zu dem gemacht haben, was sie eigentlich daraus machen hätten können und vielleicht machen wollten. Und wenn sie diese Tatsache akzeptieren, dann müssten sie all Ihre Glaubenssätze, nach denen sie gelebt haben, in Frage stellen und sich eingestehen, dass andere mehr erreicht haben als sie - UND ZWAR IHR EIGENES FLEISCH UND BLUT!!

Wenn Sie das verstanden haben, dann werden Sie das Paradoxon verstehen, dass Ihre Eltern Sie zwar lieben, aber immer Einfluss auf Ihr Leben nehmen möchten - und zwar manchmal nicht zu Ihrem

Vorteil. Obwohl es die „Älteren“ prinzipiell aus Ihrer Weltanschauung heraus gut meinen. Wie ist das zu verstehen?

Das eigentliche Problem ist, dass die meisten Eltern immer alles besser wissen. Sie sind, unabhängig von ihrer eigenen Bildung und ihren Erfolgen im eigenen Leben, immer Experten in Lebensfragen, die das Leben ihrer Kinder betreffen. Dabei spielt es keine Rolle, ob es sich um Erziehungsfragen, Geldfragen, Karrierefragen, Bildungsfragen oder andere wichtige Bereiche des Lebens ihrer „Sprösslinge“ handelt. Ist ja auch klar, weil Sie haben ja den kleinen Zwerg schon in den Händen gehalten als er sich noch “angeschissen” hat, noch nicht laufen konnte und auch sonst nicht besonders selbständig und auch nicht „tough“ unterwegs war. Damals haben die Eltern ihre Beschützerrolle für den “Zwerg” entdeckt und die meisten nie mehr vergessen. Ein wichtiger Punkt, der auf 99 Prozent aller Eltern zutrifft: Ihre Nachfahren sind Zeit ihres Lebens und durchaus auch „jenseits der 40“ immer noch „der kleine Maxi“ oder „die kleine Uschi“, dem oder der man dauernd erzählen muss, was sie zu tun haben, was gut wäre und was schlecht ist. Dabei ist es ganz egal, ob „der kleine Maxi“ mittlerweile eine eigene, sehr erfolgreiche Rechtsanwaltspraxis mit fünf Konzipienten unterhält oder „die kleine Uschi“ mittlerweile selbst zweifache Mutter ist und nebenbei noch eine Nobelboutique in bester Einkaufsstraße ihr Eigen nennt. Übrigens: Das trifft nicht nur auf Eltern, Onkel und Tanten zu, sondern Sie werden auch Freunde erleben, die nur einen Bruchteil Ihrer Erfolge einfahren, aber trotzdem dauernd Ratschläge geben, was Sie noch besser machen könnten. „Besserwisser Syndrom“ nennt sich das! Aber natürlich nur wenn es nicht aus der elterlichen Ecke kommt, weil der Respekt für unsere Erzeuger ist durchaus angebracht. Ich meine das wirklich so wie ich es sage, weil ich manchmal skurrile Dinge erlebe.

Zurück zu Rat geben und Rat annehmen, unabhängig davon ob von Eltern, Freunden, Nachbarn oder Sportkollegen. Die Frage, die wir uns immer bei Menschen, die uns einen Rat geben möchten, stellen sollten: Ist der Ratgeber in jenem Bereich in dem er mir Rat erteilt, aus meiner Sicht erfolgreich? Ist beispielweise derjenige, der mir gegenüber sitzt und mir einen Rat in Geldangelegenheiten gibt, in seinem Leben wirklich so gut mit Geld umgegangen, dass ich seinen Rat annehmen möchte? Wie hoch ist sein Vermögen eigentlich? Hat derjenige, der mir einen Rat in Karriereangelegenheiten erteilt, wirklich selbst eine Traumkarriere hinter sich, so dass er mir einen Coachingrat geben darf? Ist der, der mir einen Rat in Liebesdingen gibt, einer, der selbst eine romantisch-erotische Traumbeziehung führt und hat das die Partnerin/der Partner auch schon bemerkt oder nur er/sie? Ist es nicht meistens so, dass die Mutti, die „der kleinen Uschi" den Rat gibt, mit Männern vorsichtig zu sein und sich nicht ausnutzen zu lassen, selbst seit zehn Jahren alleine lebt und geschieden ist? Ist es nicht so, dass der Vater, der dem Sohn Ratschläge betreffend der Firma gibt, selbst noch nie eine Firma aufgebaut oder besessen hat? Ist es nicht so, dass der "Kumpel", der ganz offen sagt, dass die Farbe Ihres neuen Porsche ihm nicht gefällt, selbst einen zehn Jahre alten Kleinwagen in einer undefinierbaren Farbe zwischen „sandbeige" und „kotbraun" sein Eigen nennt und aufgrund seines offensichtlichen "Neidverhaltens" vermutlich nie einen Porsche fahren wird? Aber Sie ärgern sich trotzdem schon wieder.

Ich möchte zurück zum Ausgangspunkt kommen. Sie können sich natürlich von sogenannten Freunden oder Freundinnen, die immer nur negative Energie abgeben, trennen. Ich werde dieses Thema noch sehr intensiv in meinem Buch "Lebensdrehbuch - Make Your Life A Masterpiece!" behandeln. Bei Eltern oder anderen sehr nahen Verwandten jedoch ist das etwas anderes. Aber Sie können Ihre Eltern, Großeltern, Geschwister (auf wen immer die Beschreibung zutreffen mag) einmal höflich auf ihre immer wiederkehrende negative Wortwahl aufmerksam machen und sie bitten, positive, motivierende Konversation mit Ihnen zu pflegen. Außerdem lohnt es sich, wie ich aus eigener Erfahrung mit meinen Eltern empfehlen kann, für Themen, die immer wieder negative Diskussionen verursachen, gegenseitig zu vereinbaren, dass es sich dabei um „Tabuthemen" handelt. Falls das Thema dann doch wieder auf den Tisch kommt, reicht ein kleiner Hinweis („Nicht vergessen: Tabuthema!"), und normalerweise ist die

Sache damit erledigt. Wenn es nicht funktioniert, können Sie immer noch den Umgang auf ein Minimum reduzieren. Besser ist es, zu sagen: „Ich hab Euch lieb, aber über diesen Punkt diskutiere ich mit Euch nicht mehr, sorry".

Übrigens ein wichtiges Thema: Wenn Sie Ihre Eltern lieben so wie ich, aber durch berufliche Termine bedingt selten sehen, sagen Sie Ihnen, dass Sie sie lieben. Das einzige im Leben das mehr wird wenn man es verschenkt ist Liebe!

>>  **TIPP <<**

Entscheiden Sie sich, Adler zu sein und umgeben Sie sich mit Adlern!

Adler und Muscheln sind inkompatibel (Adler leben in den Lüften, Muscheln am Meeresgrund - Klappe auf, Klappe zu….)

Reduzieren Sie negative Einflüsse und Denkweisen auf ein absolutes Minimum! Überprüfen Sie Ihren Bekannten- und Freundeskreis!

Erziehen Sie zur Abwechslung einmal Ihre Eltern und Verwandten!
(nicht böse gemeint! Sie werden dem Haushalt Energie geben!)

LEBENSSANIERUNG Schritt 7:

Verändern Sie, was Sie ändern können!

Einen Teil der Übungen, die ich Ihnen in diesem Buch ans Herz lege, habe ich in meiner schwierigen Lebensveränderungsphase selbst erarbeitet oder zumindest angewendet. Nicht alle Übungen sind von mir selbst entwickelt worden. Einen Teil der Aufgaben habe ich ursprünglich für mich und jetzt für Sie zusammengetragen, sie stammen aus diversen Seminaren und Büchern, und teilweise habe ich sie adaptiert und weiterentwickelt.

Wie schon erwähnt, die Auslöser meiner eigenen Krise waren für mich erste Anzeichen einer richtigen Erschöpfung, so wie sie oftmals einem „Burnout-Syndrom“ vorausgeht. Die Symptome traten am Ende eines jahrelangen Kampfes um eine gescheiterte Beziehung und menschlicher Enttäuschungen über „falsche Schönwetterfreunde und Geschäftspartner“ zutage. Ich merkte es daran, dass ich mich so richtig ausgebrannt fühlte. Der gesamte Lebenssinn war mir verloren gegangen und ich spürte eine gähnende Leere in meinem Leben. Tageweise hatte ich keine Ahnung, was mir Freude machte, und keine Idee, wie ich je wieder an irgendetwas Spaß haben oder mich für etwas begeistern sollte. Im Prinzip geschieht medizinisch gesehen in solchen Phasen nichts anderes, als dass im menschlichen Gehirn in einer so

ernsten Krise die Gleichgewichte der verschiedenen Signalstoffe durcheinander geraten. Es fehlen dann in der Regel Serotonin und Noradrenalin, das „Freude und das Antriebshormon“ des Körpers. Diese Darstellung ist zwar stark simplifiziert, aber im Wesentlichen trifft es den Punkt. Tatsache ist jedenfalls, man fühlt sich ausgepowert, lustlos und leer. Man hat dann meistens parallel eine Lebenskrise und fragt sich: “Warum mache ich das alles überhaupt”?
Hatten Sie dieses Gefühl schon einmal? Es ist ähnlich, als ob ein geliebter Mensch aus dem Leben scheidet, was ja in meinem Fall, wie bei jeder Trennung, auch irgendwo zutraf. Obwohl ich letztlich die Entscheidung selbst fällte, mich von meiner damaligen Partnerin zu trennen, fiel dieser Entschluss keineswegs leicht. Dazu kam parallel die Entscheidung, mich auch von meiner Firma (und in Verbindung damit auch von Menschen, von denen ich mich teilweise hintergangen, teilweise noch immer hingezogen fühlte) und meinem bisherigen beruflichen Lebenswerk zu trennen; wenn man so will also „zwei Lebenskrisen im Doppelpack“. Die Entscheidung war gefallen, aber die Umsetzung war noch offen. Nachdem ich nun eine Reihe von wichtigen Veränderungen vor mir hatte, wusste ich, dass es wichtig war, vorher nochmal in mich zu gehen, Kraft zu tanken und meinem Körper die gebührende Aufmerksamkeit zu schenken. Viel zu wenig hatte ich mich in den letzten Jahren diesem wichtigen Transportmittel, sozusagen dem Tempel meiner Seele gewidmet, obwohl mir klar war, dass ich in diesem Leben nur diesen einen Körper habe. Auch wenn ich mich bereits sehr kraftlos fühlte, beschloss ich, mich auch in dieser schwierigen Phase noch einmal aufzuraffen, ähnlich wie ein schwer angeschlagener Boxer, der sozusagen wenn der Ringrichter schon zählt bei neun nochmals aufsteht, wenn er auch denkt, kaum noch Kraft zu haben. Phase eins: ich musste zur Ruhe kommen und wieder zu mir selbst finden!

In der Stille des Waldviertels, dieser Region, die ich sehr bewusst wegen ihrer Ruhe gewählt hatte, begann ich nun, mein Leben planmäßig zu verändern. Seit Monaten hatte ich mir vorgenommen, einige Kilogramm abzunehmen, etwas gesünder zu essen, weniger

Alkohol zu trinken und nicht nur zu arbeiten, sondern auch der Entspannung Zeit in meinem Leben einzuräumen. Leider war ich nicht diszipliniert genug und verfiel immer wieder in meine alten Ess-, Trink- und Workaholic-Arbeitsgewohnheiten. Dort in der Stille beschloss ich nun, der Sache ein buchstäbliches und gleichzeitig symbolisches Ende zu setzen oder, besser gesagt, einen radikalen Neubeginn einzuleiten.

Wie sah mein Plan aus?

Das Konzept bzw. das Rezept welches ich mir selbst verordnete war einfach: Mindestens eine Woche bis maximal zehn Tage zu fasten, um zuerst den Körper und in weiterer Folge auch den Geist zur Ruhe kommen zu lassen. Im Klartext bedeutete das, von nur zwei Gläser Gemüse- oder Fruchtsaft und einer beliebigen Menge Tee und Wasser täglich zu leben. Höhepunkt des Tages war dann eine klare Basensuppe de facto ohne Einlage. Die Basensuppe enthielt etwas Schnittlauch, und ich kann mich noch ganz genau erinnern, wie ich minutenlang die kleinen Schnittlauchstücke im Mund hin und herkaute, um das Gefühl auszukosten, irgendetwas Essbares zwischen den Zähnen zu haben.

Der erste Tag fiel, wie immer bei solchen Kuren, äußerst schwer, und abends hatte ich Kopfschmerzen. Der zweite Tag war dann schon etwas leichter, und ab Mitte des dritten Tages begann ich mich richtig wohl zu fühlen. Es ist vielleicht schwer zu glauben, aber der Körper erlebt in solchen Fastensituationen ein richtiges Flow-Erlebnis und es fängt dann irgendwann an, richtig Spaß zu machen. Mittlerweile mag ich dieses Gefühl der inneren Reinigung nicht mehr missen, und ich gönne meinem Körper solche Erholungsphasen in regelmäßigen Abständen.

Meistens faste ich zweimal im Jahr, und zwar im Frühjahr und im Herbst. Diese Fastenpause dient ganz nebenbei auch noch der Entgiftung und Entschlackung des Körpers und lehrt uns, danach beim Essen wieder unsere Kauwerkzeuge bewusster einzusetzen und mehr darauf zu achten, was wir unserem Körper zuführen. Ich kann es auch jedem nur wärmstens empfehlen, das Fasten einmal auszuprobieren. Nicht nur aus Gewichtsgründen - obwohl natürlich auch das Gewicht sehr rasch reduziert werden kann - sondern deshalb, weil ab dem dritten Tag ein spirituelles Gefühl der Stärke aufsteigt, das sich mit dem Stolzgefühl mischt, bis jetzt durchgehalten zu haben. Mit jedem Tag wird es dann leichter, weil der Hunger keine Rolle mehr spielt bzw. an Bedeutung verliert und wir plötzlich merken, wie wir uns immer mehr nach innen richten, spiritueller und kraftvoll werden und sich ein Gefühl in uns ausbreitet, alles schaffen zu können.

So war es jedenfalls bei mir, und ich hoffe, dass es Ihnen ähnlich ergeht, wenn sie das Fasten für sich testen und entdecken. Wenn Ihnen eine Woche zu lange scheint (einmal habe ich es sogar zwei Wochen gemacht), dann probieren Sie doch fürs Erste wenigstens ein verlängertes Wochenende von 5 Tagen. Es empfiehlt sich übrigens, ein bis zwei Vorbereitungstage mit Obst einzulegen. An diesen sollten Sie nur Obst zu sich nehmen, wobei sich am ehesten empfiehlt, nichts anderes als Äpfel oder Ananas keinesfalls jedoch Bananen oder Trauben zu essen. Falls Sie gegen die genannten Früchte eine Allergie besitzen machen Sie zwei Reistage, aber verwenden Sie Naturreis ohne Zutaten. Essen Sie davon drei Mahlzeiten (so viel Sie mögen) allerdings lassen Sie zwischen den Mahlzeiten mind. vier Stunden Pause.

>> TIPP <<

Gönnen Sie sich eine Saftfastenkur und entschlacken Sie!

Für alle, die das Thema näher interessiert, habe ich nochmals kurz die bekanntesten Fastenformen zusammengefasst:

- Saftfasten (wie von mir praktiziert) dreimal täglich ein Glas frisch gepresster Obst- oder Gemüsesaft, zwischendurch Wasser (eventuell in Kombination mit Tee und/oder Basensuppe ohne Einlage)
- Wasserfasten - gutes Quellwasser oder Mineralwasser, mindestens zwei bis drei Liter täglich
- Nulldiät - Wasserfasten unter gleichzeitiger Einnahme von Mineralsalztabletten und Vitaminen (Fragen Sie diesbezüglich nach geeigneten Produkten bei Ihrem Arzt oder Apotheker.)
- Teefasten - dreimal täglich zwei Tassen Kräutertee (ungezuckert und ohne Honig); beliebig Wasser; manchmal als Einleitung der F.X. Mayr-Kur
- Schleimfasten - für magen- und darmempfindliche Personen geeignet. Mit Hafer-, Reis- oder Leinsamenschleim.
- Molkefasten - 1 Liter Molke über den Tag verteilt ergänzt durch Kräutertees und Frischpflanzensäfte, Wasser nach Bedarf.

Wenn Sie wichtige Entscheidungen im Leben zu treffen haben oder für bevorstehende wichtige Lebensaufgaben Kraft tanken möchten, wirkt so eine Fastenkur Wunder. Probieren Sie es aus! Sie sind ein Skeptiker?

Ich verstehe das. Sie möchten meine Aussage so nicht hinnehmen? Also gut, in diesem Fall werde ich näher auf die Hintergründe zu sprechen kommen.

Prinzipiell ist jeder von uns gewohnt, zu fasten. Wir fasten jede Nacht, wenn wir zu Bett gehen. Wenn wir unserem Körper etwas Gutes tun wollen, dann sollten wir zwischen zehn und zwölf Stunden nichts essen. Das ist jene Zeit, die unser Körper für den Stoffwechsel benötigt, sprich für Abbau, Umbau sowie Aufbau von Körpersubstanzen. Die dafür notwendige Energie holt sich der Körper aus den Depots. Und dann, am Morgen, stehen Sie wieder auf, putzen sich die Zähne und, was kommt dann? Sie brechen das Fasten und nehmen ein „breakfast", wie der Engländer sagt.

Ist Ihnen eigentlich schon einmal aufgefallen, dass Ihr Körper nicht nur in der Nacht freiwillig fastet, sondern auch dann, wenn Sie beispielsweise krank sind oder sich unwohl fühlen? Können Sie sich erinnern, als Ihr Kind das letzte Mal gefiebert hat und plötzlich nichts mehr essen wollte, sondern nur noch trinken? Das ist nicht nur beim Menschen so. Beobachten Sie einmal einen Hund, wenn er krank ist oder unglücklich, weil Herrchen ohne ihn auf Urlaub gefahren ist und er die Zeit in fremder Umgebung verbringen muss. Er verkriecht sich auf seinen Platz und schafft es tagelang, den vollen Fressnapf unangetastet stehen zu lassen. Instinktiv tut der Körper bei Krankheit das absolut Richtige. Da die Verdauungsarbeit normalerweise ca. 30 Prozent der Körperenergie in Anspruch nimmt, beschließt der Körper, diese Kräfte zu sparen, und gewinnt stattdessen die Energie für die Wiederherstellung kranker und die Neubildung gesunder Zellen aus den körpereigenen Nahrungsdepots, was vergleichsweise kaum Energie kostet.

Fasten ist also ein Selbsthilfeprozess der Natur, der von vollständig gesunden Menschen manchmal auch ganz bewusst eingesetzt werden kann, um die internen Depots und Reserven, die manchmal bei uns Wohlstandsbürgern in Form eines „Wohlstandsbauches" zur Schau gestellt werden, auf ein Normalmaß zu reduzieren.

Viele haben trotzdem noch immer Vorurteile gegen das Fasten. Sie sind trotz der ganzen Argumente der Meinung, Fasten ist ungesund, und dass man keine Leistung bringen kann, während man fastet. Werfen wir doch einmal einen Blick in die Tierwelt:

Wochenlanges Fasten gehört dort seit Jahrhunderten zum normalen Jahresrhythmus vieler in freier Wildbahn lebender Tiere. Nicht nur Murmeltiere, die einen Winterschlaf halten, wodurch sich der Energiebedarf reduziert, fasten. Auch das Hochgebirgswild wie Gams, Steinbock und Hirsch fressen sich im Herbst einen „Winterspeck" an, um dann im Winter bei Kälte und Eis fastend auszukommen. Interessant ist, dass gerade in diese Zeit auch die Brunftzeit fällt, in der es nicht nur den hitzigen Kampf gegen die Geschlechtsgenossen zu führen gilt, sondern auch die Befruchtung der weiblichen Tiere ansteht. Ja, meine Herren, Lebenskraft trotz fasten, testen Sie es. Ihre Partnerin wird Ihnen dankbar sein. "Dolce Amore" **statt** "Dolce Latte" sozusagen.

Ähnliche Fasten-Szenarien gibt es übrigens auch im Leben von Vögeln und Fischen. Flugvögel starten ihre „Langstreckenflüge" in wärmere Breiten oft mit dem doppelten ihres normalen Gewichtes. Nach 5.000 Kilometern Non-Stop-Flugdistanz haben sie dann am Zielort wieder ihr Normalgewicht. Praktisch, oder? Der Lachs nimmt bei seiner anstrengenden Flussaufwärtsreise und der nachfolgenden Laichzeit ebenfalls keine Nahrung zu sich. Fasten ist also nichts Negatives mehr. Bilden Sie nun eine neue Assoziation meine Herren: **"Fasten und Vögel(n), Liebeshormone statt Fettdepots!"**

Und wie ist es mit Wölfen und anderen Raubtieren? Sie können tage- und wochenlang ohne Nahrung leben und dabei weite Strecken laufen. Wann immer sie Nahrung finden, reißen sie diese, wenn nicht, leben sie einfach von den Vorräten. Also egal ob Birnen- oder Apfeltyp zehren Sie einmal einige Tage von den Depots. Das bringt Sie nicht um und macht Sie wieder erotisch.

Bevor ich nun mit meiner eigenen Geschichte fortfahre, möchte ich für die extremen Fastenskeptiker unter den Lesern noch die Geschichte der Hunzas erzählen. Die Hunzas sind ein kleines Volk von nur ca. 10.000 Menschen, die in einem Hochtal des Zentralhimalajas leben. Bis vor wenigen Jahrzehnten lebten diese Menschen de facto hermetisch von der Außenwelt isoliert. Dr. Ralph Bircher berichtet in seinem Buch „Die Hunzas“: „Die Äcker des Hochtals erbrachten nicht genügend Nahrung, um die Menschen das ganze Jahr über zu ernähren. Bis die Gerste im Juni reif wurde, fastete das ganze Volk wochenlang, manchmal sogar zwei Monate lang. Die Hunzas blieben dabei fröhlich und zufrieden, sie leisteten in dieser Zeit die Arbeit des Jahres; sie machten ihre Feldarbeit und erneuerten ihre durch Lawinen zerstörten Bewässerungsgräben. Diese Menschen kannten keinen Arzt, und sie brauchten auch keine Polizei. Ihr Leben spielte sich nach natürlichen Verhaltensregeln ab.

Mittlerweile ist das Tal zugänglich geworden. Die Hunza-Männer dienen als Soldaten in Indien, oder sie arbeiten dort. Haltbare Nahrungsmittel wie Zucker, Weißmehl und Konserven werden importiert; seither gibt es im Hunza-Land die typischen Zivilisationskrankheiten: Zahnfäule, Blinddarmentzündungen, Gallenleiden, Übergewicht, Erkältungen, Diabetes - um nur einige typische zu nennen. Die Menschen brauchen jetzt nicht nur den Doktor, sondern auch den Polizisten. Die Gesundheit ihres Körpers, ihres Verhaltens und ihres Denkens ist gestört.“

Durch dieses Beispiel sehen nun vielleicht auch die größten Skeptiker des Fastens dessen Nutzen besser. Fasten als Abnehmdiät zu betrachten wäre jedenfalls der falsche Ansatz, wenn auch der Nebeneffekt der Gewichtsreduktion durchaus nicht von der Hand zu weisen ist. Das gilt aber nur dann, wenn man nicht zu häufig, sondern wirklich nur gelegentlich fastet. Letztlich ist der positivste Aspekt, dass uns das Fasten hilft, die innere Ordnung als Wegfindung und Reifung zu erleben. Das ist eine wunderbare Erfahrung, von der nahezu alle großen Religionsstifter wie Christus, Moses, Buddha und Mohammed berichten.

Auch wenn Sie nicht auf die ganze große Erleuchtung hoffen, die Umstellung des Stoffwechsels war für mich primär tatsächlich auch das Verbrennen der Fettdepots. Das war für mich ein Thema wie für viele von Ihnen vermutlich auch.

Mein Fastenprogramm koppelte ich daher auf Anraten meines Fitnesscoachs mit einem gezielten Muskelkräftigungsprogramm im Kraftraum. Die Zahl der Gewichte musste natürlich etwas niedriger sein als normalerweise und dem Zustand des etwas geschwächten Körpers angepasst werden. Das Krafttraining, das die Fettverbrennung anheizen sollte, kombinierte ich mit ein bis zweimal täglich laufen, und zwar 40 - 60 Minuten. Besonders das Laufen im Wald und das bewusste Atmen des Sauerstoffs half mir sehr bald, meine Laune zu verbessern und mich in puncto Emotionen etwas besser zu fühlen als noch wenige Tage davor. (Bei dieser Gelegenheit → Danke Ulrich Strunz)

Die restliche Zeit verbrachte ich bewusst in Ruhe, ohne Fernsehen und ohne Musik, sondern ausschließlich mit Sauna, Dampfbad und gelegentlichen Massagen und Shiatsu. Zwischendurch nutzte ich die Zeit, um viel zu lesen, vorwiegend übrigens Bücher zum Thema „Lebensglück, persönliches Wachstum und Motivation".

Was ich in diesen Tagen für mich herausfand, waren einige Grundlagen des Lebens, die einem helfen, das Glück wiederzufinden, wenn man glaubt, es verloren zu haben. Die Erkenntnisse und Methoden helfen auch dann, wenn man sich innerlich leer oder ausgebrannt fühlt, wie es bei mir der Fall war. Sie kennen das Gefühl, wenn ein Traum geplatzt ist oder eine Beziehung gerade in die Brüche gegangen ist, von der sie dachten, es könnte eine Traumbeziehung werden. Wie sollte man sich in so einer Situation wohl verhalten?

>>  **TIPP <<**

Fasten reinigt den Körper und bringt Reinheit in Ihre Gedanken!

LEBENSSANIERUNG Schritt 8:

Einfach kurz einmal nichts tun!

Wer mich kennt, der weiß, dass ich ein Mensch bin, der immer gerne in Bewegung ist. Einige Jahre zuvor, bis zu meiner „persönlichen Erleuchtung" als ich das Lebensgesetz der Konzentration entdeckte das ich Ihnen im nächsten Buch „Lebensdrehbuch - Make Your Life A Masterpiece!" noch vorstellen werde, war ich ein Verfechter des multitaskingfähigen Arbeitens. Einen meiner Freunde nervte es immer, wenn ich beim Autofahren telefonierte, während ich mit einer Hand das Lenkrad und mit der anderen das Diktiergerät hielt, im Hintergrund das Autoradio lief und ich mich zwischendurch mit ihm unterhielt.

Diese Arbeitsweise habe ich mittlerweile zugunsten höherer Produktivität - ja, Sie lesen richtig - doch stark verändert. Gelegentlich falle ich zwar auch heute noch in alte schlechte Gewohnheiten zurück, allerdings nur noch höchst selten. Gut, Sie können sich also vorstellen, dass es gerade mir damals sehr schwer fiel, nichts zu tun, aber ich hatte den „Nichts-tu-Tipp" in einem meiner gekauften Bücher gelesen und war entschlossen, ihn für mich zu testen. Das ist übrigens auch eine gute Empfehlung für Sie. Manchmal sind wir skeptisch neuen Dingen gegenüber, aber es empfiehlt sich, Dinge selbst auszuprobieren, um dann aus eigener Erfahrung entscheiden zu können, ob einem die Idee gefällt oder nicht.

„Einsamkeit im Sinne von häufigem Alleinsein ist wesentlich für jede Tiefe der Meditation oder des Charakters; und Einsamkeit im Angesicht natürlicher Schönheit und Größe ist die Wiege von Gedanken und Bestrebungen, die nicht nur für den Einzelnen gut sind, sondern ohne die auch die Gesellschaft gar nicht auskommen könnte.“ (John Stuart Mill)

Zurück zur Empfehlung, die ich damals las und testete. Es sei, so hieß es dort, nützlich, sich anzugewöhnen, mindestens 15 Minuten am Tag nichts zu tun, und deshalb versuchte ich es gleich einmal eine halbe Stunde. Ich wollte ganz einfach wissen, warum in der Geschichte der Menschheit so viele Heilige, Mystiker, Propheten, Lehrer und Philosophen die Erfahrung gemacht hatten, durch das Nichtstun und das Meditieren in einen Zustand der Erleuchtung zu gelangen.

Ich hatte mich natürlich vorher intensiv mit der Materie auseinander gesetzt, so wie ich das immer mache, wenn ich mir selbst etwas verordne, und festgestellt, dass Gehirntomografien zeigen, dass während einer Meditation die Bereiche des Gehirns, in denen das verbale Denken gesteuert wird, ihre Aktivitäten stark reduzieren, während ein anderer Teil des Hirns förmlich aufleuchtet. Wenn dieses Phänomen auftritt, hat der Meditierende ein Gefühl, als ob sich ein Teil seines Ichs auflöst und mit dem gesamten Universum zu einer Einheit verschmilzt. Nicht umsonst waren Buddhas erste Worte nach Erleuchtung:

„Man kann es nicht in Worte fassen!“

Laotse, der Begründer des Taoismus, benutzte folgende Worte:

„Wir fügen Speichen in einem Rad zusammen, aber es ist das Loch in der Mitte, das die Bewegung des Wagens bewirkt. Wir formen Ton zu einem Topf, aber es ist die Leere darin, die das Gewünschte enthält. Wir zimmern Holz für ein Haus, aber es ist der Innenraum, der es bewohnbar macht. Wir arbeiten mit Seiendem, doch Nichtsseiendes macht den Nutzen aus."

Auch im Christentum finden sich ähnliche Begebenheiten wie beispielsweise der Bericht vom Propheten Elisa, den wir im Ersten Buch der Könige (Altes Testament) im Kapitel 19 nachlesen können. Elisa hielt sich in einer Höhle versteckt, verfolgt von einer Bande von potenziellen Henkern, die ihn suchten, als er hörte, dass Gott zu ihm sprach:

„Und siehe, der Herr wird vorübergehen. Und ein großer, starker Wind, der die Berge zerriss und die Felsen zerbrach, kam vor dem Herrn her; der Herr aber war nicht im Winde. Nach dem Wind aber kam ein Erdbeben; aber der Herr war nicht im Erdbeben; und nach dem Erdbeben kam ein Feuer; aber der Herr war nicht im Feuer. Und nach dem Feuer kam ein STILLES, SANFTES SAUSEN."

Nicht jeder von uns hat schon buchstäbliche Naturkatastrophen oder einen Brand erleben müssen, aber im übertragenen Sinn war fast jeder schon einmal mit Chaos in seinem Leben konfrontiert. Hand aufs Herz: Hatten Sie nicht auch schon Situationen in Ihrem Leben, in denen Träume verbrannten, in denen Visionen wegbröckelten, als ob sich bei einem Erdbeben der Boden öffnet? Und solche Momente, in denen für Minuten, Stunden, Tage oder Wochen, vielleicht sogar Monate alles um uns herum zusammenbricht. Meistens sehen wir in solch einer Phase nur den Kummer und unser Problem. Aber in Wirklichkeit entsteht dabei auch eine neue Möglichkeit, in uns hineinzuhören. Wenn wir es dann schaffen, die Stille in uns zu finden, dann werden wir Krafttanken und mit Kraft gestärkt aus dieser Situation herauskommen. Falls Sie das nächste Mal wieder in so eine im ersten Augenblick trostlos scheinende Situation geraten, testen Sie es.

Planen Sie aber nicht erst in schweren Krisenzeiten, sondern schon vorab Zeit fürs „Nichtstun" in Ihrem Leben ein. Nehmen Sie sich täglich mindestens 15 bis 20 Minuten Zeit, am besten zu einer immer gleich bleibenden Zeit, wie ein Ritual. Sie wissen, „Gewohnheiten" sind Dinge, die wir uns bewusst angewöhnen, indem wir Sie immer und immer wieder tun, am besten immer zur gleichen Zeit oder gekoppelt an andere Tätigkeiten, die wir bereits pflegen. Wichtig, damit sich eine Gewohnheit entwickeln kann, ist, dass wir die Dinge speziell im ersten Monat täglich tun. Das absolute Minimum, um aus einer wiederkehrenden Handlung eine automatische Gewohnheit zu machen, ist, diese mindestens 21 Tage zu wiederholen, besser wären 30 - 40 Tage.

Sie fragen sich jetzt: „Gut und schön, aber wo im Alltag soll ich zur Ruhe kommen?". Es ist ganz egal, ob Sie es im Schlafzimmer, im Arbeitszimmer, im Büro, im Solarium, in der öffentlichen Bibliothek, auf der Toilette oder im Auto tun. Wenn Sie Letzteres wählen, dann bitte nicht beim Fahren. Der Ort ist nicht so entscheidend, wichtig ist, dass Sie Ruhe dabei haben. Sie sollten in dieser Zeit vor jeder Störung sicher sein. Vergessen Sie also bitte nicht, unbedingt vorher Ihr Handy leise zu schalten. (Vielleicht sollten Sie sich vorher den Wecker stellen, denn sonst könnte es passieren, dass Sie das Nichtstun vielleicht nach einer gewissen Eingewöhnungsphase so genießen, dass Sie im Anschluss gleich einschlafen und einen wichtigen Termin versäumen.)

Tatsächlich werden Sie neue Dimensionen entdecken, wenn Sie sich die Freiheit herausnehmen, als Schöpfer und Designer Ihres eigenen Lebens Zeiten zu schaffen, in denen Sie für niemanden erreichbar sind. Ich kann nur empfehlen, das nicht nur in Verbindung mit dieser Übung, sondern auch zum Beispiel dann zu machen, wenn Sie wichtige Arbeiten erledigen müssen, für die Sie Ruhe benötigen. Sie müssen es nicht immer tun. Aber haben Sie fallweise den Mut, es zu tun, wenn Sie niemanden hören wollen, wenigstens für einige Minuten oder vielleicht sogar Stunden. Es ist ihr Leben. Nehmen Sie es wieder in die Hand und wechseln Sie den Status, vom allzeit bereiten „Reagierer" zum „Agierer".

Wir alle leben heute in einer Zeit der Informationsüberflutung. Man sagt, ein Mensch denkt am Tag durchschnittlich 60.000 verschiedene Gedanken. Bei so vielen Gedanken gibt es de facto keine Lücken mehr. Manche von uns haben zwei Handys, einige auch drei. Ein früherer Geschäftsfreund aus dem Investmentbereich hatte sogar fünf Handys für die unterschiedlichen Regionen der Welt, mit denen er arbeitet. Wir haben Internet allgegenwärtig, sei es am Handheld (IPhone, Blackberry), Notebook, am Office- oder Home-PC. Im Internet erhalten wir neben vielen Spams auch noch unzählige Informationsdienste, für viele von uns ist es normal, täglich Mails im dreistelligen Bereich zu bekommen. Ein normaler Büroangestellter bekommt durchschnittlich um die 230 Nachrichten täglich. „Wer kann das noch abarbeiten?", fragt man sich. Viele haben dann noch ein schlechtes Gewissen und schaffen es nicht, ihr Umfeld zur Maildisziplin zu bringen - je ein Punkt, auf den ich an anderer Stelle noch näher eingehen werde. Wenn Sie abends ins Fitnesscenter laufen, um Stress abzubauen und zu relaxen, sehen Sie am Bildschirm vor dem Laufband wieder die Aktienkurse, während ein Nachrichtensprecher erzählt, welche Katastrophen sich irgendwo in der Welt zugetragen haben.

Ich möchte Sie noch einmal bitten sich gedanklich von der Meinung zu verabschieden, es wäre eine gottgegebene Verpflichtung, immer und überall für jeden erreichbar zu sein. Nehmen Sie sich die Freiheit, Sie selbst zu sein und, im wahrsten Sinne des Wortes, manuell wie auch gedanklich abzuschalten und in sich zu gehen.

Hängen Sie das „Besetzt"- oder das „Don´t disturb!"- Schild auf, das es in jedem Hotel gibt. Betrachten Sie diesen Zeitpunkt des „In-Sich-Hineingehens" als Termin mit sich selbst und verteidigen Sie ihn gegen Ihre Umwelt. Wenn jemand Sie davon abhalten möchte, sagen Sie ihm:

„Bitte verzeihen Sie, ich habe einen wichtigen Termin." Mit wem Sie diesen Termin haben, muss niemand wissen, aber unter uns: Sie sind der wichtigste Mensch in Ihrem Leben, daher gibt es nichts Wichtigeres!

Wenn Sie es einmal geschafft haben, diese Zeit für sich einzuplanen, dann nehmen Sie eine entspannte Haltung ein, sei es im Liegen oder im Sitzen.

Variante 1 - Entspannungsübung im Liegen:

- Haben Sie die Möglichkeit zu liegen, so legen Sie sich entspannt auf den Rücken, und zwar flach. Sie können ein niedriges Kopfkissen verwenden oder direkt auf einer flachen Unterlage liegen, je nachdem, wie Sie es als angenehmer empfinden und wie Sie sich besser entspannen können.
- Bei dieser Liegehaltung sind die Beine lang ausgestreckt.
- Richten Sie den Blick zur Decke und schließen Sie die Augen.
- Sobald Ihre Fußspitzen leicht nach außen fallen, ist das ein Zeichen dafür, dass Sie beginnen, sich zu entspannen.
- Die Arme lassen Sie locker neben dem Körper liegen, ganz gelöst. Die Handflächen zeigen nach unten.

Variante 2 - Entspannungsübung in der Droschkenkutscherhaltung:

Wenn Sie sitzen, so bietet sich die „Droschkenkutscherhaltung" oder die normale Sitzhaltung an. Erstere ist besonders unkompliziert, da Sie dafür nicht einmal einen Stuhl, sondern eigentlich nur einen einfachen Hocker ohne Lehne benötigen. Diese „Droschkenkutscherhaltung“ wurde den Kutschern abgeschaut, die auf dem Kutschbock ein Nickerchen machten, während Sie auf Kunden warteten. Der Erfinder des autogenen Trainings, Prof. med. Johannes Heinrich Schultz hat diese Sitzhaltung für seine Patientensitzungen adaptiert, um bei diesen einen entspannten Zustand herbeizuführen.

- Setzen Sie sich auf den vorderen Teil der Sitzfläche, beide Füße mit ganzer Sohle fest am Boden, die Unterschenkel senkrecht, und lassen Sie die Beine leicht auseinanderfallen. Lassen Sie die Arme locker an der Innenseite Ihrer Schenkel hinunterbaumeln, während Sie den Kopf leicht nach vorne fallen lassen, so dass es sich entspannt anfühlt.
- Sie können die Arme auch entspannt auf den Oberschenkeln ablegen, wenn sich das für Sie besser anfühlt. Wichtig ist jedoch, dass sich die beiden Hände nicht berühren. Die meisten Menschen kommen früher in den Zustand des Entspanntseins, wenn sie die Augen schließen.
- Dann können Sie noch Schulterlockerungsübungen einbauen, wenn sich ihr Nacken verspannt anfühlen sollte.

Variante 3 - Entspannungsübung in der aufrechten Sitzhaltung:

Diese Haltung bietet sich an, wenn Sie einen Bürostuhl mit Armlehnen oder einen anderen Stuhl mit seitlichen Lehnen verwenden.

- Rutschen Sie mit dem Gesäß auf der Sitzfläche nach hinten, bis Sie an der Rückenlehne anstehen.
- Richten Sie sich hoch auf und achten Sie darauf, dass der Rücken bequem angelehnt ist.
- Strecken Sie die Beine so weit nach vorne, dass Sie Bodenkontakt mit der ganzen Fußsohle haben und sich trotzdem noch entspannt fühlen.
- Lassen Sie Ihre Arme wahlweise entspannt auf den seitlichen Stuhllehnen oder auf den Oberschenkeln ruhen, je nachdem, was sich für Sie besser anfühlt.

- Lassen Sie den Kopf locker und leicht an die Rückenlehne sinken, falls diese hoch genug ist. Ist sie das nicht, dann lassen Sie den Kopf leicht nach vorne sinken.
- Schließen Sie die Augen.

Wenn Sie die Möglichkeit haben, diese Übung in der Natur zu machen, dann suchen Sie sich einen Platz der Ruhe, wo Sie eine gleichförmige Bewegung innerhalb der Natur beobachten können. In diesem Fall lassen Sie natürlich die Augen geöffnet und beobachten z. B. ein Feuer, die Wellen des Meeres, ein Weizenfeld, dessen Ähren sich gleichmäßig im Wind hin- und herbewegen, das fließende Wasser eines Waldbachs oder einen Fluss.

Sobald Sie entspannt sind, machen Sie sich im Kopf frei, indem Sie nur auf Ihren Atem achten und versuchen, besonders tief und entspannt zu atmen. Die Atmung hat eine wichtige Funktion, denn sie fungiert als Vermittler zwischen Körper und Geist. Laut der Philosophie des Yoga besteht eine direkte Beziehung zwischen der Atmung und dem Zustand der Geistseele. Ist der Geist gelassen, wird die Atmung regelmäßig, langsam und ruhig.

Wenn es Ihnen leichter fällt, zur Ruhe zu kommen, indem Sie an einen Ort der Ruhe denken, so schaffen Sie sich diesen in Gedanken. Nehmen Sie einen Platz in Ihrem Leben, an dem Sie sich besonders wohl und entspannt gefühlt haben, und begeben Sie sich in Gedanken dorthin. Egal, ob es sich um einen weißen Sandstrand mit Palmen in der Karibik oder eine mit Morgentau überzogene Bergwiese, einen nach Nadelduft riechenden Wald oder Ihren eigenen Garten handelt. Bauen Sie sich in Gedanken Ihren Ort des Wohlfühlens und des Relaxens, den Ort des Entspannens, Ihre persönliche Wohlfühloase.

Beobachten Sie nun Ihren eigenen Atemrhythmus. Achten Sie auf die Wechselwirkung zwischen Spannung und Entspannung. Beim Einatmen sorgen hauptsächlich das Zwerchfell und einige andere Muskeln dafür, dass der Brustkorb und damit die Lunge ausgedehnt und Luft eingesogen wird. Machen Sie das ganz bewusst ruhig und tief. Beim Ausatmen entspannen sich die Muskeln wieder und ermöglichen daher das Ausströmen der Luft; dieser Vorgang ist völlig passiv. Während dieser Übung soll der Körper völlig entspannt sein, damit er sich rasch erholen kann.

Falls es Ihnen anfänglich schwer fällt, bei dieser Übung zu entspannen und den Atem zu beobachten, stellen Sie sich vor, dass Sie in einem Kinosaal sitzen und einen Film ansehen, in dem Sie einen Menschen beobachten, der tief und ruhig atmet. Beobachten Sie den Atemrhythmus des Schauspielers im Film und stellen Sie sich vor, Sie seien dieser Mensch.

Mir selbst fiel diese Art von Übungen anfangs sehr schwer. Wer es aus eigener Kraft nicht schafft, sollte sich überlegen, einige Stunden einen Trainer für autogenes Training oder Yoga zu konsultieren oder einen entsprechenden Kurs zu belegen. Lässt Ihre Zeitplanung das nicht zu, so können Sie natürlich auch ein diesbezügliches Buch benutzen. Ich kann Ihnen in diesem Zusammenhang das Buch „Autogenes Training - eine Lebenshilfe“ von Anders Weber empfehlen sowie das Buch „Autogenes Training für jeden“ von Prof. Dr. med. Dietrich Langen. Nähere Angaben zu den beiden Büchern finden Sie im Anhang dieses Buches.

„Atme ein, und Gott nähert sich dir. Halte den Atem an, und Gott wohnt in dir. Atme aus, und du näherst dich Gott. Halte den Atem an, und du kommunizierst mit Gott.“ (Krishnamacharya)

Wenn Sie bei diesen Übungen die Feststellung gemacht haben, dass Sie schwer zur Ruhe kommen und in sich eine permanente innere Unruhe verspüren, eine dauernde Anspannung, das Gefühl, nicht loslassen zu können, wenn die Gedanken pausenlos durch Ihren Kopf schießen, dann ist das ein klarer Beweis dafür, dass jetzt die Zeit gekommen ist, in Ihrem Leben Zeit für Lebenssanierung Schritt 8 einzuplanen, aber sich auch parallel mit Schritt 9 zu beschäftigen. Doch vorher fassen wir noch einmal zusammen:

>> TIPP <<

Sind Sie immer für Neues offen und bilden Sie sich Ihre eigene Meinung bevor Sie etwas ablehnen!

Lernen Sie, sich kurzfristig zu entspannen!

LEBENSSANIERUNG Schritt 9:

Bewegung startet Ihr Energieprogramm!

Während wir uns auf den zurückliegenden Seiten der Frage gewidmet haben, wie wir optimal von 200 auf 0 kommen können, um uns zu entspannen, werden wir uns jetzt ansehen, was passiert, wenn wir uns aufgrund lang anhaltender, pausenloser Stresssituationen im umgekehrten Zustand befinden. Gerade bei Personen, die immer mit „Vollgas" durchs Leben gehen, besteht die Gefahr, dass wenn zu viele Stressmomente zusammenlaufen, irgendwann der Moment kommt, ab dem nichts mehr geht. Speziell dann, wenn man sich vorher zu wenig Regenerationsphasen gegönnt hat. Kennen Sie dieses Gefühl vielleicht aus eigener Erfahrung?

Ich kannte es vorher noch nicht, lernte es aber in meiner Krise kennen. Wenn Sie es noch nie erlebt haben sollten, mag es schwer verständlich klingen. Aber da nahezu jeder schon einmal eine geplatzte Beziehung oder einen Todesfall im nächsten Umfeld hatte, haben wir leider auch mit diesen unangenehmen Gefühlen schon Erfahrung gemacht. Wir fühlen uns dann, als ob ein Traum geplatzt wäre: ausgebrannt, innerlich ausgelaugt oder deprimiert. Manchmal steigert sich dieses Gefühl noch, bis es sogar Tage gibt, an denen man am liebsten im Bett bleiben möchte. Die einfachsten Dinge scheinen gewaltige Mühen zu erfordern, selbst Kleinigkeiten können einen zum Verzweifeln bringen. Selbstvorwürfe, ein Gefühl der Leere und der Selbstzweifel beherrschen unser Denken.

Grundsätzlich handelt es sich dabei um das normale Trauerprogramm des Körpers, das ein Energiesparprogramm des Körpers aktiviert, um unsere Kräfte in solch einer schwierigen Situation zu schonen. Es hilft uns auch, mit traurigen Erlebnissen, Misserfolgen und Niederlagen abzuschließen.

Schlimm wird es erst dann, wenn das Trauerprogramm auch nach Tagen und Wochen nicht abgestellt werden kann und der Trübsinn und die Depression zum Selbstläufer werden. Da uns die

Lage hoffnungslos scheint, fühlen wir uns kraftlos, und durch diese Kraftlosigkeit entsteht absolute Passivität.

Selbst schon erlebt? Tatsächlich ist nun eine Abwärtsspirale im Gange, die bis zur krankhaften Depression führen kann. Wer dann noch Phasen hat, in denen die schwarze Wand so dicht ist, dass sie einem Teile des Schlafes kostet oder dass massive Gedanken rund um das Thema Tod immer wieder im Sinn auftauchen, muss dringend einen Arzt aufsuchen. Es gilt auch hier die Regel: Je früher etwas unternommen wird, desto besser. Obwohl alleine in Deutschland mehr als 10 Mio. Menschen an dieser Krankheit leiden, ist die gute Nachricht, dass sie heilbar ist. Die Chancen, das eigene Lachen wiederzufinden ist also relativ hoch.

Sehr oft ist das Hauptproblem in solchen Phasen der Depression und Niedergeschlagenheit, dass die Menschen die schlimmsten Zukunftsangstversionen in Ihrer eigenen Fantasie ausarbeiten. Mark Twain (Pseudonym von Samuel Longhorn Clemens, 1835 - 1910, Autor von „Tom Sawyer“ and „Huckleberry Finn“) sagte einmal:

„Ich hatte Tausende von Problemen in meinem Leben, die meisten davon sind aber niemals passiert.“

Dieses Zitat bringt am besten auf den Punkt, was ich vorhin angesprochen habe. Bis in die feinsten Details malen sich die Leute negative Dinge aus, die geschehen könnten, aber wahrscheinlich doch nie eintreten.

Wie kann man aus dieser Falle schnellstmöglich herauskommen? Gute Frage. Lassen Sie mich Ihnen eine Gegenfrage stellen. Sie geben mir doch sicher Recht, dass unser seelisches Wohlbefinden Einfluss nimmt auf unser körperliches Wohlbefinden, oder? Na eben. Könnten Sie sich vielleicht vorstellen, dass das auch umgekehrt zutrifft? Ja, Sie haben richtig gehört. Wenn Sie Ihren Körper bewegen und wieder in Schwung bringen, dann bringen Sie automatisch auch wieder Ihre

Gefühle in Bewegung. Tolle Erkenntnis, oder? Sie können die beiden Welten nicht voneinander trennen.

Also welche Konsequenzen ziehen wir aus dieser Erkenntnis?

Eine der effizientesten Aktivierungsstrategien in einem solchen Fall ist, so wie ich das tat, ein Trainings- und Bewegungsprogramm zu starten das Sie auf andere Gedanken bringt. Es spielt dabei keine große Rolle, ob Sie walken, laufen, Rad fahren oder schwimmen. In dieser Phase ist jede Form des Ausdauersports grundsätzlich positiv. Aber auch ein richtiges Kraftsport-Workout kann durchaus Ihre Stimmung heben. „Warum funktioniert das?", höre ich Sie noch etwas skeptisch fragen. Die Antwort ist relativ simpel: Bewegung ruft Gefühle hervor.

Positiv dabei ist, dass Ihr Körper in dieser Phase beginnt, Cortisol und Adrenalin abzubauen und Neutralfette zu verbrennen. Auch beginnen die ausdauertrainierten Muskeln sukzessive damit, wieder Fett anstatt Kohlehydrate zu verbrennen. Man sollte normalerweise immer das Programm auf niedrigerem Pulsniveau, aber mit längeren Ausübungszeiten im Ausdauerniveau betreiben, also möglichst mindestens 30 - 60 Minuten. Selbst die Radprofis starten im Februar ihre Saison auf Mallorca normalerweise im Pulsbereich von 110 - 115, allerdings mit langen Strecken, die sie gemütlich abradeln. Machen Sie es wie die Profis und suchen Sie sich eine Ausdauersportart, die Sie lieben, wie Rad fahren, laufen oder schwimmen.

Auch auf Ihre Cholesterinwerte wird sich der Ausdauersport positiv auswirken. Jedenfalls ist es wichtig, für den Beginn des Sportprogramms die Grundlagenausdauer zu erhöhen. Am besten besorgen Sie sich eine Pulsuhr und trainieren im aeroben Pulsbereich, also im Sauerstoff-Überschuss. Sie sollten vorher einen Fitnesstest in einem guten Fitnessclub machen. Ich gehe davon aus, dass die meisten Menschen sich anfänglich in diesem Sektor zwischen 130 und 140 Pulsschlägen je Minute bewegen müssen, um eine optimale Grundlagenausdauer aufzubauen. Wenn Sie zusätzlich in dieser Phase noch Fett verbrennen wollen, müssen Sie idealerweise mit nüchternem Magen vor dem Frühstück trainieren. Sobald Sie frühstücken oder etwas essen, wird Insulin ausgeschüttet und dadurch der Fettabbau verhindert. Daher ist es ideal, immer vor dem Essen oder vor dem Frühstück zu trainieren.

Wichtig ist jedenfalls, dass durch das Laufen, Radfahren und Schwimmen nicht nur ihre Ausdauer gesteigert wird, sondern sich darüber hinaus eine ganze Reihe gesundheitlicher Vorteile einstellt. Es werden nicht nur mittelfristig die Blutfettwerte gesenkt, sondern auch die Cholesterinwerte verbessern sich. Das gute HDL-Cholesterin wird dabei steigen, aber das Gesamtcholesterin wird sich senken. Haben Sie die letzten Werte Ihrer Blutuntersuchung griffbereit? Dann dividieren Sie den Wert des Gesamtcholesterins durch ihren HDL Cholesterinwert. Es sollte unbedingt ein Wert unter 5 herauskommen.

Auch Ihr Ruhepuls wird nach unten gehen, was für die langfristige Gesundheit sehr wichtig ist. Sind Sie noch immer skeptisch? Sie wollen mir erzählen, Sie haben schon seit Jahren keinen Sport getrieben? Ihr „innerer Schweinehund“ versucht Ihnen gerade einzureden, es sei unmöglich Ihre Stimmung zu heben, indem Sie sich bewegen? Gut, lassen Sie uns eine kleine Vorübung einbauen, die Ihnen helfen soll, zu realisieren, wie sehr Bewegungen unser Denken steuern und umgekehrt. Ich bitte Sie daher eingehend als Ihr Coach, mit mir gemeinsam folgende Übung zu machen. Sie benötigen dazu einen Spiegel. Wenn Sie diese Übung das erste Mal machen, könnte es von Vorteil sein, wenn Sie alleine zu Hause sind (nur als kleiner Tipp, um Ihr Umfeld nicht über Gebühr zu beunruhigen!). Starten Sie nun mit:

Spiegelübung Nr. 1:

Stellen Sie sich doch einmal vor dem Spiegel und stellen Sie sich vor, dass Sie schwer deprimiert wären. Wenn Sie das derzeit nicht sind, was mir noch lieber wäre, dann denken Sie - zu Versuchszwecken - bitte ganz intensiv an etwas Trauriges, etwas, das Sie wehmütig macht. Denken Sie an Ihren letzten Liebeskummer, an den Verlust einer geliebten Person oder was immer Ihnen zum Thema Schwermut einfällt. Wie fühlen Sie sich jetzt? Wie sieht Ihr Körper jetzt aus? Wie sieht Ihre Schulterhaltung aus? Wo ist Ihr Kopf? Wo sind Ihre Augen? Hören Sie sich atmen? Ist es nicht so, dass Ihre Schultern jetzt lasch nach unten hängen, vermutlich nach vorne gesunken? Der Kopf schaut stolz in die Höhe? Natürlich nicht, er hängt, vermutlich so wie Ihr Blick. Haben Sie schon einmal jemandem, der deprimiert war, in die Augen gesehen? Trauriger Hundeblick ganz unten, oder? Und die Atmung ist die tief? Natürlich nicht! Flach ist die Atembewegung, wenn man niedergeschlagen und kraftlos ist.

So, nun genug mit Trübsal. Denken Sie bitte jetzt an ein freudiges Erlebnis das Sie überglücklich gemacht hat. Die Geburt Ihres Kindes, der Moment, in dem Ihre große Liebe Ihre Gefühle erstmals erwidert hat, Ihre Hochzeitsreise, der Moment, als Sie einem kleinen Kind oder Tier beim Spielen zugesehen haben - irgend etwas, das Sie glücklich macht und zum Lachen bringt. Und nun lächeln Sie! Versuchen Sie stärker zu lachen, bewegen Sie die Mundmuskeln bewusst zu einem Lachen und lachen Sie laut! Noch herzlicher und viel lauter! Was passiert jetzt? Das Lachen löst im Körper wieder biologische Prozesse aus, wie vorher das Traurigsein. Dadurch wird bewirkt, dass wir uns gut fühlen. Die Blutversorgung des Gehirns wird angeregt. Mehr Sauerstoff wird durchs Gehirn gejagt, dadurch erfolgt eine

Stimulation Ihrer Neurotransmitter. Sie können übrigens noch etwas ausprobieren: Wenn Sie das nächste Mal einen Ihrer besonders selbstbewusst wirkenden Lieblingsschauspieler - wenn Sie eine Frau sind, auch Lieblingsschauspielerin - in einem Film sehen, achten Sie bitte ganz bewusst auf die Art und Weise, wie sich diese bewegen. Studieren Sie ihre gesamte Physiologie. Versuchen Sie nach dem Film, die Bewegungen, die Mimik und Gestik nachzuahmen. Merken Sie, wie Sie auf einmal lockerer und selbstbewusster werden, wenn Sie kurz gedanklich in die Rolle einer vor Selbstbewusstsein strotzenden Persönlichkeit schlüpfen?! Und wenn Sie noch nicht genug vom Versuchen und Experimentieren haben, dann stellen Sie sich jetzt wieder vor dem Spiegel eine Situation vor, die Ihnen immer wieder extreme Sorgen macht. Malen Sie sich in allen schlimmen Details aus. Nur ganz kurz... Stopp, das reicht! Sehen Sie jetzt in den Spiegel. Achten Sie wieder darauf, wie Sie jetzt atmen. Flach, oder? Wo sind die Schultern? Vermutlich wieder vorne. Und jetzt denken Sie um. Sie schauen sich jetzt im Spiegel in die Augen, ballen Ihre Faust und sagen laut, deutlich und fest entschlossen 20-mal hintereinander: „ICH SCHAFFE ES!". Dabei stellen Sie sich vor, dass Sie es schaffen. Wie verändert sich Ihre Körperhaltung. Stehen Sie jetzt nicht viel fester auf beiden Beinen als vorher? Ja, ich denke, nun werden Sie sich geerdet fühlen. Die Atmung ist jetzt wieder tief und ruhig, oder?

Sie können das Wohlbefinden jetzt noch steigern, wenn Sie sich einen Ihrer Lieblingssportler vorstellen. Wer ist oder war für Sie der beste Fußballer aller Zeiten? Pelé? Franz Beckenbauer, Christiano Ronaldo, Luis Figo – oder sind Sie Beckham-Fan? Stellen Sie sich Ihren Star nach einem Tor vor. Wie er jubelnd eine Runde zu den Zuschauerrängen läuft und die Faust freudestrahlend schwingt. Stellen Sie es sich vor und sehen Sie dabei in den Spiegel. Falls Sie Fußball kalt lässt, dann stellen Sie sich Michael Schumacher in seiner besten Zeit vor, als er ein Formel-1-Rennen nach dem anderen gewann, auf dem Treppchen mit der typischen Siegerposse mit beiden Fäusten.

Wenn Sie sich jetzt in die Gefühlslage eines solchen Siegers versetzen, wie ist das? Wo ist die Brust? Wo sind die Schultern? Doch wieder oben, oder? Der Kopf aufrecht. Und Sie lachen oder strahlen förmlich vor Freude.

Am besten und authentischsten funktioniert die Übung natürlich, wenn Sie Ihr ureigenes Euphoriegefühl einfach festhalten, wenn es Ihnen sehr gut geht, ich meine wirklich sehr gut. Am besten machen Sie es kurz nachdem Sie beim Seminar „Life Secrets“ waren und gerade den Feuerlauf erfolgreich absolviert haben. Achten Sie dann ganz bewusst auf Ihre Körperbewegungen. Später, wenn es Ihnen einmal schlechter geht, nutzen Sie diese und modellieren Sie sich selbst. Sie werden es dann nach einiger Übung immer öfter schaffen, sich selbst aus negativen Gefühlslagen wieder herauszuholen. Probieren Sie es aus.

Genauso funktioniert es auch, wenn Sie sich mit sportlicher Betätigung wieder in eine positivere Stimmung versetzen. Suchen Sie sich irgendeinen Sport Ihrer Wahl. Ganz egal, was Sie körperlich machen möchten, es soll Ihnen Spaß machen und Sie sollen sich danach etwas „ausgepowert“ fühlen. Es ist nämlich eine Tatsache, dass Sie, wenn Sie Veränderungen im Leben planen, zuerst die Energie benötigen, diese auch erfolgreich einzuleiten und durchzuhalten, bis Ihr „Design-your-life-Prozess“ erfolgreich abgeschlossen ist.

Probieren Sie es einfach aus. Sport wird Ihnen positive Gefühle bringen. Wenn Sie sich Ihre Ziele beim Sport realistisch setzen, dann werden Sie Erfolgserlebnisse haben. Setzen Sie sich die Ziele in jedem Fall ehrgeizig, aber dennoch so, dass sie erreichbar bleiben. Dieser Grundsatz gilt ja letztlich nicht nur beim Sport, sondern bei allem, was wir im Leben und speziell jetzt bei unserem „Design-your-life-Prozess“ tun. Das erste kleine positive Erfolgserlebnis wird Ihnen der Umstand bringen, dass Sie Ihren „inneren Schweinehund“ besiegt und Sport getrieben haben.

Aber es gibt noch einen anderen positiven Effekt, den wir nicht unterschätzen dürfen. Sport wirkt nämlich direkt auf unser Gehirn. Der kalifornische Neurowissenschaftler Fred Gage hat festgestellt, dass Bewegung Wachstum und die Neubildung von Neuronen fördert. Gage hatte Ratten ein einfaches Laufrad in den Käfig gestellt und danach bei Gedächtnistests festgestellt, dass diese weit besser abschnitten als zuvor. Ein zweiter Versuch mit Mäusen brachte übereinstimmende Ergebnisse. Was war die Lösung des Rätsels? Bei Mäusen und Ratten, die rennen durften, fand er mehr Nervenwachstumsfaktoren und mehr als doppelt so viele neu gebildete Neuronen, was sich positiv auf das Gedächtnis der Tiere auswirkte, im Gegensatz zu deren Artgenossen, die nur faul im Gehege saßen. Es ist also tatsächlich möglich, dem „Affengekreische" der eigenen Gedanken Einhalt zu gebieten, indem wir unserem „Grübeln" Paroli bieten und ihm quasi davonlaufen. Sobald wir es geschafft haben, uns zu bewegen, kommt in uns auch noch das positive Gefühl hoch: „Wenn ich will, kann ich etwas bewegen."

Wir halten also fest:

- Sport macht klug und schafft neue Hirnzellen.

Die Freisetzung des Botenstoffes Serotonin durch Bewegung setzt

- euphorisierende Endorphine frei.
- Sport macht fit und erhöht unseren Energielevel.

Sie können sich also mit regelmäßigem Ausdauertraining von beispielsweise 30 bis 40 Minuten dreimal wöchentlich selbst aus der Schwermutfalle retten.

>> TIPP <<

Üben Sie vor einem Spiegel, wie Sie sich mit Bewegungen anderer Personen in deren Gefühlszustand hineinversetzen können.

Üben Sie so lange, bis Sie Meister sind!

Machen Sie Kraftsport oder laufen Sie Ihren schlechten Gefühlen davon.

Produzieren Sie dabei Ihre eigenen Glückshormone.

Suchen Sie sich Vorbilder in Filmen oder Personen des öffentlichen Lebens, die besonders selbstbewusst wirken, und testen Sie, wie Sie sich fühlen, wenn Sie deren Physiologie nachahmen.

LEBENSSANIERUNG Schritt 10:

Bändigen Sie Ihre Löwen! Lernen Sie, Ihre Ängste zu nutzen.

„Es gibt drei Sorten von Mensch: solche die sich zu Tode sorgen; solche die sich zu Tode arbeiten; und solche, die sich zu Tode langweilen. (Winston Churchill)

„Ein Boot ist im Hafen sicherer, aber nicht dafür wurde es erbaut." (Paulo Coelho)

Bitte stellen Sie sich folgende Situation vor: Es ist ein schöner warmer Septembertag, ein Sonntagnachmittag. Sie haben beschlossen, mit Ihrer Familie in den Zoo zu gehen. Der Junior möchte gerne die Löwen beobachten, und so gehen Sie zum Löwengehege. Auf einer Tafel sehen Sie die Fütterungszeiten angekündigt. Da die nächste Fütterung in zehn Minuten stattfindet, entscheiden Sie, sich die Fütterung anzusehen. Aufgrund der relativ hohen Außentemperaturen im Spätsommer versteckt sich ein Teil der Tiere derzeit im Schatten bzw. im Innenteil des Geheges. Sie gehen davon aus, dass die Löwen herauskommen werden, wenn die Fütterung beginnt.

Jetzt zupft Sie Ihr Junior an der Hand. „Du, Papi (oder Mami, je nachdem), schau mal, der große Löwe kommt!" Tatsächlich, Ihr Junior hat recht. Einer der fünf Löwen, das Männchen jedenfalls, ist aufgestanden und kommt direkt auf Sie zu. Langsam nähert er sich dem Käfigrand. Es trennen Sie jetzt gerade einmal zwei Meter zwischen der Absperrung und den Gitterstäben. „Papa, Angst!", sagt Ihr Junior und lässt vor Schreck sein Eis fallen. „Ja, mein Schatz", versuchen Sie ihm zu erklären, „das ist nicht der Löwe aus Lion King, das ist jetzt ein richtiger Löwe." Das hat sich ihr Junior wohl schon gedacht, obwohl er in Lebensgröße vorher noch nie einen gesehen hatte. Sie versuchen ihn noch immer zu beruhigen, als der Löwe jetzt in zwei Meter Entfernung sein Maul aufreißt und zu brüllen beginnt. Offensichtlich ist der gute Löwe wirklich schon ziemlich hungrig. Die Zähne sehen jedenfalls nicht mehr aus wie die einer Schmusekatze. Im ersten Moment zucken auch Sie zusammen, aber bevor Sie noch weiter nachdenken können, brüllt jetzt Ihr Junior so richtig los, und es gibt nichts, was ihn stoppen kann. „Papa, Angst, Mama, Angst!“

Ungefähr fünf Minuten und zwei weitere, am Boden liegende Eistüten später haben Sie endlich eine Chance, das Gekreische des Juniors zu unterbrechen. Sie versuchen es nun mit logischen Argumenten wie: „Schau, Liebling, der Löwe ist doch hinter den Gitterstäben.“

So, bevor ich jetzt die Geschichte endlos weitererzähle und Sie gelangweilt gähnen, werden wir die Dramatik der Szene etwas erhöhen. Sie stellen sich bitte vor, der Käfig hätte seitlich ein Tor, durch das der Wärter normalerweise in den Käfig hineingehen kann, und Sie entdecken zufällig, dass dieses einen Spalt offen steht. Der Löwe ist jetzt gerade noch einen Meter vom Tor entfernt, Sie selbst stehen direkt vor dem Tor. Rund um den Käfig stehen überall Menschen, neben Ihnen, hinter Ihnen, aber offensichtlich hat das Problem außer Ihnen noch niemand bemerkt. Wie empfinden Sie jetzt die Situation? Würden Sie sie als „spannend“ bezeichnen? Was sind Ihre ersten Gedanken? Vielleicht Flucht? Wenig Platz, viele Leute, wie kann ich die anderen Besucher warnen? Was mach ich, wenn Panik ausbricht? Ich muss sehen, dass wir hier wegkommen!

Gleiche Situation, aber Sie sind diesmal auf einer Safari in Afrika, haben im Zelt geschlafen und sind der Erste, der aufgewacht ist. Sie kommen aus dem Zelt, Ihr Führer ist verschwunden, sein Auto ist weg, die Familie schläft noch und der Löwe steht vor Ihnen, mit dem gleichen netten Gesichtsausdruck wie vorhin. Ihr erster Gedanke: „Flucht? Geht nicht.“ Sie denken an Ihre Familie. „Kampf? Er wird mich in zwei Minuten zerfleischt haben!“ Welches Gefühl kommt dabei in Ihnen hoch?

Wie sieht die gleiche Situation aus, wenn Sie jetzt mit einem Buschmesser bewaffnet wären? Nicht rosig, aber schon geringfügig besser, oder? Wenn Sie mit einem geladenen Gewehr oder einer Pistole bewaffnet wären? Noch besser. Wenn ich jetzt aus dem Gewehr ein Maschinengewehr mache, könnten Sie vielleicht noch Spaß an der Sache finden, zumindest, wenn Sie kein Pazifist sind, sondern vielleicht zu der Sorte von Menschen gehören, die sich in ihrer Freizeit mit farbigen Kugeln im Wald beschießen und im Sommer im Swimming Pool mit Wasserspritzpistolen um sich schießen.

Und jetzt denken Sie noch einmal kurz an die eingangs beschriebene Situation: Der Löwe reißt sein Maul auf, Sie sind absolut unbewaffnet und nur einen Meter entfernt... Da Sie sich jetzt vermutlich schon mehrmals die Hände abgetrocknet und die Stirn abgetupft haben, werde ich meine kleine Löwengeschichte jetzt beenden. Um was es mir hier ging? Ich wollte Ihnen etwas zeigen: Die Angst ist ein Naturtrieb, den wir aus früheren Zeiten in uns haben, als wir meistens noch um unser Leben kämpfen mussten. Sie soll letztlich dazu dienen, den Körper innerhalb kürzester Zeit in Alarmbereitschaft zu versetzen.

Was passiert, wenn wir Angst haben? Stellen Sie sich vor, Sie hätten in Ihrem Körper einen Mitarbeiter sitzen, der nur für Notfälle da ist.

Dieser Mitarbeiter, der für die Energieabteilung des Körpers zuständig ist, hat die Aufgabe, in Notsituationen die Stromzufuhr des Körpers inklusive des Denkens abzuschalten und auf „Gefahr-Ausnahmezustand" umzustellen. Haben Sie übrigens gewusst, dass unser Gehirn wirklich Strom verbraucht, wenn wir denken?

So ist es tatsächlich, und zwar annähernd so viel wie eine 25 Watt-Glühbirne. Was bedeutet es jetzt, wenn unser Leiter der Energieabteilung die Stromzufuhr abdreht und auf Ausnahmezustand umstellt? Es bedeutet, dass kein Strom mehr zur Denkabteilung fließt und unsere Abteilung „Unterbewusstsein" das Notfallkommando übernimmt. Was machen die Jungs der Abteilung „Unterbewusstsein"? Adrenalin hochfahren, Anspannung, erhöhte Aufmerksamkeit, schnelles Atmen und rasche Entscheidung zwischen meistens zwei Alternativen: Flucht oder Kampf. Die dritte theoretische Variante "tot stellen" funktioniert de facto in der Praxis höchst selten weshalb ich davon generell abrate. Ist das ein Fehler unseres Körpers, dass plötzlich die Denkabteilung keinen Strom mehr bekommt? Natürlich nicht, denn wenn wir im Normalbetrieb weiter funktionieren würden, dann würde sich folgender Denkprozess in Gang setzen:

„Okay, ein Löwe. Hm - wie ist denn das so mit den Löwen eigentlich? Frisst der lieber Frauen oder Männer? Hängt vermutlich davon ab, ob es sich um einen weiblichen oder männlichen Löwen handelt. Was der Löwe jetzt wohl denkt? Wie lange der wohl schon nichts gefressen hat? Ob seine Zähne in Ordnung sind? Wie sich das wohl anfühlt, wenn der zubeißt?"

Sie verstehen, was ich sagen will. Würde der Körper nicht auf „Gefahr - Ausnahmezustand" umschalten, dann würden wir nicht agieren, sondern analysieren und damit wertvolle Zeit vergeuden, die wir gegebenenfalls für die Flucht benötigen. Jetzt haben wir festgestellt, dass dieses spezielle Notprogramm „Gefahr-Ausnahmezustand" prinzipiell etwas Positives ist, weil es die Aufgabe hat, unser Überleben zu sichern und uns zu schützen, gespeichert aus einer Zeit, in der unsere Vorfahren gegen Säbelzahntiger und Löwen gekämpft haben.

Jetzt noch kurz eine Frage: Wie viele Löwen laufen normalerweise in Ihrer Heimatstadt frei herum? Gut, damit hätten wir das Problem Angst auch besprochen und könnten zum nächsten Punkt übergehen, oder? So einfach ist es aber leider nicht. Wir haben nämlich noch ein kleines Problem: Unser Mitarbeiter, der für die Energieabteilung zuständig ist, sieht manchmal verdammt schlecht. Der dämliche Kerl sieht nämlich aufgrund seiner Sehschwäche im Alltag Situationen als lebensbedrohlich an, die de facto nicht lebensbedrohlich sind. „Der blinde Blödmann" sieht jede Menge Löwen, ja, tatsächlich leider auch in Ihrer Stadt. Besonders gerne sieht er Löwen im Büro. Er sieht Löwen in Form von Chefs. „Ist doch nicht möglich", werden Sie sagen. Sie wissen insgeheim natürlich, dass es sehr wohl möglich ist, weil der Gute es Ihnen schon mehrmals bewiesen hat. Aber wir haben das Problem nicht nur mit den Chefs oder im Büro. Nein, auch bei Prüfungen sieht er Löwen statt Prüfer. Er sieht Reklamationskunden als Löwen und er sieht Löwen, wenn jemand mit der Stoppuhr neben uns steht und sagt: „Ich benötige das heute unbedingt bis 15 Uhr. Wie Sie das machen, ist mir egal. Es MUSS bis dahin fertig sein." Noch irgendwelche Fragen, oder sehen Sie jetzt etwas klarer?

Was passiert denn jetzt, wenn unser Mitarbeiter Löwen sieht? Wir erinnern uns, er dreht ganz einfach den Saft ab, sprich die Stromzufuhr für unser Gehirn, der kleine „Stressmaker". Jetzt passiert Folgendes: Wir haben ja bekanntlich in unserem Gehirn neuronale Verbindungen, die Synapsen, die für den Informationsfluss verantwortlich sind. Nur sind die Synapsen nicht direkt miteinander verbunden, sondern zwischen den Synapsen liegt ein synaptischer Spalt. Wenn jetzt unser Mitarbeiter den Strom abschaltet, dann bleiben die Informationen, die normalerweise fließen sollten, in diesem Spalt hängen. Und das ist ein verfluchter Mist, denn diesen Spalt braucht wirklich kein Mensch!

- Erinnern Sie sich jetzt vielleicht an Ihre Schulzeit? Verstehen Sie jetzt, wie es möglich war, dass man für eine Prüfung alles gelernt hat und dann, plötzlich, von einem Moment auf den anderen haben Sie ein Blackout. Nichts fällt Ihnen mehr ein. „Rien ne va plus“ oder „nichts geht mehr“, wie die Franzosen sagen.

- Sie haben normalerweise alle Zahlen im Kopf, aber jetzt, da Sie der Chef so schnell vor versammelter Mannschaft in der Besprechung fragt…
- Normalerweise sind Sie sehr locker beim Plaudern, aber jetzt auf einmal sind Sie beim Bewerbungsgespräch nervös und wissen überhaupt nicht mehr, was Sie alles fragen wollten. „Was mache ich hier überhaupt?“, hämmert es in ihrem Kopf.

Wahrscheinlich würden Ihnen selbst auch noch genügend „Löwenbeispiele“ einfallen. Die Frage ist, wie können Sie die Angst in den Griff bekommen, und wie entstehen Situationen wie die vorgenannten. Oder, anders formuliert: Wie bringen wir Ihren „kurzsichtigen Mitarbeiter“ dazu, im Prüfer, im Chef oder im Personalchef beim Bewerbungsgespräch nicht mehr den Löwen zu sehen?

Wir können mit dem Mitarbeiter nun ein kleines Gespräch führen. Was halten Sie davon?

Ich werde Ihnen ein Geheimnis anvertrauen: Der Kerl in der Energieabteilung spricht nur eine Sprache, aber definitiv nicht Deutsch. Wenn ich Ihnen jetzt sagen würde, Ihr Mitarbeiter da oben ist ein Inder und wir haben ein kleines Problem, weil er nur Indisch spricht; wie würden Sie sich dann mit ihm unterhalten, wenn ich Ihnen verspreche, dass es danach unser kleines „Angstproblem“ nur mehr bei richtigen Löwen geben wird und nicht bei Hauskatzen? Sie würden wahrscheinlich Indisch lernen, oder?

Die gute Nachricht: Das ist nicht notwendig. Er ist nämlich gar kein Inder, sondern er gehört nur zu jenem Teil Ihrer Gehirnfirma, die im rechten Bürotrakt sitzt. Sie sollten sich unbedingt öfter intensiv mit Ihrer Firma befassen und manchmal eine kleine Runde durch den Betrieb gehen, denn dann wüssten Sie, dass dort alle nur die „Bildersprache“ sprechen. Das bedeutet im Konkreten: Sie können mit Ihrem Unterbewusstsein nur in Bildern kommunizieren. Vielleicht sagen Sie mir jetzt: „Ja, aber das mache ich doch schon immer. Ich sage mir doch immer vor schwierigen Situationen: Ich darf nicht versagen. Auch zuletzt bei meiner Power Point-Präsentation habe ich mir wieder unzählige Male gesagt, dass ich nicht stottern darf, und was ist passiert? Natürlich habe ich wieder gestottert.“

Die Antwort ist sehr einfach. Sie haben sich falsch programmiert. In Ihrem Computer haben Sie sozusagen die falschen Tasten belegt und da, wo normalerweise die „e-Taste“ ist, kommt jetzt bei Ihnen ein „a“, wenn Sie die Taste drücken. Die Wahrheit ist nämlich: Es gibt keine „Nicht-Bilder“. Sie können sich kein Bild dazu vorstellen, „nicht zu stottern“. Das Gehirn hat ein Bild vom stottern, erinnert sich an Ihre Kindheit, und wenn Sie Ihr Unterbewusstsein im Vorfeld mit dieser Information füttern, dann wird genau diese Information später abgerufen. Es gibt auch kein Bild zu „Nicht-Versagen“. Die rechte Gehirnhälfte hört nur das drastische Wort „versagen“. Zum Thema Versagen gibt es unzählige Referenzerfahrungen aus Ihrer Vergangenheit und sie alle werden abgerufen, wenn Sie „Nicht-Versagen“ programmieren möchten.

Die Wahrheit ist: Sie können nur mit positiven Bildern arbeiten. Im Falle Ihrer Power Point-Präsentation wäre das: „Ich bin selbstbewusst“. Wie sehen Sie sich, wenn Sie selbstbewusst sind? Stellen Sie sich vor den Spiegel und betrachten Sie sich. Wo ist Ihr Kopf? Oben, richtig. Die Schultern? Oben. Die Atmung? Tief und ruhig. Denken Sie jetzt an eine Person die Sie lieben oder die ein Vorbild in puncto Selbstbewusstsein für Sie ist. Erinnern Sie sich an unsere Spiegelübung, die ich Ihnen sehr ans Herz lege. Das ist das Bild das Sie sich einprägen müssen. Sie, wie Sie selbstbewusst sind, lächeln, Selbstsicherheit ausstrahlend vor versammelter Mannschaft. Stellen Sie sich vor, wie Ihr Chef oder Geschäftspartner (falls sie selbst der Chef sind) im Anschluss zu Ihnen kommt, Ihnen auf die Schulter klopft und sagt: „Gut gemacht“. Das ist das Bild das Sie sich einprägen sollten.

Es geht nicht darum, keine Ängste zu haben. Wir alle sind Menschen, und wir alle haben immer wieder Ängste: Löwen, Tiger, Haifische, Schlangen, Spinnen, Höhe, Menschenmassen, vor einer großen Gruppe sprechen zu müssen und viele andere Dinge, was auch immer Sie ängstigt, es geht nicht darum, keine Angst zu haben. Es geht darum, sich der Angst zu stellen. Darum, aus Ihrer - Verzeihung, dass ich das jetzt beinhart zu Ihnen sagen muss - „verdammten Komfortzone" einen oder zwei Schritte herauszugehen und sich der neuen Herausforderung zu stellen. Denn, wenn Sie jetzt keine Angst, keinen Zweifel, keine Herausforderung verspüren, dann vergessen Sie es. Dann ist die Herausforderung keine wirkliche Herausforderung und Sie werden nicht davon profitieren. Es geht darum, trotz unserer Ängste aktiv zu sein und die Ängste mit Taten zu überwinden. Etwas Angst, in Maßen wohlgemerkt, kann durchaus etwas Positives sein oder anders formuliert: Etwas Angst ist meistens ein gutes Zeichen. Mit der Angst verhält es sich so wie mit vielen anderen Dingen im Leben. Denn wie Paracelsus schon gesagt hat:

„Die Dosis macht das Gift!"

Ein wenig Angst kann wie Medizin wirken, zu viel davon kann tödlich sein. Wenn Sie beispielsweise bei einem neuen großen Ziel im Leben das Sie sich gesetzt haben, nicht den Hauch einer Angst verspüren würden, dann wäre das nur der Beweis dafür, dass Sie sich nicht ausreichend weit aus Ihrer persönlichen Komfortzone hinaus bewegen. Dann wäre es ein Beweis dafür, dass dieser Schritt zu klein für Sie ist und Sie sich eine größere Herausforderung stellen sollten.

Viele Menschen verbringen Unmengen von Zeit damit, sich mit Zukunftsängsten auseinanderzusetzen. Wie viele der Katastrophen und Ängste, die Sie in Ihrem Leben schon hatten, sind wirklich eingetroffen? Wie viele davon sind weniger schlimm verlaufen als Sie dachten? Wie viele der negativen Situationen in Ihrem Leben haben sich fünf oder zehn Jahre später noch immer als absolute Katastrophe entpuppt, aus der Sie nichts gelernt haben und auch sonst keinerlei Nutzen gezogen haben? Lesen Sie bitte einmal in Ruhe nachfolgendes Zitat und denken Sie dabei an die eine oder andere „Katastrophe" Ihrer Vergangenheit:

Die größte Angst, die wir haben, ist die Angst vor einer Katastrophe.

„Eine Katastrophe ist aber letztlich nur ein Ereignis, das die Vergangenheit zerstört, das zerstört, was bereits war. Eine Katastrophe ist das Ende des Alten. Sie zerstört, was war und ermöglicht eine Geburt. Denn das Universum mag ein Vakuum nicht und darum folgt immer etwas Neues. Wenn das Alte zerstört ist, entsteht ein ganz neuer Platz, der dem Neuen zur Geburt, zur Schöpfung zur Verfügung steht. Und so entdecken Sie weitere Möglichkeiten, kreativ zu leben. Eine Katastrophe ist etwas, das Ihnen Stärke, Weisheit, Verstehen, Menschlichkeit und die Fähigkeit, etwas Neues zu beginnen, verleiht. Und so ist sie Heilmittel." (Margo Anand-Naslednikov)

Rekapitulieren Sie: Wie viele Dinge in Ihrem Leben gab es schon, vor denen Sie Angst hatten und die sie mittlerweile vielleicht sogar genießen, aber auf alle Fälle nicht mehr fürchten? Sie erinnern sich? Wie war denn das damals? Das erste Date, der erste intensive, nie enden wollende Kuss, der erste Sex, das erste Mal vor Menschen sprechen, das erste Mal im Hochseilgarten, die erste große Reise, der erste Flug...

Manchmal, wenn Sie wieder einmal das Gefühl haben, Sie könnten Ihre Ängste überhaupt nicht in den Griff bekommen, kann es helfen, die Biografie einer erfolgreichen Persönlichkeit zu lesen, mit einer erfolgreichen Person oder Ihrem Coach zu sprechen. Sie werden feststellen, dass auch die Gewinner des Lebens und die ganz Großen manchmal Ängste hatten; anfänglich vielleicht sogar sehr häufig, aber gelernt haben, damit umzugehen.

Beginnen Sie damit, ein Tagebuch zu führen. Analysieren Sie darin nicht nur Ihre Erfolge, sondern auch Ihre Ängste. Stellen Sie sich auch immer folgende Fragen, wenn Sie Angst haben: „Ist das Problem, vor dem ich Angst habe, lebensbedrohlich?“, „Ist das Problem gesundheitsbedrohlich?“, „Muss ich das Problem heute lösen?“ Dann nehmen Sie sich ein Blatt Papier und schreiben folgende Frage auf: „Was ist das Schlimmste, das passieren könnte?“ Notieren Sie die Antwort. Die nächste Frage lautet: „Was wäre dann, wenn es so eintreffen würde?“ Listen Sie die Antworten untereinander auf. Notieren Sie weiter die Frage: „Wie hoch ist die Wahrscheinlichkeit, dass das passieren wird?“ Wenn Sie die Antwort dazu festgehalten haben, wird es Ihnen wahrscheinlich schon um einiges besser gehen. Dann schreiben Sie noch folgende Fragen auf: „Habe ich schon ähnliche Situationen in meinem Leben gemeistert?“ und „Was habe ich damals getan, um das Problem zu lösen?“. Als nächste, wesentliche Frage: „Muss ich das Problem jetzt, in dieser Minute, lösen?“, und, wenn die Antwort Nein lautet, dann ist die letzte Frage: „Bis wann muss ich das Problem lösen?“

Wir sollten uns nicht von unseren Ängsten lähmen lassen, indem wir uns immer wieder negative Bilder ausmalen. Wir sollten versuchen, diese mit positiven Gedanken zu überstrahlen. Sie schreiben Ihr Lebensdrehbuch, und das entsteht nun mal in Ihrem Kopfkino, vergessen Sie das nicht! Wollen Sie einen „Angstschocker“ produzieren? Mit welchen positiven Gedanken könnten Sie Ihre Angst vertreiben? Gedanken an Dankbarkeit zum Beispiel. Dankbarkeit ist einer der größten Feinde der Angst.

Wenn Sie darüber nachdenken, wofür Sie in Ihrem Leben dankbar sein können, werden Sie viele Gründe finden, positiv zu denken, so dass die Angst in Ihrem Leben keinen Platz mehr findet. Auch wenn Sie Ihre Energien dafür freimachen, sich mit Ihren Visionen und Zielen auseinanderzusetzen, wird Ihnen wenig Platz für Angst bleiben. Sie können die Angst nicht ausreißen, aber Sie können dafür sorgen, dass nicht mehr übermäßig davon in Ihnen wächst. Wie das zu verstehen ist, möchte ich Ihnen anhand einer kleinen Metapher verdeutlichen.

Es waren einmal drei Gärten. Im ersten wuchs das Unkraut. Der Besitzer war unglücklich und sagte: „Je mehr Mühe ich mir gebe und das Unkraut entferne, desto schneller wächst neues Unkraut!“.

Im zweiten Garten war alles geordnet, wunderschön und gepflegt, und der Gartenbesitzer lag die meiste Zeit mit einem guten Buch im Liegestuhl und sagte bei sich: „Ich hab es früher genauso wie mein Nachbar gemacht und pausenlos das Unkraut ausgerissen. Aber immer blieben irgendwelche Wurzeln zurück, derer ich nicht habhaft werden konnte. Schon nach kurzer Zeit wuchs neues Unkraut, und ich konnte es gar nicht so schnell ausreißen, wie es nachwuchs. Dann habe ich mich entschlossen, wunderschöne, schnell wachsende Blumen in meinem Garten zu setzen. Schon nach kurzer Zeit hatten die Blumen alles überdeckt, und das Unkraut hat jetzt gar keinen Platz mehr.“ Dann gab es noch den dritten Garten. Dieser Garten war sauber gepflegt, ebenfalls mit wunderschönen Blumen und Pflanzen. Nur in einem Beet an der Seite des Hauses wuchsen einige Giftpflanzen. Der

Inhaber des letzten Gartens war der Weiseste von allen dreien, er war ein großartiger Arzt. Aus den Giftpflanzen machte er Medizin, die andere heilte.

Lassen Sie nachfolgende Worte aus Nelson Mandelas Antrittsrede als Präsident Südafrikas im Mai 1994 auf sich wirken:

> „Unsere größte Angst ist nicht, dass wir nicht genügen. Unsere größte Angst ist, dass wir über alle Maßen mächtig sind. Am meisten ängstigt uns unser Licht, nicht unsere Dunkelheit. Wir fragen uns: Wer bin ich, dass ich es wage, glänzend, prachtvoll, talentiert und fabelhaft zu sein? Aber eigentlich: Wer bist du, es nicht zu sein? Du bist ein Kind Gottes. Dein Licht unter den Scheffel zu stellen, nützt der Welt nicht. Es ist nichts Erleuchtetes daran, dass du dich klein machst, damit andere sich nicht unsicher fühlen neben dir. Wir sind da, um zu strahlen, wie Kinder es tun. Wir wurden geboren, um die Herrlichkeit Gottes in uns zum Leuchten zu bringen. Sie ist nicht nur in einigen von uns - sie ist in jedem. Wenn wir nun unser eigenes Licht erstrahlen lassen, erlauben wir unbewusst anderen, es uns gleich zu tun. So wie wir von unserer eigenen Angst befreit sind, befreit allein unsere Gegenwart andere Menschen."

>> TIPP <<

- Akzeptieren und nutzen Sie kontrollierte Angst als Antrieb.
- Sprechen Sie mit der Energieabteilung in positiven Bildern!
- Auch Gewinner hatten Ängste.
- Stellen Sie der Angst die richtigen Fragen:
- Wie viele Ihrer Ängste haben sich bewahrheitet?
- Ist mein Problem lebensbedrohlich?
- Was wäre das Schlimmste und wie hoch ist die Wahrscheinlichkeit, dass genau dies eintritt?
- Vertreiben Sie Angst mit Dankbarkeit und Liebe!
- Vertreiben Sie Angst durch Ziele und Visionen!

LEBENSSANIERUNG Schritt 11:

Nutzen Sie die Kraft positiver Affirmationen!

Sie werden in diesem Buch und meinen anderen Büchern noch sehr viel zur Kraft unseres Unterbewusstseins erfahren. Ich kann nur jedem Einzelnen ans Herz legen, sich näher mit dieser Kraft zu beschäftigen, weil wir dort meistens die Basis für unsere Erfolge und Misserfolge finden.

Vermutlich haben Sie den Ausdruck „positive Affirmationen" schon gehört. Man spricht von positiver Affirmation, wenn jemand positive Selbstsuggestion benutzt. Oder vielleicht gefällt Ihnen der Ausdruck Autosuggestion besser. Was genau ist damit gemeint? Positive Affirmationen sind Sätze, die Sie verwenden, um sich selbst positiv zu motivieren. Einer der ersten, der sich damit befasste, war der französische Apotheker Emile Coué, der von 1857 bis 1926 lebte. Im Buch „Self-Mastery Through Conscious Autosuggestion" spricht er zum ersten Mal über den positiven Einfluss davon, wenn Menschen sich täglich Positives vorsagen wie beispielsweise: „Tag für Tag fühle ich mich besser und besser – und zwar in jeder Hinsicht!". Die Idee klingt simpel, aber die Ergebnisse dieser Autosuggestionen waren beeindruckend.

Foto: Agentur Misar

Wie sind diese Autosuggestionen, auch Selbstsuggestionen genannt, aufgebaut oder wie können Sie sich diese vorstellen? Ich denke, Sie haben vielleicht schon einmal eine Hypnoseshow gesehen oder zumindest davon gehört.

Ein Showhypnotiseur kann zum Beispiel seinem Probanden während der Hypnose suggerieren, dass er ihm nach dem Aufwachen ein glühendes Geldstück auf den Unterarm legen wird. Nachdem der Hypnotisierte aufgeweckt wird, legt man ihm ein ganz normales Geldstück auf den Unterarm. Der Proband schreit dann normalerweise kurz auf und wirft das Geldstück, das nur Zimmertemperatur hat, weg. Das Phänomen kommt aber noch: Einige Hypnotisierte bekommen nach diesem alten Showhypnotiseurtrick, der gerne auch bei Volksfesten gezeigt wird, sogar Brandblasen.

Im positiven Sinn wird Hypnose heute manchmal bei Operationen eingesetzt, speziell dann, wenn Menschen keine Narkotika vertragen oder Panik vor zahnärztlichen Eingriffen haben. Die Patienten können schmerzfrei operiert werden. Autosuggestion ist nun eine der Hypnose ähnliche Variante der Selbstbeeinflussung, die allerdings nicht von einem Hypnotiseur, sondern vom zu Hypnotisierenden selbst ausgeübt wird.

Man nimmt einen kraftvollen Autosuggestionssatz
wie zum Beispiel: „Von Tag zu Tag fühle ich,
wie mein Selbstbewusstsein wächst."
Oder: „Von Tag zu Tag und in jeder Hinsicht geht
es mir besser und besser und besser!"

Wir sollten uns jetzt vor einem Spiegel aufstellen, diese Worte mit voller Emotion 15 - 20 Mal vortragen und uns selbst dabei tief in die Augen schauen. Wir müssen uns bewusst in beide Augen schauen, während wir diese Worte sprechen, da dann wirklich beide

Gehirnhälften angesprochen werden. Damit unser Unterbewusstsein dauerhaft auf die Suggestionen anspricht, ist es wichtig, diese Übung mindestens über den Zeitraum von 21 Tagen, noch besser 30 Tagen, täglich zu wiederholen.

Die Empfehlung klingt einigermaßen abgehoben, das gebe ich zu, aber ich kann nur bestätigen, dass es funktioniert. Ich habe es nicht nur selbst ausprobiert, sondern auch am Beispiel unzähliger anderer gesehen. Auch Spitzensportler benutzen diese Methode, sie ist aber durchaus für jedermann geeignet der offen genug ist. Ich werde Ihnen ein Praxisbeispiel geben und zwar einer meiner ersten Coachingkunden: Ein guter Bekannter und ukrainischer Geschäftsfreund, der beschlossen hatte, sich von mir coachen zu lassen, hatte rund 40 kg Übergewicht. Täglich sagte er sich auf meinen Rat hin vor dem Spiegel: „Ich habe eine athletische Traumfigur und bin mit meinem Körper rundum zufrieden". Die ersten Tage hasste er diese Übung, wie er mir später berichtete, und kam sich unheimlich bescheuert vor, wenn er die Worte laut vor dem Spiegel wiederholte, mindestens 20 Mal täglich. Er wollte schon aufgeben, fragte sich insgeheim, warum er sich wohl für ein Coaching durch mich entschlossen hatte, wenn ich solchen „Schwachsinn" von ihm verlange.

Aber er machte weiter, allerdings immer nur, wenn er alleine zu Hause war, damit ihm ja niemand dabei sehen konnte (das ist übrigens, wie schon einmal gesagt, anfänglich empfehlenswert). Nach einigen Tagen musste er eigenen Angaben zufolge, bei der Übung nur noch lachen und begann sich vorzustellen, wie die Kilos zu schmelzen beginnen. Eine weitere Woche später setzte er sich am Wochenende an seinen Schreibtisch und entwarf, wie er es vom Business her gewohnt war, auf meine Anweisung hin einen Aktionsplan, auf dem er Maßnahmen festhielt, wie er sein Gewicht reduzieren könnte. Dazu zählten, wie er mir später erzählte, erstens die Ernährungsumstellung (er hatte vorher sehr viel Fast Food, Limonaden und Fertiggerichte zu sich genommen und sehr unregelmäßig gegessen, von Wodka und anderen "Alkoholsünden" will ich gar nicht reden), die mindestens drei Mahlzeiten täglich, mit vier Stunden Pause dazwischen ohne zu "naschen", also kontrollierte Nahrungsmittelaufnahme zur Basis hatte. Zweitens der Entschluss, mit Walking zu beginnen, drittens die Idee, sich in einem Fitnesscenter eintragen zu lassen und viertens die Entscheidung, Heißhungerattacken durch regelmäßige Mahlzeiten zu vermeiden, ebenso wie ein absolutes „Nein" zu Kalorienbomben wie Torten und Limonaden (Cola, Fanta, Sprite und Alkohol). Außerdem beschloss er, mindestens 3,5 Liter Wasser täglich zu trinken.

Mehrmals war er geneigt, aufzugeben, aber durch mein Coaching (wie er mir später selbst bestätigte) hielt er durch. Eigenen Angaben zufolge hasste er mich anfänglich an manchen Tagen, aber am Ende fiel er mir um den Hals und bedankte sich mit einem wunderschönen Geschenk bei mir. Die Anwendung dieser Maßnahmen brachte ihm bereits im ersten Monat eine Gewichtsreduktion von 7,5 kg, wodurch das „Durchhalten" für ihn wesentlich leichter wurde und er motiviert war, sein Gewicht binnen drei Monaten um weitere 21 kg zu reduzieren. Obwohl er zu dem Zeitpunkt, während ich dieses Buch schreibe, von seinem Zielgewicht noch ca. 19 Kilo entfernt ist, steht schon jetzt fest, dass der eingeschlagene Weg zum Erfolg führt. Um das Thema abzurunden, möchte ich Ihnen noch eine Geschichte erzählen, die sich zu einem Zeitpunkt zugetragen hat, als die Möglichkeiten der Autosuggestion noch weitgehend unerforscht waren. Die nachfolgende Geschichte stammt aus dem Buch „Kreatives Chaos" von Thomas J. Peters: Der englische Wissenschaftler Sir Francis Galtons lebte von 1822 bis 1911 und entwickelte unter anderem die erste Wetterkarte. In gewisser Weise war er ein Genie, denn man erzählt sich von ihm, dass er mit 18 Monaten lesen konnte, mit zweieinhalb Jahren die ersten Bücher las, mit vier Jahren dividieren und multiplizieren konnte und mit sechs Jahren bereits der Shakespeare-Lektüre widmete. Francis Galtons wurde letztlich durch das Werk „Origin of Specious" seines Halbcousins Charles Darwin, das 1859 erschien, inspiriert, sich mit der Vererbungslehre auseinanderzusetzen. In weiterer Folge war er der Begründer der modernen Erblehre (Schwerpunktthema: Intelligenz und Talent). Eines Tages beschloss er, seinen berühmten

„Gedankenversuch“ durchzuführen: Nachdem er sich selbst über „Autosuggestion“ vorgestellt hatte, dass er der meistgehasste Mensch Englands sei, trat er wie immer seinen täglichen Spaziergang an. Schon nach kurzer Zeit beschimpften ihn wildfremde Passanten. Als er in den Hafen kam, rempelte ihn ein Arbeiter mit dem Ellbogen so massiv an, dass er schwer stürzte und sich verletzte. Sogar auf Tiere schien sich die Animosität gegen ihn übertragen zu haben. Denn als er an einem Droschkengaul vorbeiging, schlug dieser aus und traf ihn so stark an der Hüfte, dass er erneut zu Boden ging. Durch das Ereignis aufgescheucht, strömten die Leute aus der gesamten Straße herbei und scharten sich um ihn. Interessanterweise ergriffen die Menschen nicht für ihn Partei, sondern für das Pferd, worauf Galton das Weite suchte.

Vielleicht wird Ihnen diese Geschichte übertrieben vorkommen, doch Sie werden in diesem Buch noch sehen, was es mit den „Schwingungen“ auf sich hat, welche durch Gedanken ausgesendet werden. Lassen Sie mich Ihnen einige Beispiele für erfolgreiche Power-Sätze geben. Wenn Sie möchten, können Sie diejenigen davon auswählen, mit denen Sie sich am besten identifizieren können.

1. „Ich bin ein Gewinner!“
2. „Ich gebe mein Bestes!“
3. „Ich erreiche meine Ziele!“
4. „Ich kann sein, wer und was ich sein will!“
5. „Ich schaffe alles, was ich ernsthaft möchte und was meinen Fähigkeiten entspricht!“
6. „Ich schaffe es!“
7. „Es ist möglich!“
8. „Ich bin motiviert und begeistert!“
9. „Ich konzentriere meine Energie!“
10. „Es geht mir von Tag zu Tag und in jeder Hinsicht immer besser“
11. „Ich lebe stets in Überfluss und Fülle!“
12. „Ich bin fit, sportlich und topgesund!“

13. „Ich liebe mich und ich liebe die Mitmenschen!“
14. „Ich bin ganz vollkommen, stark, mächtig, liebevoll, harmonisch und glücklich!“
15. „Ich bin einzigartig!“
16. „Ich lebe ein harmonisches Leben im Einklang mit meinen Wünschen!“
17. „Ich sehe klar und deutlich!“
18. „Ich vertraue auf das Universum und lasse los!“
19. „Ich bin unermesslich reich und glücklich!“
20. „Ich habe meine(n) Traumpartner(in) gefunden und bin mit ihm (ihr) sehr glücklich!“
21. „Ich bin erfolgreich bei allem, was ich tue!“
22. „Ich bin konsequent bei allem, was ich tue!“
23. „Ich bin ehrlich und aufrichtig zu meinen Mitmenschen!“
24. „Ich respektiere menschlich auch meine Feinde, beschäme und bekehre sie indem ich ihnen vergebe!“
25. „Ich habe meine Wunschfigur und wiege ... Kilo!“
26. „Ich bin begeistert!“
27. „Ich besitze eine für meine Mitmenschen angenehme Aura!“
28. „Ich liebe mich und ich liebe die Menschen!“
29. „Das Glück ist schon da, ich entdecke es jetzt!“
30. „Ich bin es wert, Erfolg zu haben.“

Die vorgenannten Autosuggestionen sind nur eine kleine Auswahl. Nachfolgend sollten sie selbst mindestens zwölf Autosuggestionen finden, die in puncto Priorität Ihren persönlichen Wünschen und Anforderungen entsprechen. Sie können diese aus der vorgenannten Auswahl heraussuchen und für Ihre Zwecke übernehmen, oder Sie können neue kreieren, die ihren Vorstellungen entsprechen und für Ihr persönliches Leben relevant sind.

Wichtig ist, dass Sie diese wirklich täglich in der Spiegelübung anwenden, am besten zu einem fixen Zeitpunkt, zum Beispiel nach dem Aufstehen und vor dem Schlafengehen, z.B. vor oder nach dem Zähneputzen. Achten Sie darauf, dass diese Übung eine feste Gewohnheit wird, denn Ihr Unterbewusstsein kann nur dann überzeugt werden, wenn es die Gewohnheit automatisch immer wieder wiederholt. Es heißt nicht umsonst: Steter Tropfen höhlt den Stein. Sie werden nach wenigen Wochen bereits ganz klare Verbesserungen in Ihrem Leben feststellen, insbesondere was Ihr Denken betrifft. Sobald Sie beim Aussprechen der Sätze erstmals lachen müssen oder positive Gefühle verspüren, sind Sie auf dem richtigen Weg. Notieren Sie jetzt IHRE Sätze!

Meine persönlichen Autosuggestions-Sätze für die Spiegelübung:

1. ______________________________
2. ______________________________
3. ______________________________
4. ______________________________
5. ______________________________
6. ______________________________
7. ______________________________
8. ______________________________
9. ______________________________
10. ______________________________
11. ______________________________
12. ______________________________

Sie kennen vielleicht die Bestseller „The Secret“ und „The Masters Key System“. Beide Autoren kommen zu dem Schluss, dass wir, wenn wir uns in eine Stimmung versetzen, als ob eine positive Situation bereits eingetreten wäre (z. B. „Ich fühle mich glücklich, weil ich meine(n) Traumpartner/in bereits gefunden habe“ oder „Die Million ist schon da, ich muss sie nur abholen“), auf dem besten Weg sind, das Ziel in absehbarer Zeit zu erreichen.

Denken Sie bitte nicht länger über die Sinnhaftigkeit nach, sondern springen Sie über Ihren Schatten und testen Sie die nächsten 30 Tage die Übung mit den für Ihr persönliches Leben wichtigsten zwölf

Sätzen. Suchen Sie Ihre „Kittelbrennfaktorprobleme“ und passen Sie Ihre Sätze entsprechend an.

Das bedeutet im Klartext: Wenn sie Probleme mit dem Sprechen vor Menschen haben, dann sagen Sie sich: „Ich bin ein selbstbewusster Redner, die Zuhörer lauschen mir interessiert“. Halten Sie mich oder diese Empfehlung bitte nicht für bescheuert oder abgehoben, sondern probieren Sie es aus und stellen Sie fest, was einer meiner englischsprachigen Geschäftspartner mir nach zwei Monaten des täglichen Übens bestätigt hat: „It works, unbelievable, but it works!“

Don´t think too much about sense or nonsense - just do it!

>>  **TIPP <<**

„Starten Sie Ihre persönliche Autosuggestions-Spiegelübung mind. über 30 Tage!“

Nicht zögern, nicht kritisch abwägen! Sondern Vorurteile ablegen und einfach TUN!

LEBENSSANIERUNG Schritt 12:

Beginnen Sie, sich selbst zu lieben!

Lassen Sie mich kurz eine Geschichte erzählen, die mit Eigenliebe zu tun hat: Der Geldexperte Bodo Schäfer, den ich sehr schätze und dessen Bücher rund ums Geld anlegen und Vermögensaufbau ich auch im Rahmen meiner Academy (mehr Infos unter www.lifedesigner.at) empfehle, hat diese einmal erzählt.

> Ein Mann kam zum Meister und fragte, was das Geheimnis eines erfolgreichen Lebens sei. Der Meister antwortete: „Mach jeden Tag einen Menschen glücklich!"
> Nach einer Weile fügte er hinzu: „Selbst, wenn dieser Mensch du selber bist."Und noch ein wenig später: „Vor allem, wenn dieser Mensch du selber bist."

Schon in der Bibel steht geschrieben:

> „Liebe Deinen Nächsten wie dich selbst!"

Erschreckenderweise stelle ich, wenn ich mit Menschen spreche, immer wieder fest, dass Sie kein Selbstbewusstsein und oftmals auch keine Eigenliebe haben. Wer aber sich selbst nicht liebt, ist auch nicht in der Lage, andere zu lieben. Solange man kein eigenes positives Selbstwertgefühl besitzt, überschatten negative Gefühle wie Eifersucht, Neid und Hass die eigene Gefühlswelt. Da unsere Umwelt aber ein Spiegel unseres Selbst ist, bekommen wir genau diese Dinge wieder zurück. Ein Teufelskreis, den wir nur verlassen können, wenn wir lernen, uns selbst anzunehmen und zu lieben.

Unser Prozess des „Diamantenschleifens“ ist auch deshalb so wichtig, weil wir uns nur dann selbst lieben können, wenn es uns gelingt, unsere Potenziale so zu wecken, dass wir der oder die Bestmögliche werden, der wir zu werden in der Lage sind.
Bitte schreiben Sie nun in die leeren Zeilen einen Brief an sich selbst, in dem Sie festhalten, warum Sie sich lieben. Sollten Sie kurz in Versuchung gewesen sein, diese Übung zu überblättern, erinnere ich Sie an unser Coaching Abkommen. Geben Sie sich selbst die Chance und glauben Sie mir, Sie werden eine Menge Gründe finden, warum Sie sich lieben können. Es wird Ihnen gut tun. Also starten Sie bitte jetzt.

Warum ich mich liebe! (Mindestens zehn Punkte/besser mehr)

1. ______________________________
2. ______________________________
3. ______________________________
4. ______________________________
5. ______________________________
6. ______________________________
7. ______________________________
8. ______________________________
9. ______________________________
10. ______________________________
11. ______________________________
12. ______________________________
13. ______________________________
14. ______________________________
15. ______________________________

>> TIPP <<

Wenn Sie den Erfolg dieser Übung noch steigern möchten, dann bauen Sie das Ergebnis Ihrer Selbsterforschung in Ihre Spiegelübung aus dem vorangegangenem Kapitel mit ein! Verwenden Sie dazu die Affirmation "Ich liebe mich, weil ..."

LEBENSSANIERUNG Schritt 13:

Stellen Sie sich Ihren Problemen!

Hierzu zwei Empfehlungen vorab:

„Die beste Zeit, ein Problem anzupacken, ist die Zeit vor seiner Entstehung.“ (R. Freimann)

„Lehne es nicht ab, das Negative zur Kenntnis zu nehmen. Weigere dich lediglich, dich ihm zu unterwerfen.“ (N.V. Peale)

Frühestmöglich - setzen Sie sich frühestmöglich mit Ihren Problemen auseinander! Es ist eine menschliche Grundschwäche, Dinge, die wir nicht wahrnehmen wollen, weil Sie uns unangenehm scheinen, zu verdrängen. **Genau diese Schwäche, das Negative nicht zur Kenntnis nehmen zu wollen, lässt so manches kleine Problem mittelfristig zu einem riesigen Berg anwachsen.** Schon erlebt?

Die einzige Möglichkeit richtig mit Problemen umzugehen ist diese anzunehmen und so lange zu lösen bis der Lebensfilm wieder unseren positiven Drehbuch entspricht. Kein guter Filmklassiker und Kassenschlager wo der oder die Hauptdarsteller nicht vor dem verdienten Happy End eine Menge Probleme oder nennen wir es positiv, Herausforderungen zu lösen haben. Wäre das nicht der Fall dann würden wir doch vielleicht bei uns denken die haben das Happy End gar nicht verdient oder?

„Die ganze Welt ist Bühne.“ (Shakespeare)

Der große Vorteil unseres Lebensfilms gegenüber einem Theater ist der Umstand, dass Szenen wiederholbar sind. „Lebensfilm, die Zweite", „Lebensfilm, die Dritte". Alles ist möglich. Sie können nach einer gescheiterten Ehe eine wunderbare Partnerin kennenlernen und bis ans Ende Ihrer Tage zusammen glücklich sein. Sie können, so wie Walt Disney, Pepsi Cola oder viele andere später sehr erfolgreiche Unternehmen zunächst Pleite machen und später trotzdem zu den Gewinnern zählen. Sie können vieles „verbockt" haben und es im zweiten oder auch dritten Anlauf doch wieder gut machen. Es ist nie zu spät. „Never say never again."

Diese Erkenntnis ist vielleicht eine der wichtigsten Lektionen des Lebens überhaupt. Ich gehe sogar so weit, zu sagen, dass Sie besser vorsichtig sein sollten, wenn Sie noch nie einen schwerwiegenden Fehler begangen haben. Die Chance, dass Sie ganz tief fallen, ist groß. Umgekehrt, wenn Sie schon viele Misserfolge hinnehmen mussten – und das sind nicht meine privaten Gedanken, sondern es zieht sich wie ein roter Faden durch die Biografien erfolgreicher Topleute - ist ihre Chance sehr groß, den ganz großen Durchbruch in Kürze zu schaffen.

Doch wie entstehen eigentlich die meisten der im ersten Moment „unlösbar“ scheinenden Probleme? Als Firmensanierer, der immer wieder halb bankrotte Unternehmen aufkaufte, konnte ich feststellen, dass circa 80 bis 90 Prozent der Probleme in den Firmen hätten vermieden werden können, wenn Sie nicht von den Verantwortlichen zu lange verdrängt worden wären. Die restlichen zehn bis 20 Prozent wären nicht vermeidbar gewesen, aber deren negative Auswirkungen hätten um oftmals um mehr als die Hälfte reduziert werden können, wenn man sich früher damit auseinandergesetzt hätte. Der Grund dafür, warum meistens zu lange gewartet wird, liegt in der eingangs erwähnten Schwäche des Menschen, unangenehme Dinge nicht wahrnehmen und akzeptieren zu wollen. Menschen neigen dazu Negatives vor sich herzuschieben und zu verdrängen. Und doch ist es auch hier wieder nur eine Sache der Betrachtung, was wir sehen und wie wir es empfinden. Daher wollen wir unsere Sichtweise einmal geringfügig verändern und uns nochmals mit dem Begriff “Problem” auseinandersetzen:

PRO-BLEM

Ist nicht normalerweise jedes Wort, das mit „pro“ beginnt, positiv besetzt? Es gibt kein Problem, das nicht auch ein Geschenk für mich in den Händen hält.

„Auch aus Steinen, die Dir in den Weg gelegt werden, kannst Du etwas Schönes bauen.“ (Johann Wolfgang von Goethe)

Denken Sie einfach einmal um und sagen wir uns: “Ich suche Probeme, weil ich ein Geschenk brauche”. Oder anders formuliert, ein Satz, der schon manchen Verzweifelten geholfen hat:

„Manchmal sendet uns der liebe Gott ein Geschenk, das er als Problem verpackt hat."

Ich gehe sogar so weit zu sagen. Wir wachsen nur in Phasen wo wir Probleme meistern. Daher wenn Sie eines gemeistert haben suchen Sie sich bitte sofort das nächst größere. Also hinaus aus der Komfortzone.

Wenn das Problem dann klar vor Ihnen steht, lernen Sie sich mit dem Problem auseinander zu setzen! Der erste Schritt des Konfrontierens ist, dass wir damit aufhören, eine Sache vor uns herzuschieben. Wir müssen aufhören, ein Problem zu beschönigen, indem wir uns selbst etwas vorlügen, und aufhören, Schwierigkeiten zu verdrängen, weil wir glauben, aktuell keine Lösung zu wissen. Ich nenne Ihnen einige Beispiele von klassischen Problemen, die von Menschen nur zu gern vor sich hergeschoben werden:

- „Ich sollte mit dem Rauchen aufhören, weil ich diesen widerlichen Husten nicht mehr ausstehen kann, und auch mein Arzt hat es mir schon dringend nach dem letzten Lungenröntgen empfohlen. Aber ich werde erst aufhören, wenn ich etwas weniger Stress habe, vielleicht im nächsten Urlaub."
- „Ich schlafe derzeit zu wenig. Ich werde das ändern, die Frage ist nur, wann?"
- Ich sollte nicht nur Arbeiten sondern auch Erholungsphasen einplanen, aber es geht erst frühestens in 6 Monaten nach Abschluss .....
- „Meine Fettleibigkeit stört mich, aber der Zeitpunkt des Abnehmens ist jetzt ungünstig."
- „Ich sollte wieder etwas Sport in meinem Leben einbauen, aber es ist unmöglich dieses Jahr, solange ich so viele Projekte am Hals habe. Nächstes Jahr mach ich es."
- „Die Bremsen meines Wagens müssen repariert werden, aber ich habe einfach keine Zeit, in die Werkstatt zu fahren."

- „Dieser Schmerz in der Magengegend ist unangenehm und dieses Brennen manchmal, wenn ich scharfe Sachen esse. Ich sollte irgendwann deswegen zum Arzt gehen, aber ich habe einfach keine Zeit."
- „Ich habe seit Tagen Zahnschmerzen, aber das geht sicher wieder vorbei."
- „Es wäre gut, wenn ich mich mit meiner Partnerin/meinem Partner aussprechen würde, aber es ist mir so unangenehm, dieses heikle Thema anzusprechen. Wie sie oder er darauf wohl reagieren würde?"
- „Ich sollte nicht mein Leben lang mit 240 km/h fahren, das ist ungesund."
- „Dieser Mitarbeiter ist nicht loyal und auch nicht mehr tragbar, aber ich kann nicht auf ihn verzichten. Ich werde das Problem später ansprechen."
- „Dass im Bett nichts mehr zwischen mir und meiner Partnerin läuft und Sie dauernd vorgibt Kopfschmerzen zu haben, macht mich krank. Aber ich werde es später mit ihr besprechen."
- „Ich sollte diese Affäre beenden, denn wenn ich so weitermache, zerstöre ich meine Beziehung. Aber einige Zeit möchte ich es noch genießen. Letztlich ist mein/e Partner/in selbst schuld, weil sie/er mich nicht mehr begehrt."
- "Das Dach unseres Hauses gehört repariert sonst wird es bald herein regnen, aber wann bloß?"
- "Der Umgang meiner Kinder gefällt mir gar nicht, aber ich will nicht immer so kritisch sein."
- "Der Mitarbeiter XY/der Geschäftspartner ist nicht loyal, aber ich brauche ihn ..."

Kommen Ihnen diese Beispiele bekannt vor? Ein Teil davon ist autobiografisch, den anderen Teil habe ich mir von Freunden, Bekannten und Klienten erzählen lassen. Welchen, das sage ich Ihnen jetzt nicht. Aber was viel entscheidender ist: Wir haben stets eine ganze Palette an Ausreden in der Hinterhand, warum wir dieses und jenes nicht tun können. Das Tragische dabei ist, dass wir auch selbst noch an diese Geschichten glauben. Dann versuchen wir, unserem Bewusstsein mit „logischen Argumenten“ einzureden, was uns unser Unterbewusstsein ohnedies nicht abnimmt.

Dann entsteht diese kognitive Dissonanz, dieses unangenehme Gefühl der Unzufriedenheit bis hin zur Depression, wenn wir entgegen unserem besseren Wissen Handlungen setzen, die uns sabotieren. Wir beginnen dann, uns selbst fertig zu machen, indem wir uns boykottieren, ohne dass wir es merken. Es handelt sich hierbei um eine „gute“ Methode, psychosomatische Krankheiten jeglicher Art (wobei ich der Meinung bin, dass nahezu jede Krankheit psychosomatische Ursachen hat), Neurosen, Psychosen und alle anderen Formen von Krankheiten, die die schöne Endung "osen" haben, zu züchten. "Aufschieberitis" ist ident mit "Nicht-Handeln".

Wir beginnen, uns mit dieser „Krankheit der Aufschieberitis“ voll und ganz selbst zu frustrieren, weil unser Unterbewusstsein sehr wohl erkennt, dass dieses „Nicht-Handeln“, dieses „Nicht-Entscheiden-Wollen“ ein Zeichen von innerer Schwäche ist. Machen Sie so weiter und gießen Sie Ihre „Burn-Out“ Pflänzchen mit erhöhter Aktivität die Entscheidungsschwäche kaschiert. Vor allem um Nummer sicher zu gehen, dass Sie bald vollkommen ausgebrannt sind - schieben Sie wichtige Entscheidungen wochenlang, besser wäre, monatelang vor sich her. Einfache Probleme negieren und den Kopf in den Sand stecken wäre auch eine gute Taktik. Untätigkeit gepaart mit Entscheidungsschwäche ist immer eine spannende Kombination. Aber lassen Sie uns jetzt wirklich ernst sein.

Denken Sie einmal zurück an eine Situation in Ihrem Leben, in der Sie vor einer verdammt schwierigen Entscheidung standen, die Sie ewig vor sich hergeschoben haben, bis es unausweichlich war, sich zu entscheiden. Wie fühlten Sie sich nach der Entscheidung? Verdammt gut, oder? Und wenn es nicht gleich der Fall war, spätestens kurze Zeit danach, oder? Jedenfalls garantiert dann, wenn Sie bei der Entscheidung nicht nur den Intellekt, sondern primär auch Ihren inneren Ratgeber, das sogenannte Bauchgefühl, zu Rate gezogen

haben. Oder, wie es besser formuliert wäre: "auf Ihr Herz oder Ihr Bauchgefühl gehört haben."
Lernen Sie, sich mit Ihren Problemen auseinanderzusetzen! Sehen Sie die Lösung für jedes Problem als Herausforderung an Ihren Intellekt an. Stoppen Sie alle Entschuldigungsgeschichten, mit denen Sie sich seit Monaten oder Jahren selbst aus Bequemlichkeit belügen. Verlassen Sie Ihre Komfortzone und verlassen Sie diese JETZT - BITTE! Sie tun es nicht für mich, Sie tun es für sich.

Sie werden unbändigen Stolz verspüren, wenn Sie diesen Schritt tun, wenn Sie sagen: Ja, ich beginne jetzt. Heute ist der erste Tag meines neuen Lebens. **Es macht Sinn**, jetzt mit dem Rauchen aufzuhören, nicht erst, wenn mein Kehlkopf entfernt werden muss oder wenn ich unter der Erde bin. **Es macht Sinn**, jetzt mein Gewicht abzubauen und Sport in mein Leben einzubauen, nicht erst nach dem zweiten Herzinfarkt oder dem dritten Schlaganfall**. Es macht jetzt Sinn**, meinen Arzt aufzusuchen und meine Ernährungsgewohnheiten zu ändern, nicht erst, wenn ich das Magengeschwür habe. Ich lasse jetzt meine Bremsen im Auto reparieren und nicht erst dann, wenn ich im Straßengraben liege. **Es macht Sinn**, jetzt meine Beziehung zu retten oder mich zu entscheiden, sie zu beenden, wenn ich der Meinung bin, dass sie irreparabel zerstört ist. **Es macht Sinn** jetzt meinem Kind oder meinen Kindern zu helfen u.v.m.

Und noch eines möchte ich Ihnen dringend ans Herz legen, weil ich selbst in der Vergangenheit sehr oft diesen Fehler begangen habe:

„Suchen Sie keine kurzfristigen Lösungen für langfristige Probleme!" (Paul Misar)

Manchmal neigen wir dazu, uns zu sagen, es wird schon irgendwie gehen. Was passiert dann? Es geht irgendwie, aber nicht so, wie es unserer ursprünglichen Zielvorstellung entsprochen hat. **Wir müssen damit aufhören, zu viele Kompromisse zu machen**. Sehr viele Menschen beginnen ihr junges Leben mit einer Vielzahl von Erwartungen, Wünschen und Visionen, bis sie das erste Mal auf die Nase fallen. Dann sagen Sie sich: „Gut, vielleicht waren meine Ziele und Visionen ja auch etwas zu ehrgeizig, ich setze sie in Zukunft etwas kleiner."

Was passiert dann? Es geht wieder schief. Und derjenige sagt sich: „Naja, eigentlich war es ja noch immer etwas unrealistisch, dass ich dieses oder jenes vorhatte mit meiner Schulausbildung", und so geht das ein ganzes Leben lang weiter. Aus dem riesigen Zielbereich werden dann letztlich einige kleine „Zielchen", und irgendwann sitzt derjenige dann in seiner kleinen Wohnung oder seinem kleinen Reihenhaus in der Vorstadt, ist mittlerweile Großvater oder Großmutter und weiß nicht mehr, was er oder sie ihren Enkelkinder erzählen soll, wenn die Frage nach den Höhepunkten des Lebens fällt, weil alle Wünsche, Ziele und Träume verflogen sind, ohne umgesetzt worden zu sein.

Einer der erfolgreichsten Networker den ich kennen lernte, Alexander Krause, der gemeinsam mit Daniel Müller und Sven Goebel einen der größten Networking Vertriebe mit Nahrungsergänzungsmitteln in Europa aufgebaut hat, bringt dieses Beispiel ebenfalls gerne bei seinen Seminaren.

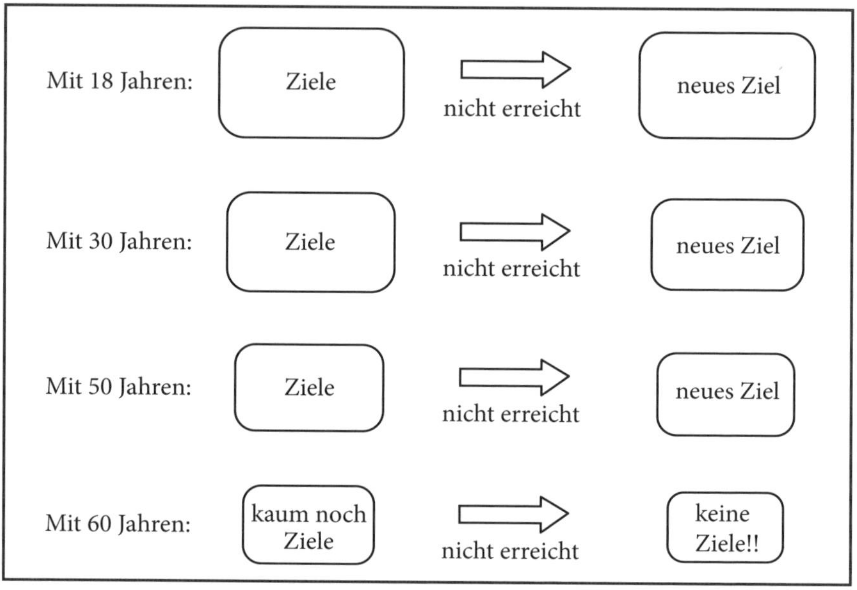

>>  **TIPP <<**

- Lernen Sie, sich mit Problemen frühzeitig auseinanderzusetzen!
- Sehen Sie jedes Problem als positive Herausforderung an, als Prüfstein für Ihren Intellekt!
- Stehen Sie zu Ihren Wünschen, Zielen, Träumen und Visionen und halten Sie daran fest!

LEBENSSANIERUNG Schritt 14:

Change your mind oder DIE ROBINSON METHODE

Wenn wir die erste Niedergeschlagenheit, die manchmal aus der Konfrontation mit einem großen Problem resultiert, erst einmal abgelegt haben, dann sind wir in der Lage, eine Bestandsaufnahme zu machen und den „Ist-Zustand", mit etwas Distanz zu analysieren. In dieser Situation ist ein Perspektivenwechsel ratsam. Dafür bietet sich die „Robinson-Crusoe-Methode" an.

Robinson machte eine Soll/Haben-Gegenüberstellung:
Auf der linken Seite vermerkte er die Übel, auf der rechten Seite die guten Aspekte. Er schrieb links als Negativum: „Ich bin auf eine einsame Insel verschlagen worden, ohne Hoffnung, je wieder fortzukommen." Auf die Seite mit den guten Punkten schrieb er: "Aber ich lebe und bin nicht ertrunken."

Warum ist diese Methode nach dem Romanhelden von Daniel Defoe benannt? Robinson Crusoe litt ebenfalls unter Depressionen, als er hilflos und einsam auf seiner Insel angespült wurde, ohne kurzfristige Chance auf Rettung. Er überlegte kurz, was er tun könnte, dann nahm er sich einen Stift, den er aus dem gestrandeten Schiff bergen hatte können, und dachte an alle seine vermutlich toten Kameraden. Immerhin ging es ihm besser. Er lebte.

Dann schrieb er wieder bei Übel: „Ich bin ausgesondert, unter allen Menschen zu lauter Unglück ausgewählt", und dem gegenüber, auf der rechten Seite: „Aber ich wurde unter der ganzen Schiffsbesatzung ausgesondert, um dem Tod zu entgehen". Als Negativum vermerkte er beim nächsten Punkt: „Ich habe nicht einmal Kleider, um mich zu bedecken". Aber im Handumdrehen gestand er sich ein: „Ich bin in einem sehr heißen Landstrich, in dem ich ohnehin kaum Kleider tragen könnte, auch wenn ich welche hätte."

Was war letztlich das Fazit dieser Betrachtung? „Von nun an begann ich zu folgern", sagte er, „dass es mir möglich ist, mich in meiner verlassenen Lage glücklicher zu fühlen, als es vermutlich in irgendeinem anderen Zustand der Erde je der Fall gewesen wäre". Diese Einstellung hat ihm das Leben gerettet. Wenn er sich seinen negativen Gedanken hingegeben hätte, dann wäre vermutlich Depression und Untätigkeit die Folge gewesen. Wahrscheinlich wäre er bald in der Einsamkeit zugrunde gegangen und hätte nie seinen späteren Weggefährten Freitag kennengelernt.

Die Pessimisten könnten jetzt behaupten, Robinson hätte sich die Situation schöngeredet. Mag sein, aber was ist besser? Die Einstellung, dass das Glas halb voll ist oder dass es halb leer ist? Die Welt ist immer so, wie wir sie sehen. So wie Henry Ford auch schon sagte: **„Wenn du sagst, du schaffst es, hast du recht. Und wenn du sagst, du schaffst es nicht, hast du auch recht."** Die wichtigste Frage ist nun, wie es uns gelingen kann, einen Perspektivenwechsel herbeizuführen. Ich möchte Ihnen eine kleine Geschichte erzählen. Sie stammt aus dem Bestseller "Anleitung zum Unglücklichsein" des österreichischen Psychotherapeuten, Konstruktivisten und Buchautors Paul Watzlawick.

"Ein Mann will ein Bild aufhängen. Den Nagel hat er, nicht aber den Hammer. Der Nachbar hat einen. Also beschließt unser Mann, hinüberzugehen und ihn auszuborgen. Doch da kommt ihm ein Zweifel: Was, wenn der Nachbar mir den Hammer nicht leihen will? Gestern schon grüßte er mich nur so flüchtig. Vielleicht war er in Eile. Vielleicht hat er die Eile nur vorgeschützt, und er hat was gegen mich. Und was? Ich habe ihm nichts getan; der bildet sich da etwas ein. Wenn jemand von mir ein Werkzeug borgen wollte, ich gäbe es ihm sofort. Und warum er nicht? Wie kann man einem Mitmenschen einen so einfachen Gefallen abschlagen? Leute wie dieser Kerl vergiften einem das Leben. Und dann bildet er sich noch ein, ich sei auf ihn angewiesen. Bloß weil er einen Hammer hat. Jetzt reicht´s mir wirklich. - Und so stürmt er hinüber, läutet, der Nachbar öffnet, doch bevor er ´Guten Tag´sagen kann, schreit ihn unser Mann an: `Behalten Sie Ihren Hammer`."
(aus Paul Watzlawick "Anleitung zum Unglücksein")

Oftmals denken wir schon so viele Jahre in Gedankenketten wie diesen und haben uns bereits so sehr daran gewöhnt, dass wir schon reflexartig negativ reagieren. Manchmal kann es schon genügen, wie Robinson die Befürchtungen und negativen Gedanken aufzuschreiben, damit man sie los wird. Sobald wir die Dinge niedergeschrieben haben, können wir sie gedanklich loslassen und ihre Unsinnigkeit erkennen. Oftmals wird es uns so auch gelingen, die negativen Gedanken rasch wieder zu vertreiben und durch positive zu ersetzen. Aber falls es einmal nicht gelingen sollte, schreiben Sie Ihre negativen Befürchtungen auf und nehmen danach sofort die Aufmerksamkeit von der Sache. Je früher Sie derartige Negativgedanken erkennen und bloßstellen, desto besser werden Sie darin werden, diese durch positive Gedanken zu ersetzen. Manchmal reicht es, das Fernglas umzudrehen, schon bekommen die Dinge eine komplett neue Distanz!

>> TIPP <<

Ändern Sie die Perspektive!

LEBENSSANIERUNG Schritt 15:

Nutzen Sie strukturierte Analyseprozesse!

Lernen Sie, wieder selbst die Entscheidungen in Ihrem Leben zu treffen. Wenn Sie nicht entscheiden, dann entwickeln sich die Dinge trotzdem weiter, aber Sie müssen mit den Entscheidungen anderer leben. Und noch etwas: Sobald Sie sich entschieden haben, grübeln Sie nicht mehr weiter und stellen Sie Ihre Entscheidung nicht mehr in Frage, sondern ziehen Sie durch, was immer Sie entschieden haben.

Ab jetzt, wenn eine schwierige Situation ansteht, benutzen Sie die "Ben-Franklin-Methode". Nehmen Sie ein großes Blatt Papier und teilen Sie es in zwei Hälften, indem Sie es der Länge nach falten oder von oben nach unten einen senkrechten Strich ziehen. Schreiben Sie links „für" oder „pro" und auf die rechte Seite „dagegen" oder „kontra":

Sammeln Sie so viele Punkte wie möglich auf beiden Seiten. Wenn Sie alle Punkte aufgeschrieben haben, dann treffen Sie eine **Entscheidung.**

Diese Methode ist sehr bewährt, allerdings muss ich auch sagen, dass bei dieser Variante der Entscheidungsfindung hauptsächlich unsere linke Gehirnhälfte angesprochen wird, die für logische und rationale Entscheidungen verantwortlich ist, ohne ganzheitlich zu denken.

Ich würde Ihnen daher empfehlen, auch noch eine zweite Methode zu prüfen, und zwar die von Stahlmagnat Andrew Carnegie entwickelte und später von Napoleon Hill übernommene Methode des „imaginären Beraterstabes". In einem der wahrscheinlich besten Bücher zum Thema Autosuggestion und Persönlichkeitsentwicklung, „Denke nach und werde reich", präsentiert der Autor Napoleon Hill diese Methode. Stellen Sie sich vor, wann immer Sie ein Problem haben, könnten Sie sechs bis neun der führenden Persönlichkeiten auf den relevanten Wissensgebieten als Berater hinzuziehen, um Ihre Entscheidung zu treffen. Napoleon Hill hatte in seinem imaginären

Beraterstab unter anderem Menschen wie Thomas Alva Edison, Charles Darwin, Abraham Lincoln, Napoleon Bonaparte, Henry Ford und Andrew Carnegie. Sie sehen schon, es spielt keine Rolle, ob die Personen noch leben oder ob sie zur gleichen Zeit gelebt haben. Es ging Napoleon Hill darum, zu beweisen, dass wir bei sehr vielen Problemen, die wir lösen müssen, die richtige, optimale Lösung eigentlich schon in uns tragen. Das Problem ist, dass wir in unserem Computer, sprich Gehirn, an die optimale Lösung oft nicht herankommen, wenn wir nur unsere linke, rationale Gehirnhälfte einsetzen. Oftmals sind wir emotional so in ein Problem verstrickt, dass unser Gehirn gewisse Lösungszugänge blockiert, wenn wir versuchen, über die rationale Seite eine Lösung zu finden. Wenn wir aber im Geiste beginnen, verschiedene bekannte Autoritäten aufmarschieren zu lassen und diese an unseren geistigen Konferenztisch bitten, so starten wir in unserem Denkcomputer Dialoge und Zwiegespräche. Unser Bewusstsein beginnt, den neutralen Konferenzleiter zu spielen, und unser Unterbewusstsein wird uns zur Lösung führen, indem es durch einen der Berater spricht.

Bilden Sie sich also Ihr eigenes Team an imaginären Beratern. Sie können Benjamin Franklin genauso ins Team holen wie John F. Kennedy oder Bill Gates – oder wie wäre es mit Julius Cäsar? Sie können Personen aus Ihrer Branche, Ihrem Beruf dazuholen, am besten die bekanntesten Kapazitäten auf Ihrem Problemgebiet. Ist doch nicht schlecht, oder? Wenn Sie es besonders spannend machen wollen, testen Sie doch einmal aus, was passiert, wenn Sie Ihren größten Mitbewerber in den Kreis einladen. Dann lassen Sie die Herrschaften im imaginären Konferenzraum auflaufen und begrüßen Sie jeden Einzelnen im Geiste, während Sie ihm in die Augen schauen. Dann, wenn alle Platz genommen haben, eröffnen Sie die Konferenz. Geben Sie als Diskussionsleiter die Themen und Fragen vor und dann lassen Sie die einzelnen Ladies und Gentlemen zu Wort kommen. Gestalten Sie die Diskussion wie ein Brainstorming mit Mitarbeitern. Bewerten Sie die Aussagen nicht sofort und fallen Sie niemandem ins Wort.

Ziemlich „abgefahren", meinen Sie? Ich gebe Ihnen Recht. Aber es funktioniert, testen Sie es. Noch ein kleiner Rat am Rande. Erzählen Sie das nicht den falschen Leuten und lassen Sie niemand dabei zusehen. Es könnte sonst nach hinten losgehen. Nichts desto trotz vergessen Sie nicht, dass Napoleon Hill die erfolgreichsten Menschen seiner Zeit in Langzeitstudien beobachtete und aufgrund der Erfahrungen seine Methode entwickelte und niederschrieb. Fakt ist, bei den Besten der Besten hat es so funktioniert.

Wie auch immer Sie zu Ihrer Entscheidung gekommen sind und welche Entscheidungsmethode SIE benutzt haben - schließen Sie hier und jetzt mit sich selbst das Abkommen, dass Sie ab sofort bewusst Ihre Entscheidungen fällen werden. Fassen Sie weiter den unbedingten Entschluss, sich von einer einmal gefällten Entscheidung nicht mehr abbringen zu lassen, sondern dazu zu stehen. Das Scheitern einer Entscheidung ist dann vorprogrammiert, wenn Sie das Ziel nicht klar anvisieren und das Zielfernrohr laufend verändern. Sind Sie entschlossen und entscheiden Sie - denn:
Ein entschlossener Mann ist die Mehrheit!

>> TIPP <<

Nutzen Sie strukturierte Entscheidungsprozesse!

Treffen Sie rasche Entscheidungen (Die Qualität Ihrer Entscheidungen bestimmt die Qualität Ihres Lebens!)
Stehen Sie zu Ihren Entscheidungen.

Schreiben Sie sofort mindestens ein bis drei Probleme Ihres Lebens auf den Aktionsplan (Seite 248) am Ende dieses Buches, mit dem Ziel, binnen fünf Werktagen mindestens ein Problem entschieden zu haben, binnen weiterer zehn Werktage die anderen Probleme.

LEBENSSANIERUNG Schritt 16:

Hören Sie auf Ihren Körper!

Manche Probleme sind an der Oberfläche. Sobald wir uns sensibilisieren und beginnen, sie bewusst wahrzunehmen, wissen wir relativ rasch, was wir tun müssen. Andere Probleme sind wie ein verstecktes Riff unter der Oberfläche an das unser Unterbewusstsein unseren „Schiffsbug" der Seele nicht nahe genug heran lässt, weil es Angst hat, es könnten alte Wunden aufgerissen werden. Das menschliche Wesen ist ein Meister darin, unangenehme, beängstigende Wahrheiten zu vergraben. Weil nicht sein darf, was nicht sein kann, verdrängt unser Unterbewusstsein gerne so manches Problem. Wieder andere Probleme vergräbt es in den Tiefen unserer Seele, in der Hoffnung, dass niemand je den Spaten ansetzt.

Die Psychologen nennen den Prozess „Verleugnung", und obwohl sich dieser Mechanismus als Unkenntnis verkleidet, ist er in Wirklichkeit genau das Gegenteil davon. Da unser Unterbewusstsein die Dinge bereits kennt, aber offiziell nicht zur Kenntnis nimmt, weil es sich ihnen nicht stellen will, startet es den Prozess der Verdrängung und Verleugnung. Und zwar so lange, bis wir die innere Ruhe und den ernsten Willen finden, uns der Angelegenheit zu stellen und sie ans Tageslicht zu holen, um ein für allemal eine Lösung zu finden. Das ist aber mit ein Grund, warum viele die Ruhe, die ich mir am Beginn meines eigenen „Lebenssanierungsprozess" selbst verordnet habe, ablehnen. Sie haben Angst, sich dann ihren Problemen zu stellen und auch auf das hören zu müssen, was tief in Ihrem Inneren begraben ist. Ich weiß, wovon ich spreche, denn ich war jahrelang ein Meister der Verdrängung, indem ich mich geschäftlich und privat mit Aktivitäten zugepflastert habe, und zwar rund um die Uhr.

Versuchen Sie, ab sofort in sich hineinzuhören. In Momenten der Stille lassen Sie Ihre Gefühle hochkommen, ohne diese zu zensieren.

„Dieses Menschsein ist ein Gasthaus. Jeden Morgen ein neuer Ankömmling. Eine Freude, eine Niedergeschlagenheit, eine Gemeinheit, eine plötzliche Erkenntnis kommt wie ein unerwarteter Besucher.

Heiße alle willkommen und bewirte sie! Sogar, wenn es ein Haufen Sorgen ist, der dein Haus gewaltsam entrümpelt von all seinen Möbeln, erweise dennoch jedem Gast die Ehre. Vielleicht putzt er dich heraus für eine neue Freude.

Der düstere Gedanke, die Scham, die Bosheit, begrüße sie alle lachend an der Türe und bitte sie herein." (Zitat des sufischen Dichters Rumi)

Was soll damit gesagt werden? Wäre es möglich, dass gerade die schlechten Gefühle, die wir normalerweise immer sofort verdrängen, uns etwas über uns sagen mögen? Kann es sein, dass wir den schlechten Gefühlen ganz einfach nachgehen müssen, um vielleicht zu erkennen, dass unser Zorn tief in uns nur Angst ist? Kann es sein, dass wir vielleicht sofort ein Gegenmittel zur Hand haben, wenn es uns gelingt, diese Angst als Angst, nicht geliebt zu werden, zu identifizieren? Und zwar die Liebe! Liebe kann niemals neben Angst existieren, und wahre Liebe wird immer stärker sein. Um bei dem Beispiel zu bleiben: Wenn Sie aktiv Liebe aussenden, werden Sie viel Liebe vom Universum zurückbekommen, und so können Sie mit jedem negativen Gefühl wie Eifersucht, Traurigkeit, Hass, Wut und ähnlichen umgehen.

„Was aber, wenn es schon zu spät ist?", mögen Sie jetzt sagen. „Was soll ich tun, wenn jahrelanges Verdrängen schon körperliche Probleme verursacht hat?" Umso länger Sie schon gewisse Probleme verdrängt haben, umso mehr sind Sie es Ihrer Gesundheit schuldig, in sich hinein zu hören. Hören Sie auch unbedingt auf Schmerzen. Auch wenn diese nur sporadisch auftreten. Schmerzen sind immer ein Symptom für Dinge, die tief in Ihrer Seele sitzen, so wie auch Krankheiten. Hören Sie auf Ihren Körper. Schmerzt Sie beispielsweise Ihr Herz? Vielleicht hat es mit einer alten, unglücklichen Liebe zu tun? Neigen wir zu Verspannungen im Schulter und Rückenbereich? Gibt es eine Last, die wir unbewusst übernommen haben, die uns nun zu schwer scheint und auf unseren Schultern lastet? Kann es sein, dass die Schmerzen nur unsere Angst zum Ausdruck bringen, weil wir im Unterbewusstsein glauben, dieser Last nicht gewachsen zu sein? Wenn Sie an dieser Thematik interessiert sind, empfehle ich Ihnen das Buch „Krankheit als Symptom der Seele" von Professor Ruediger Dahlke zum tieferen Einlesen in dieses Fachgebiet.

Auch wenn Sie beim „In-sich-Hineinhören" möglicherweise viele Ursachen selbst finden können, will ich hierbei ganz klar sagen, dass diese Selbstanalyse nicht den Weg zum Mediziner oder die regelmäßige Vorsorgeuntersuchung ersetzen kann. Sie sollten nur eine noch höhere Sensibilität dafür entwickeln, in sich hinein zu hören, um das eine oder andere Problem noch viel frühzeitiger als bisher erkennen und entlarven zu können und rasch eine Abhilfe oder Lösung zu schaffen. Unser Körper besitzt so viele Reserven und eine so hohe Regenerationsfähigkeit, dass wir ihn oft sehr lange ungestraft schlecht behandeln können. Wir können zum Beispiel über lange Zeiträume Unmengen schlechtes „Benzin" in Form von schlechter Ernährung in ihn hineinschütten, und wir werden vermutlich lange Zeit trotzdem noch zumindest 80 Prozent unserer Leistung bringen. Sie können auch einige Jahre ungestraft kettenrauchend unterwegs sein. RAUCHEN SIE! SAUFEN SIE! - aber Vorsicht! Probleme drohen! Nicht gleich, aber langfristig!

Nachdem das manchmal sehr schleichend passiert, werden wir es anfänglich gar nicht merken. Erst dann, wenn die Diabetes auftritt, wir einen Herzinfarkt haben oder wir in der Notambulanz landen, weil die Bauchspeicheldrüse auch die letzten 30 Prozent nicht mehr bringen kann, fangen wir zu denken an. Aber nicht immer sind unsere Ernährungsgewohnheiten schuld! Es gibt natürlich auch Krankheiten welche ganz andere Ursachen haben. Aber unabhängig was auch immer der Auslöser einer Krankheit ist. Extrem wichtig ist letztlich wie wir damit umgehen.

Das absolute Paradebeispiel für jemanden, der vorbildlich mit einer sehr schweren Krankheit umgegangen ist, ist der vielfache Tour-de-France-Sieger, Radrennfahrer Lance Armstrong. 1971 in Texas geboren, wird er von seiner alleinerziehenden Mutter groß gezogen und entdeckt schon sehr früh die Liebe zum Radsport. 1996 zählt er bereits zu den Topfahrern unter den internationalen Radprofis. Im gleichen Jahr wird bei ihm Hodenkrebs im fortgeschrittenen Stadium diagnostiziert. Ein Wettlauf gegen die Zeit beginnt. Nachdem ihm ein Hoden entfernt werden muss, stellen die Ärzte Metastasen fest. Zwei Tumore müssen ihm aus dem Gehirn entfernt werden, bevor er eine der schärfsten Formen der Chemotherapie erhält, die es gibt. Aber er kämpft weiter, so wie er es im Radsport bei der Besteigung der unbezwingbaren Berge gelernt hat. Seine Freunde erzählen später, dass Sie ihn während der Zeit der Chemotherapie oftmals mit dem Rad um das Haus geschoben hatten nur damit er seinen Plan und Vorsatz entsprechend auch während dieser schwierigen Chemotherapie-Periode täglich auf seinem geliebten Rad sitzen konnte. Er liest alles zum Thema Krebs, bildet sich weiter und lässt keinen Weg unversucht, bis er den Krebs schließlich besiegt hat. Schlussendlich gründet er die Lance Armstrong Foundation, eine Krebshilfeorganisation. Drei Jahre nach seinem Sieg über den Krebs gewinnt er den härtesten Sportwettkampf der Welt, die Tour de France (auch Tour der Leiden genannt). Insgesamt hat er diese Tour ohne Unterbrechung zwischen 1999 und 2005 siebenmal gewonnen und ist damit unsterblich in die Geschichte des Radsports eingegangen. Dank seines vor der Krebsoperation eingefrorenen Samens schenkt Lance Armstrong seiner Frau im Oktober 1999 einen Sohn, den er Luke nennt, und 2001 die Zwillinge Isabel und Grace. Das war jetzt die „Kurz - kurz - Variante" einer grandiosen Lebensgeschichte.

Wer mehr über den positiven Umgang mit Krebs erfahren möchte und auch sonst Biografien liebt, sollte unbedingt das Buch „Lance Armstrong - Tour des Lebens" lesen. Ich kann dieses Buch jedem, ob gesund oder krank, nur wärmstens empfehlen als Musterbeispiel für Selbstmotivation. Sie finden die Bezugsquellen am Ende dieses Buches.

Bei der Vorbeugung von Krankheiten spielt die Ernährung eine wesentliche Rolle. Damit beschäftigen wir uns im nächsten Schritt.

>> TIPP <<

Seien Sie ehrlich zu sich selbst!
Schluss mit Verleugnung!
Hören Sie auf Ihren Körper!
Jede Krankheit ist besiegbar!

LEBENSSANIERUNG Schritt 17:

Wo stehe ich in meinem Leben?

Prüfen wir nun ob Ihr aktuelles Leben in Balance steht. Bevor Sie die nächste Übung machen, für die Sie in etwa 15 bis 20 Minuten Zeit benötigen, suchen Sie sich bitte einen stillen Platz, an dem Sie ungestört sind.

Der Lebensradtest

Manche von Ihnen, speziell jene, die sich schon mit Yoga und Meditation befasst haben, werden wahrscheinlich das Lebensrad (auch „Rad des Werdens" genannt) als Symbol der buddhistischen Meditation kennen. Kurz, bevor Buddha erleuchtet wurde, soll er den ewigen Lebenskreislauf in Form eines Lebensrades gesehen haben. Dadurch erkannte er den Weg zur Befreiung. Ich hoffe, dass auch Ihnen dieser Test die Augen öffnet und Sie mittelfristig befreit indem es Ihnen hilft das Leben ganzheitlich zu sehen.

Bitte sehen Sie sich jetzt das auf der nächsten Seite dargestellte Rad näher an. Es ist in vier farblich getrennte Hauptabschnitte gegliedert, die für folgende Bereiche stehen:

- Physischer Körper / grün
- Spiritualität / gelb
- Beziehungen / rot
- Materieller Status / blau

Diese vier Hauptgebiete sind wiederum in je 5 also gesamt zwanzig Teilbereiche unseres Lebens aufgegliedert. Ihre Aufgabe ist es nun, sich selbst absolut ehrlich und realistisch einzustufen. Es geht darum, dass Sie erkennen, wo Sie derzeit stehen. Gehen Sie nun die Bereiche einzeln durch, indem Sie am oberen Punkt des Kreises, also mit der Gesundheit, beginnen. Stufen Sie alle Bereiche auf einer Skala von eins bis zehn ein. Der Punkt nahe dem Mittelpunkt des Kreises entspricht null und bedeutet, dass dieser Bereich in Ihrem Leben für Sie derzeit absolut unakzeptabel ist. Wenn Sie mit einem einzelnen Punkt unterdurchschnittlich zufrieden sind, markieren Sie bitte den ersten Strich vom Mittelpunkt gesehen! Wenn Sie mittelmäßig mit einzelnen Bereichen zufrieden sind, wählen Sie bitte den zweiten Strich von innen und so weiter. Sie finden in der Legende eine eingehende Beschreibung der Bewertungskriterien. Lassen Sie die Erkenntnisse aus den Seiten 72 bis 84 einfliessen.

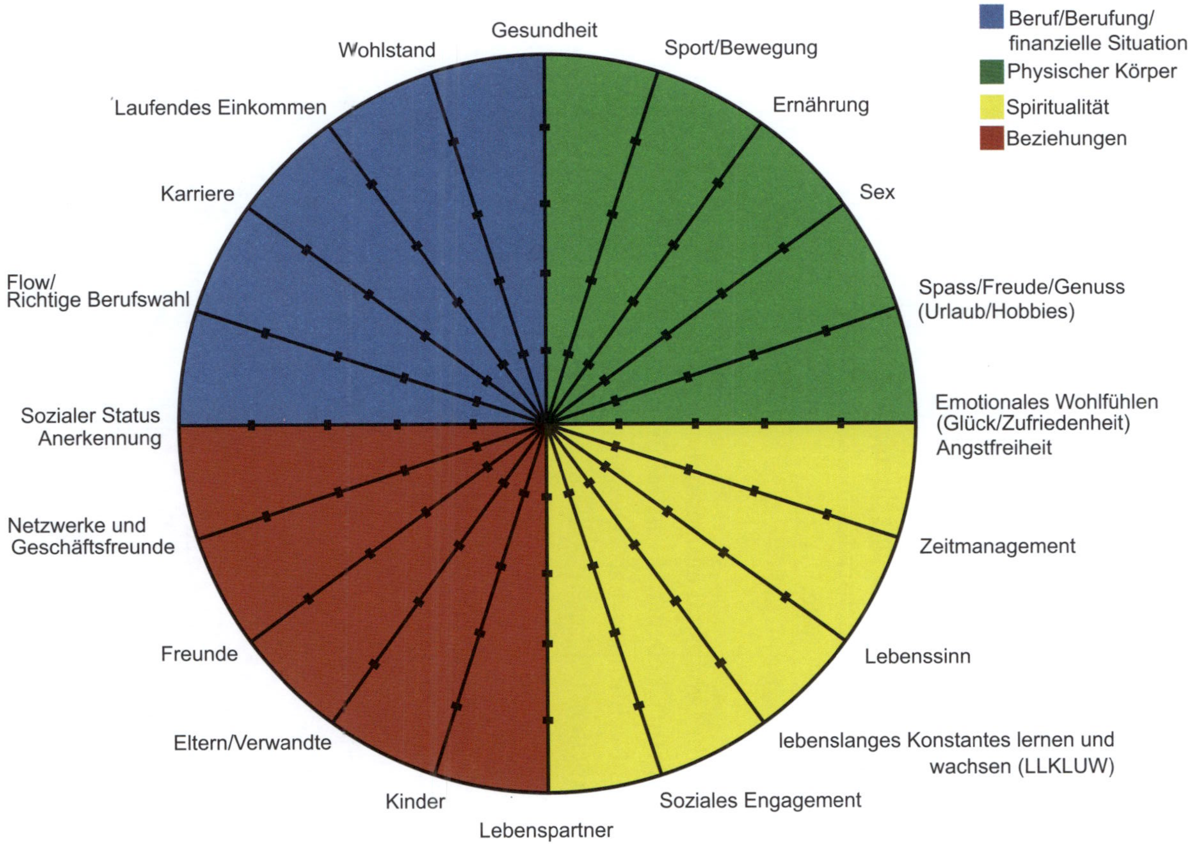
Beruf/Berufung/
finanzielle Situation
Physischer Körper
Spiritualität
Beziehungen
Gesundheit
Sport/Bewegung
Ernährung
Sex
Spass/Freude/Genuss
(Urlaub/Hobbies)
Emotionales Wohlfühlen
(Glück/Zufriedenheit)
Angstfreiheit
Zeitmanagement
Lebenssinn
lebenslanges Konstantes lernen und
wachsen (LLKLUW)
Soziales Engagement
Lebenspartner
Kinder
Eltern/Verwandte
Freunde
Netzwerke und
Geschäftsfreunde
Sozialer Status
Anerkennung
Flow/
Richtige Berufswahl
Karriere
Laufendes Einkommen
Wohlstand

Legende:

Perfekt = äußerer Rand des Lebensrades

Sehr gut = 1. Strich von außen

Gut = 2. Strich von außen

Stark Überdurchschnittlich = 3. Strich von außen

Leicht Überdurchschnittlich = 4. Strich von außen

Durchschnittlich = 5. Strich von außen

Leicht Unterdurchschnittlich = 6. Strich von außen

Stark Unterdurchschnittlich = 7. Strich von außen

Verbesserungswürdig = 8. Strich von außen

Leicht Verbesserungswürdig = 9. Strich von außen

Absolut inakzeptabel = 10. Strich von außen

Sobald Sie nun die einzelnen Markierungen in den jeweiligen Bereichen des Lebensrades markiert haben, verbinden Sie jetzt bitte die einzelnen Punkte.
Prüfen Sie,

1. ob Ihr Lebensrad einigermaßen rund ist,
2. ob Ihr Lebensrad an einigen Seiten extreme Dellen und Einbuchtungen hat? Das sind jene Bereiche, an denen Sie zu arbeiten beginnen sollten, und zwar nicht an allen Ecken auf einmal, sondern da, wo Sie den größten abweichenden Faktor zur Idealsituation finden bzw. da, wo Sie selbst den meisten Handlungsbedarf verspüren.
3. Gehen Sie jetzt bitte zurück zur Frageliste zu Lebenssanierung Schritt 5. Sie werden feststellen, dass Ihre Fragen, die Sie mit „Nein“ beantworten mussten, fast ausschließlich in Bereichen liegen, in denen Sie im Lebensrad ein starkes Manko registriert haben.

Gehen Sie jetzt bitte ans Buchende zu Ihrem Aktionsplan (Seite 248) und vermerken Sie dort, welche Bereiche in Ihrem Lebensrad große Dellen aufweisen. Anschließend planen Sie einen Termin bei sich selbst, um einen Maßnahmenplan zu entwerfen. Wie Sie dabei vorgehen sollten, behandeln wir später in diesem Buch. Bitte analysieren Sie jetzt nochmal Ihr Lebensrad und sehen Sie sich die einzelnen Speichen genau an. Überlegen Sie dabei, wo Sie vor fünf Jahren im jeweiligen Segment standen. Notieren Sie dann bitte auf den nächsten Seiten, in welchen Segmenten Sie sich in den letzten 5 Jahren verbessert haben und wo Sie sich verschlechtert haben.

In folgenden Segmenten habe ich mich in den letzten fünf Jahren verbessert:
(Zutreffendes bitte ankreuzen)

- ☐ Gesundheit
- ☐ Sport / Bewegung
- ☐ Ernährung
- ☐ Sex
- ☐ Spaß / Freunde / Genuss (Urlaub, Hobbies)
- ☐ Emotion / Wohlfühlen (Glück, Zufriedenheit)
- ☐ Zeitmanagement
- ☐ Lebenssinn
- ☐ lebenslanges konstantes lernen und wachsen
- ☐ Soziales Engagement
- ☐ Lebenspartner
- ☐ Kinder
- ☐ Eltern / Verwandte
- ☐ Freunde
- ☐ Netzwerke und Geschäftsfreunde
- ☐ Sozialer Status / Anerkennung
- ☐ Flow / Richtige Berufswahl
- ☐ Karriere
- ☐ Laufendes Einkommen
- ☐ Wohlstand

In folgenden Segmenten habe ich mich in den letzten 5 Jahren verschlechtert:
(Zutreffendes bitte ankreuzen)

- ☐ Gesundheit
- ☐ Sport / Bewegung

- ☐ Ernährung
- ☐ Sex
- ☐ Spaß / Freunde / Genuss (Urlaub, Hobbies)
- ☐ Emotion / Wohlfühlen (Glück, Zufriedenheit)
- ☐ Zeitmanagement
- ☐ Lebenssinn
- ☐ lebenslanges konstantes lernen und wachsen
- ☐ Soziales Engagement
- ☐ Lebenspartner
- ☐ Kinder
- ☐ Eltern / Verwandte
- ☐ Freunde
- ☐ Netzwerke und Geschäftsfreunde
- ☐ Sozialer Status / Anerkennung
- ☐ Flow / Richtige Berufswahl
- ☐ Karriere
- ☐ Laufendes Einkommen
- ☐ Wohlstand

Tragen Sie jetzt die Verbesserungswünsche für jene Segmente, in denen Sie sich gegenüber dem Stand von vor fünf Jahren verschlechtert haben, ebenfalls noch in Ihren Aktionsplan ein, sofern Sie noch nicht dort enthalten sind.
Meine Erkenntnisse und Vorsätze:

____

____

____

____

____

____

____

____

Vermerken Sie bitte in den nächsten Zeilen Ihre geplanten Maßnahmen, die Sie daraus ableiten. Sollte Ihnen noch keine Lösung einfallen, so ist das nicht weiter tragisch, wir stehen ja noch am Beginn unseres Analyseprozesses.

Maßnahmen:

>> TIPP <<

Vermerken Sie die Erkenntnisse aus dem Lebensradtest in Ihrem Aktionsplan am Ende des Buches (Seite 248)!

LEBENSSANIERUNG Schritt 18:

Der Mensch ist, was er isst!

„MENS SANA IN CORPORE SANO"
„Ein gesunder Geist wohnt in einem gesunden Körper."
(lateinisches Sprichwort)

Sind Sie mit dem zufrieden, was Sie sehen, wenn Sie in den Spiegel schauen? Falls Sie jetzt wie aus der Pistole geschossen und ohne einen Moment zu zögern mit „Ja, ich bin perfekt! Lass dich umarmen, du einmaliger, wunderbarer Körper!" antworten, dann, aber bitte nur dann, können Sie diesen „Lebenssanierungs-Schritt" überblättern. Wenn nicht, dann fragen Sie sich: „Warum bin ich nicht zufrieden mit dem, was ich sehe?"

Sie wussten, dass Sie sich diese Frage selbstkritisch einmal stellen werden, oder? Wenn Sie männlich sind, was sehen Sie? Einen Waschbrettbauch? Zumindest stellt sich hier die Frage, ob Sie, wenn Sie jetzt nach unten blicken, Ihr bestes Stück noch wahrnehmen können? Wenn nicht, gehe ich davon aus, dass Ihr Waschbrett mittlerweile zum Waschbärbauch mutiert ist und die ganze Männlichkeit verdeckt? Ich glaube wir müssen jetzt nicht diskutieren was Sie Ihm süßes schuldig sind, oder? Oder, meine Damen, ärgern Sie sich immer wieder, weil das süße, sexy Kleid das Sie sich im Sommer vor knapp einem Jahr gekauft haben, überhaupt nicht mehr passt und Ihre enge Jeans in der Sie für Ihren Liebsten immer so „heiß" ausgesehen haben mittlerweile aus allen Nähten zu platzen scheint. Mittlerweile können Sie den Knopf auch nicht mehr mit der lang einstudierten Bodenräkelübung schließen? Tun Sie was Sie tun müssen!

Ich kann Ihnen aus eigener Erfahrung sagen, ich war mit mir damals in meiner Krise nicht mehr zufrieden. Die Gewichtszunahme geschieht schleichend, das wissen Sie. Jedes Jahr ein Kilogramm, oder vielleicht auch eineinhalb, und dann wiegen Sie mit 35 plötzlich um 20 Kilo mehr als noch mit 20. Das wurde mir bewusst. Dann kramte ich mir alte Fotos heraus, auf denen ich als 25-Jähriger auf dem Surfbrett stand; muskulös, kräftige Oberarme und muskulöse Beine, aber trotzdem flacher Bauch. Spätestens da sah ich plötzlich diesen Menschen wieder, der ich eigentlich sein konnte, und mir war klar, ich wollte in puncto Figur annähernd wieder dorthin. Zu dieser Zeit fiel mir dann noch ein Buch von Karl Lagerfeld in die Hände, das er mit dem Coautor Jean-Claude Houdret geschrieben hat und in dem er beschreibt, wie er innerhalb von 13 Monaten 42 Kilo abgenommen hat. Das gab meiner Motivation Aufschwung. In meinem Fall waren es damals ja maximal 18 Kilo, die mich von meiner Wunschvorstellung trennten.

Gewichtsmäßig wusste ich es aber nur annähernd, weil für mich schon zu diesem Zeitpunkt feststand, dass Gewicht eine relative Angelegenheit ist und Muskelanteil, Fettanteil sowie Taillenumfang viel wichtigere Kriterien sind. Jedenfalls wollte ich wieder glücklich sein, wenn ich mich im Spiegel sehe, und mich wieder selbstbewusst anstrahlen können. Mir war klar, dass das nur dann der Fall sein wird, wenn ich aktiv werde.

Übergewicht ist, wie Sie sicher wissen, nicht nur eine Frage des Selbstwertgefühls und der Ästhetik, sondern vielmehr auch der Gesundheit. Es geht um unsere Lebenserwartung und darum, gesund alt zu werden, oder noch besser formuliert: möglichst lange gesund und jung zu bleiben.

Das Thema Ernährung ist ein so umfassendes, dass es in diesem Buch nur gestreift werden kann. Alles andere würde den Rahmen sprengen. Ich bin zwar kein ausgesprochener Ernährungsfachmann, habe aber in den 1990er Jahren einmal eine Firma übernommen, die jahrzehntelang mit Nahrungsmittelrohstoffen gehandelt hat.

Ich habe mich später von dieser Firma wieder getrennt, konnte jedoch in jener Phase einige Einblicke in die Materie erhalten. Ich muss zugeben, seitdem ich weiß, was so manche Lebensmittel, besonders im Bereich „convenience food“, also im Segment der Fertiggerichte, an Inhaltsstoffen enthalten, bin auch ich bei der Auswahl meiner persönlichen Nahrungsmittel um einiges kritischer. Außerdem habe ich viel zu diesem Thema von Dr. Ulrich Strunz gelernt, den ich persönlich kenne und als einen der besten Ernährungsexperten unserer Zeit sehr schätze. Von ihm durfte ich zum Thema Ernährung und Fitness extrem viel lernen. Ein Großteil der Informationen dieses Kapitels stammt von ihm und seine Berechnung und Coaching in puncto Fitness, Bluttuning (mehr dazu in meinem neuen Buch) und richtigen Ernährung. Er ist mein Ernährungscoach Nr. 1 obwohl er nach seinem schweren Radunfall keine Seminare mehr halten wollte ist er Mitglied meiner Adlerlounge.

Aber warum finde ich das Thema Ernährung eigentlich so wichtig, dass ich es in ein Buch packe, in dem es darum geht, wie Sie Ihr Leben designen können?

1. Die Nahrung ist der Treibstoff für unseren irdischen Körper. Wir haben in diesem Leben nur einen. Das bedeutet, wir sollten sehr achtsam damit umgehen. Der Körper ist der Tempel unserer Seele.
2. Da Herz-Kreislauf-Erkrankungen (Herzinfarkt, Schlaganfall) in der westlichen Hemisphäre die häufigsten Todesursachen sind und die richtige Ernährung auch maßgeblichen Einfluss auf unser Wohlgefühl nimmt, denke ich, das Thema ist für jeden wichtig. Daher komme ich nicht umhin, dieses Thema anzuschneiden, wenn auch nur kurz.
3. Außerdem arbeiten wir in diesem Buch daran, den Menschen aus Ihnen zu machen, der Sie sein können und immer sein wollten. Ich gehe davon aus, Sie wollten nie schwammig, übergewichtig oder fett sein, habe ich recht? Sie wollten auch nicht mit 40 oder 45 einen Herzinfarkt bekommen, sondern ich vermute, dass Sie sich einen ansehnlichen, straffen Körper und einen guten Gesundheitszustand für den Hauptdarsteller oder die Hauptdarstellerin Ihres Lebensfilms wünschen, oder liege ich da etwa falsch?

Wenn Sie eine Mischung aus „Chippendale“ und „Mr. Waschbrettbauch“ sind, können Sie den Rest des Kapitels gerne überblättern. Wenn nicht, wird es jetzt gleich richtig interessant. Für die weiblichen Leserinnen die im Durchschnitt deutlich gesundheitsbewußter leben als die Mehrzahl der Männer gebe ich nur zu bedenken, dass bei aller Ästhetik, die wir Männer lieben, nur wenige Männer mit einem magersüchtigem Modell zusammen leben möchten. Stehen Sie zu Ihrer Weiblichkeit und bedenken Sie, dass eine Frau auch durchaus fraulich aussehen darf und einen etwas höheren Fettanteil durchaus von der Natur vorgesehen wurde. Ein Großteil der von mehreren Generationen von Männern begehrter Vollblutfrauen, beginnend mit Marilyn Monroe, Sophia Loren über Pamela Anderson und Carmen Electra bis zu Monica Bellucci unterscheiden sich gewaltig von den dürren propagierten Schönheitsidealen so manche weltfremde Modedesigner.

In den letzten Jahrzehnten ist sehr viel zum Thema geforscht und geschrieben worden. Trotz des Umstandes, dass die Menschen in puncto Ernährung eigentlich viel aufgeklärter sein müssten als vor 50 Jahren, haben wir zunehmend immer mehr Menschen, die an ernährungsbedingten Herz-Kreislauf-Erkrankungen leiden, wie etwa Bluthochdruck, Diabetes, Herzinfarkte etc.

Es stellt sich eine wesentliche Frage: Warum dominieren diese Wohlstandskrankheiten seit Jahren die Sterbestatistiken in westlichen Industrienationen wie Deutschland, Österreich und den USA?

Wie ist es möglich, dass trotz angeblich guter Aufklärung laut einer Studie der EU fast jeder dritte Junge und jedes fünfte Mädchen zwischen 13 und 17 Jahren schon zu dick ist? Die Tragik ist, dass dieses Problem interessanterweise nicht ab-, sondern zunimmt und die Anzahl der fettleibigen Jugendlichen jährlich sogar noch um 400.000 steigt (Quelle: www.welt.de). Der Fachbegriff für Fettleibigkeit ist „Adipositas“.

Laut einer europaweiten Studie der „International Association for the Study of Obesity“ (IASO) von 2007 führt Deutschland innerhalb Europas die Statistik der „dicksten Europäer“ an. Rund 75,4 Prozent der Männer und 58,9 Prozent der Frauen sind zu schwer. Selbst bei den „schönheitsbewussten“ Italienern sind noch 51,4 Prozent der Männer und 34,5 Prozent der Frauen zu dick, also mehr als die Hälfte der Männer und jede dritte Frau.

Die Anzahl der Menschen, die in Nordamerika und Westeuropa jedes Jahr an Krankheiten in Verbindung mit Fettleibigkeit sterben, wurde bereits 2002 im WHO-Report mit etwa 500.000 beziffert, Tendenz steigend. Offensichtlich sind auch die Regierungen nicht in der Lage, mit diesem riesigen Problem umzugehen. Während 1980 nur circa 15 Prozent der Amerikaner fettleibig waren, lag der Anteil zu Beginn dieses Jahrtausends bereits bei 27 Prozent. Das bedeutet, alleine in Amerika waren bereits Anfang dieses Jahrtausends 77 Mio. Amerikaner krankhaft fettleibig und 184 Mio. übergewichtig (Quelle: „Die nächste Billion“ von Paul Zane Pilzer).

Wie stellen Sie nun fest, ob Sie übergewichtig sind? Im Normalfall wird die Berechnungsmethode des BMI (Body-Mass-Index, auch Körpermasse-Index genannt) als Messlatte benutzt.

Nehmen wir für unser Musterbeispiel eine Frau, die 68 kg wiegt und 165 cm groß ist. BMI = 68 : (1,65)2 = 68 : 2,72 = 25

Die WHO hat folgende Gewichtsklassen klassifiziert:

Kategorie		BMI
Untergewicht	Starkes Untergewicht	< 16
	Mäßiges Untergewicht	16-16,9
	Leichtes Untergewicht	17-18,4
Normalgewicht		18,5-25
Übergewicht	Präadipositas	25,1-29,9
Adipositas (Übergewicht)	Adipositas Grad I	30-34,9
	Adipositas Grad II	35-39,9
	Adipositas Grad III	> 40

Wissenschaftlich erwiesen ist, dass sich bei FRAUEN mit einem BMI von 32 das Krebsrisiko verdoppelt und das Diabetesrisiko vervierzigfacht gegenüber einem schlanken Menschen. Die Wahrscheinlichkeit eines Schlaganfalls ist viermal so hoch. Die Chance, Gallensteine zu bekommen, ist verdreifacht, und das Arthritis-Risiko vervierfacht sich.

Übrigens: Selbst wenn Sie nur leichtes Übergewicht haben, und zwar ab einem BMI von 25, verfünffacht sich das Diabetesrisiko.

Bei MÄNNERN mit einem BMI 32 liegt das Diabetes-Risiko ebenfalls 30 - 40-mal höher als bei schlanken Menschen, da der Blutzucker permanent verrückt spielt und die Zellen auf das Hormon Insulin nicht mehr reagieren. Ein durch ein Blutgerinnsel ausgelöster Herzinfarkt ist viermal so wahrscheinlich. Wie bei der Frau ist auch beim Mann das Krebsrisiko doppelt so hoch, zusätzlich sind Nierenerkrankungen und Knochenleiden wesentlich häufiger als bei schlanken Menschen. Das Gallensteinrisiko verdreifacht sich, und die Gefahr einer Rheumatischen Arthritis ist ebenfalls viermal so hoch. Die BMI-Methode ist jedoch mittlerweile auch bei manchen Fachleuten umstritten, da auch noch andere Parameter in die Berechnung mit einfließen sollten. Es gibt Personen mit schwerer Skelettstruktur, die mehr auf die Waage bringen als Personen mit leichter Skelettstruktur und trotzdem nicht dick wirken. Wenn Sie die Hand- und Fußgelenke eines Menschen beobachten, können Sie normalerweise Rückschlüsse auf die Skelettstruktur ziehen. Normalerweise gehen dicke Gelenke mit einem schweren Knochenaufbau einher. Auch der Anteil der Muskelmasse ist durchaus wichtig. So mancher Bodybuilder bringt über 100 Kilo auf die Waage ohne auch nur einen Gramm zu viel Fett zu haben. Daher bevorzuge ich eher andere Berechnungsmethoden.

Ideal ist sicherlich die Fettwaage, die es normalerweise in jedem Sportgeschäft zu kaufen gibt und die neben dem Gewicht den Fettanteil des Körpers misst. Oder Sie berechnen zum Beispiel das Verhältnis von Körpergröße zum Hüftumfang oder konzentrieren sich primär auf den Taillenumfang, der schon ziemlich aussagekräftig und leicht zu kontrollieren ist.

Alternativ haben viele hochwertige Fitnesscenter und Ärzte, die auf Ernährungsberatung spezialisiert sind, Messeinrichtungen, die folgende Parameter und deren Veränderung messen:

- Aktive Körperzellmasse (BCM) in kg,
- extrazelluläres Wasser (ECW) in %,
- Fettmasse (FM) in kg.
- Körperwasser (TBW) in Liter

Wesentlich einfacher ist folgende Methode, die für jedermann sehr leicht und unproblematisch als Erstkontrolle im DIY-Verfahren machbar ist:

Ich empfehle Ihnen, ein normales Schneidermaßband zu besorgen und Ihren Taillenumfang zu messen. Dieser Umfang „der magischen Mitte“ kann letztlich das Risiko für Diabetes, Arteriosklerose, Herzinfarkt und Schlaganfall vorhersagen, insbesondere, wenn Sie ein sogenannter Apfeltyp sind und nichts dagegen unternehmen. Apfeltypen setzen Fett vor allem an der Taille an. Apfeltypen sind laut einer Studie von Dr. David Ludwig (Children´s Hospital Boston) primär Menschen, die sehr viel Insulin ausschütten, auch dann, wenn sie nur wenig Zucker gegessen haben. Im Gegensatz dazu spricht man vom Birnentyp, wenn Menschen eine nur geringe Insulinausschüttung haben und daher das Fett eher auf den Hüften deponieren. Falls Sie als Mann mehr als 102 cm und als Frau mehr als 88 cm im Taillenbereich messen, sollten Sie dringend damit beginnen, etwas zu unternehmen. Wenn Sie etwas genauer vorgehen möchten, dann besorgen Sie sich, wie eingangs erwähnt, in einem Sportgeschäft die bereits erwähnte Fettwaage. Diese misst nicht nur das Gewicht (eher irrelevant), sondern auch den Fettgehalt. Es gibt dafür folgende Richtwerte:

Alter (Jahre)	Frauen			Männer		
	gut	mittel	schlecht	gut	mittel	schlecht
< 20	17-22%	22-27%	> 27%	12-17%	17-22%	> 22%
20-29	18-23%	23-28%	> 28%	13-18%	18-23%	> 23%
30-39	19-24%	24-29%	> 29%	14-19%	19-24%	> 24%
40-50	20-25%	25-30%	>30%	15-20%	20-25%	> 25%
> 50	21-26%	26-31%	> 31%	16-21%	21-26%	> 26%

Vielleicht noch ein kleiner Tipp zum Abnehmen: In Langzeitstudien wurde herausgefunden, dass Apfeltypen mit einer fettreduzierten Diät nicht so viel Gewicht verlieren (durchschnittlich nur 2,5 kg in sechs Monaten) wie mithilfe einer kohlenhydratarmen Diät (durchschnittlich 6,5 kg in sechs Monaten). Bei den Birnentypen funktionierten beide Diätformen annähernd gleich gut (durchschnittlich 5 kg in sechs Monaten). ABER: Nach 18 Monaten hatten die Birnentypen die Hälfte des vorher reduzierten Gewichts wieder auf den Hüften. Die Apfeltypen, die mit der Low-Fat Diät abgenommen hatten, nahmen im Laufe des folgenden Jahres wieder 1,5 kg zu. Im Gegensatz dazu nahm die Gruppe, die sich in der Diätphase mit wenig Kohlenhydraten ernährt hatte, überhaupt nicht zu.

Wie entsteht eigentlich Fettleibigkeit?

Normalerweise startet das Unglück in zwei Phasen. Phase 1 ist die „dynamische Phase", die durch eine positive Energiebilanz gekennzeichnet ist: Einfach formuliert werden über einen längeren Zeitraum dem Körper mehr Kalorien zugeführt als dieser verbrauchen kann. Die überschüssigen Kalorien werden dann in Form von Fett in den Fettzellen abgelagert, die Sie sich wie Badeschwämme vorstellen müssen. In Phasen des Zunehmens quellen diese auf, wenn man abnimmt, ziehen sie sich wieder zusammen.

Es gibt dabei primär zwei Arten: die bereits in der Kindheit, meist schon im Kleinkindalter auftretende und die im Erwachsenenalter beginnende Fettleibigkeit.

Später gibt es meistens die „statische Phase", in der die bereits fettleibige Person ihr Gewicht auf einem bestimmten Niveau hält. Das bedeutet, dass sie ihrem Körper in dieser Phase nur mehr so viel Kalorien zuführt, wie er verbraucht, aber natürlich auch nichts abbaut. Wenn nun mit fortlaufendem Alter ohne entsprechendem Training der Muskelanteil weiter zurückgeht, wird die Verbrennung schlechter und es entsteht ein Teufelskreis, in dem der Fettleibige trotz nicht übermäßiger Nahrungszufuhr immer dicker wird. Das sind die bekannten Fälle, in denen Ihnen eine fettleibige Person erzählt, sie muss

Essen nur ansehen und nimmt zu - was mittelfristig sogar teilweise stimmen kann. Es ist jedoch, wie wir gleich sehen werden, möglich, der Falle zu entkommen. Gegenüber einer Erkenntnis, die bis 1990 vorherrschte, wissen wir heute, dass nicht nur die Anzahl der Kalorien entscheidend ist, sondern auch Zucker- und Kohlenhydratgehalt eine entscheidende Rolle spielen.

Das wissen wir deshalb so genau, weil nach 1990 die Öffentlichkeit sehr sensibilisiert auf den Fettgehalt der Lebensmittel reagierte. Das führte dazu, dass die Lebensmittelindustrie verstärkt „fettarme“ oder „fettfreie“ Produkte auf den Markt brachte. Die Werbung suggerierte dem Konsument dieser Produkte, er könne nun beliebig viel essen, ohne zuzunehmen. Was die Werbekampagnen dem Konsumenten allerdings verschwieg, war, dass die fettarmen Produkte einen extrem hohen Zucker- und Kohlenhydratanteil hatten. Wenn der Körper aber zu viel Kohlenhydrate und Zucker bekommt, die er nicht mehr verarbeiten kann, dann wandelt er beides in Fett um und lagert es ab. Auf die darüber hinaus noch süchtig machenden Substanzen, die diese „Light-Produkte“ enthalten und die damit weit schlimmer sind als die „fetten Produkte“, möchte ich gar nicht im Detail eingehen. Vermutlich war dies einer der Gründe, warum seit 1990 die Zahl der übergewichtigen Menschen deutlich angestiegen ist.

Speziell alle Kohlenhydrate mit hohem glykämischen Index* setzen extrem viel Insulin frei. Dadurch wird man nicht nur dick, sondern es wird auch ein Vorgang namens Glykation eingeleitet, der die Ablagerung von Zucker ins Bindegewebe und anderem Körpereiweiß bewirkt. Diese Zuckerdepots führen mit zunehmendem Alter zu Steifheit und Unbeweglichkeit. Wenn Sie Stoffwechselstörungen haben oder unter Diabetes oder Prädiabetes leiden, wird dieser Vorgang noch beschleunigt, da der Körper dann bereits besonders unempfindlich auf Insulin reagiert oder sogar schon vollständig dagegen resistent ist.

Zur Abrundung und als abschreckendes Beispiel das untermauern soll, dass eine zu kohlenhydratreiche Kost ungesund ist, gebe

* glykämischer Index= ist ein Maß zur Bestimmung der Wirkung eines kohlenhydrathaltigen Lebensmittels auf den Blutzuckerspiegel.

ich Ihnen noch einen kleinen Auszug aus dem Buch „Die neue Diät“ von Dr. Ulrich Strunz. Auf Seite 11 ist ein Fressexperiment erläutert, das mit Hühnern gemacht wurde. Das Experiment wurde in der „Zeitschrift für Ernährungswissenschaft“ beschrieben: Man unterteilte eine Anzahl Hühner in drei Gruppen. Die Erste fütterte man mit 18,7 Prozent, die zweite mit 42,3 Prozent, die dritte mit 73,7 Prozent der Gesamtkalorien in Form von Kohlenhydraten. Die lieben Tiere durften essen, so viel sie wollten. Von den drei Gruppen fraß die erste 273 kcal, die zweite 318 kcal und die dritte 520 kcal pro Tag. Je mehr Kohlenhydrate den Tieren angeboten wurden, desto mehr Kalorien verzehrten sie und desto fetter wurden sie. Sie waren aber nicht wesentlich schwerer, sondern hatten nur deutlich mehr Fett auf Kosten der Muskeln.

Fettleibigkeit wird natürlich nicht nur durch übermäßigen Kohlehydratverzehr, sondern durchaus auch noch von Essen in schlechter Qualität (zum Beispiel Fastfood) gefördert. Minderwertige Fette machen ebenfalls dick. Aber uns muss einfach klar sein, dass nicht nur Pommes, fette Würste oder Schweinsbraten mit Knödeln fürs „Dickwerden“ verantwortlich sind, sondern der übermäßige Verzehr von schnell umwandelbarem Zucker viel gefährlicher ist.

Sie wissen nun, warum ich Ihnen gleich zu Beginn unserer Lifedesign Phase eine Saftfastenkur empfohlen habe. Es geht nicht nur um das Wohlgefühl und die schnellen Resultate, die motivieren. Sicher sind diese auch wichtig, aber noch wichtiger ist, dass dann der Blutzuckerspiegel schon auf einen vernünftigen Wert reduziert wurde, so dass eine dauerhafte Ernährungsumstellung mehr Erfolg hat. Wann immer Sie also planen, Ihre Ernährung zu optimieren, bauen Sie davor einige Tage Fasten (ideal vier bis sieben Tage) ein. Ich empfehle Saftfasten, weil es die meiner Meinung nach am einfachsten einzuhaltende Fastenmethode ist und der Körper trotzdem ausreichend Vitamine erhält. Danach ist es jedoch wichtig, die eigenen Ernährungsgewohnheiten mittelfristig zu ändern.

Ich selbst habe sehr verschiedene Ernährungsphilosophien getestet und unzählige Bücher zum Thema gelesen, habe aber meine besten

Erfahrungen mit Metabolic Balance, einer dauerhaft gesunden Ernährung, die auch Spaß macht, erlebt. Eine Kurzversion stelle ich Ihnen nachfolgend vor. Wer sich umfangreicher mit der Materie befassen möchte, dem empfehle ich das Buch „Die neue Diät“ von Dr. Ulrich Strunz, und das darauf aufgebaute Kochbuch. Das Rezeptbuch fit und schlank durch metabolic power“. Selbst heute, wenn ich wieder einige Wochen und Monate zu gut gelebt und einige Kilo zugelegt habe, absolviere ich über einige wenige Tage ein Metabolic-Balance-Programm. Beachten Sie bitte vorab folgende Empfehlungen für die Säulen einer gesunden Ernährung:

Um mit den Worten meines persönlichen Ernährungscoaches und „Fitnesspapstes“ Dr.Ulrich Strunz zu sprechen: „Essen Sie Leben!“ Das bedeutet: viel Rohkost, viel Gemüse und Obst, viel unbehandelte Nahrung jeglicher Art.

- Nehmen Sie mindestens 5 - 10 g Vitamin C Ascorbinsäure täglich
- Nehmen Sie 500 - 1.000 g Vitamin E täglich (je nach LDL-Cholesterin-Spiegel)
- Trinken Sie viel Wasser (mindestens drei Liter täglich, an Tagen, an denen Sie Sport treiben, deutlich mehr). Ohne Bewegung gibt der Mensch 2,5 Liter Körperwasser täglich ab.
- Trinken Sie vor allem vor jedem Essen mindestens 1 Glas Wasser, das reduziert den Heißhunger.
- Beginnen Sie jede Mahlzeit mit Eiweiß und essen Sie ausreichend davon. Das kann bei einem Haferflockenfrühstück mit Sojamilch vorab ein Schluck der Milch sein, ebenso wie eine Eierspeise oder etwas Käse. Mittags ist ein Steak genauso möglich wie Fisch. Auch abends können Sie beispielsweise Fisch essen. Jedoch zu jedem Essen möglichst nur eine Eiweißart. Nur eine ausreichende Eiweißversorgung des Körpers gewährleistet, dass Ihr Eiweißspiegel mittelfristig jene Werte erreicht, die wichtig sind, um das Aminosäure-Gleichgewicht des Körpers in Schuss zu halten.
- Wenn Sie einmal keine Zeit für eine ordentliche Mahlzeit haben,

bitte trotzdem kein Fastfood - besser wäre ein Eiweißdrink. Wenn die normale Mahlzeit einmal zu wenig war – Eiweißdrink, und verflogen ist der Hunger.

- Meiden Sie „kurzkettigen Zucker“ (z.B. Dextro-Energen, Candy-Bars).
- Meiden Sie sichtbares Fett.
- Ziehen Sie gegrillte, gekochte und gedünstete Zubereitung Gebratenem vor.
- Reduzieren Sie künstliche Kohlenhydrate in Ihrer Ernährung wie Nudeln, Brot, Kartoffeln. Ganz schlecht ist Zucker, zuckerhältige Limonaden, Cola, Bier, Kuchen, Kekse. Sie müssen nicht ganz darauf verzichten, das mache ich auch nicht, aber doch stark reduzieren. Das fällt zwar am Anfang etwas schwer. Nach einer gewissen Zeit freuen Sie sich jedoch, wenn Sie feststellen, wie sich der Waschbärbauch langsam wieder zum Waschbrettbauch zurückentwickelt. Merken Sie sich immer: Kohlenhydrate sind grundsätzlich nicht schlecht, aber ein Überangebot führt zur Umwandlung in Zucker und zur Ablagerungen in Form von Fett. Die Fettleber ist dabei keine Seltenheit. Diese ist aber niemals irreversibel. Die von mir empfohlene Saftfastenkur hilft Ihnen jedenfalls, eine Fettleber rasch wieder abzubauen.
- Wenn Sie Kohlenhydrate essen, bevorzugen Sie langkettige Kohlenhydrate (Vollkornbackware, Reis, Kartoffeln).
- Wann immer möglich, reduzieren Sie Brot. Ich bin ungern radikal und sage „meiden Sie es“, denn dann besteht die Gefahr des Heißhungers, wie ich aus eigener Erfahrung sagen kann. Brot sollte wirklich nur in kleinen Mengen genossen werden, da es randvoll ist mit leeren Kohlenhydraten, die den Blutzuckerspiegel nach oben treiben und auf Fettsparmodus umschalten. Außerdem ist es sehr kalorienhaltig. Eine Scheibe Weißbrot enthält 100 Kalorien, die meisten Bagels über 400 Kalorien. Auch Cracker sollten in Abnehmphasen weggelassen werden.
- Ich bin kein Freund von absolutem Alkoholverbot, da Wein, in Maßen genossen, sogar nachweislich unsere Lebenserwartung

verlängern kann. Abgesehen davon, dass er für die meisten Menschen auch die Lebensqualität erhöht. Wohlgemerkt, ich spreche hier von Genuss in Maßen, denn es handelt sich um ein Genussmittel und nicht um ein Getränk. Wie man grundsätzlich zum Thema Alkohol steht, muss aber primär jeder für sich selbst entscheiden, da sich selbst Fachleute nicht immer einig sind. Ich persönlich bin der Meinung, dass viele Südländer, wie beispielsweise die Einwohner der Insel Kreta mit ihrer hohen Lebenserwartung durchaus zeigen, dass Weingenuss mit Maß und Ziel auch gesund sein kann. Tatsache ist, dass Sie „harte" Getränke und Hochprozentiges nur sehr selten zu sich nehmen sollten. Zum Thema Bier, meine Herren - gelegentlich ja, aber denken Sie an Ihren Bauch!

- Essen Sie viele Ballaststoffe oder besorgen Sie sich fallweise als Nahrungsergänzungsmittel einen Ballaststoffdrink (z.B. Bios Life). Natürliche Ballaststoffe sind zum Beispiel Pilze. Wenn Sie Pilze essen, nehmen Sie letztlich negative Kalorien zu sich, weil sie einerseits sehr wasserhaltig und kalorienarm sind und andererseits die Ballaststoffe geben, die andere Kalorien aus Ihrem Verdauungssystem entfernen, bevor diese in den Blutstrom gelangen.
- Wichtig ist, dass Sie parallel zur Einhaltung der oben genannten Ernährungsempfehlungen ein leichtes Trainingsprogramm im Fitnesscenter mit einer sinnvollen Ernährungsumstellung kombinieren. Nahezu alle erfolgreichen Programme, bei denen Sie auf Dauer Ihr Gewicht halten, sind mit einem sinnvollen Bewegungs- und Trainingsprogramm kombiniert. Wenn Sie eine Ernährungsumstellung in Richtung proteinreicher Kost mit einem guten Trainingsprogramm bei gleichzeitig geringer Zufuhr von Kohlenhydraten mit hohem glykämischen Index kombinieren, sind absolute „Wunder" möglich. So gelang es beispielsweise Heidi Klum mit einem ganz speziellen Diätplan, bereits acht Wochen nach der Geburt ihres Sohnes wieder bei der Victoria´s Secret-Show in Dessous eine perfekte Figur abzugeben.

Ich kann Ihnen hier ein Beispiel des Diät-Trainingsplans für einen Tag geben, den David Kirsch, ebenfalls einer der Besten der Besten auf diesem Gebiet, damals für Heidi Klum zusammengestellt hat:

- Frühstück: Protein-Mahlzeitenersatzshake mit gemahlenen Leinsamen (175 Kalorien)
- Glas Wasser mit Vitamin/Mineralpulver
- Training zwischen 8.30 - 9.00
- Vormittagsimbiss in Form von mehreren hart gekochten Eiern oder Eiweißomelett mit Spinat.
- Mittagessen: gegrilltes Protein (mageres Rindfleisch, Fisch oder Huhn) mit großem Salat und gedämpftem Gemüse (z. B. Brokkoli, besonders günstig, da kalziumreich, oder Blumenkohl, der sehr viel Vitamin C und Folsäure enthält).
- Nachmittagssnack: eine Handvoll roher Mandeln (ca. acht Stück) und hart gekochtes Ei oder wahlweise Proteinshake
- Abendessen: lassen Sie mich dabei etwas anmerken: bei Radikaldiäten (wie in diesem Beispiel von Heidi Klum für die Victoria´s Secret-Show) sollten Sie natürlich gänzlich auf das Abendessen verzichten. Wenn Sie das nicht möchten, dann bietet sich eine kleine Fischportion an, und zwar am besten gegrillt.

Die Grundpfeiler der täglichen Ernährung sind bei diesem radikalen Abnehmprogramm die ersten Tage immer gleich.
Wenn die Diät länger als zwei Wochen angewandt wird, darf man ab der dritten Woche mittags leichte Kohlenhydrate zugeben. Erlaubt sind dann z.B. zusätzlich auch Linsen und Kidneybohnen. Getrunken wird nur Wasser und Tee. Keine Milch, und auch keine Gemüse- und Obstsorten mit hohem glykämischen Index wie beispielsweise Maiskolben (die Heidi Klum zum Beispiel außerhalb ihrer Diätphasen sehr gerne isst).

Vielleicht antworten Sie jetzt: „Ja, aber ich bin nicht Heidi Klum." Glauben Sie mir, wenn Sie Konsequenz an den Tag legen, sind in kürzester Zeit gigantische Erfolge möglich. Ich selbst habe einmal in zwei Wochen sechs Kilo abgenommen, und zwar mit einem eigens von mir zusammengestellten, eiweißhaltigen und gleichzeitig kohlenhydratarmen Ernährungsprogramm, (angelehnt an die Empfehlung der best of best auf diesem Gebiet) in Kombination mit einem speziellen Trainingsplan. Aber: Eine dauerhafte Einhaltung einiger Grundregeln beim Ernähren hilft Ihnen de facto sicherlich weit mehr, als permanente Radikalkuren. Da ich selbst vor einigen Jahren in meiner Krisenphase ebenfalls ein deutlich höheres Gewicht als heute auf die Waage gebracht habe, weiß ich, wovon ich spreche. Dauerhaftes Abnehmen ist möglich! Der Wohlfühlfaktor ist unvergleichlich besser, wenn Sie nicht Unmengen überflüssiger Pfunde mit sich herumschleppen.

Sie erinnern sich jetzt auch, dass ich eingangs erzählte, dass ich mein Fasten mit Training kombinierte. Warum ist diese Kombination eigentlich von so großer Bedeutung? Wenn Sie beispielsweise radikal abnehmen, ohne dabei gleichzeitig Ihre Muskeln zu trainieren, besteht die Gefahr, dass Ihr im Notprogramm arbeitender Körper die wichtige Muskelmasse abbaut, anstelle sich an die Fettvorräte zu halten. Ich halte daher auch nichts von zu langen Hunger- und Fastenkuren über mehrere Wochen, da Sie in diesem Fall dem Körper gezielt Eiweiß zuführen müssten. Andernfalls besteht zu einem hohen Prozentsatz die Gefahr des Abbaus von Muskelmasse. Ich spreche hier bewusst nicht von Ernährungsdiätplänen, die auf eiweißreicher Kost aufgebaut sind. Diese können Sie je nach Bedarf durchaus auch längere Zeiträume durchhalten. Warum ist die Muskelmasse so wichtig? Weil diese Fett verbrennt. Je mehr Muskelmasse Ihr Körper besitzt, desto besser verbrennen Sie Fett. Daher muss es unser Ziel sein, Muskelmasse zu bilden. Da sind sich alle der best of best in puncto Ernährungsberatung einig. Jetzt verstehen Sie auch, warum ich das Fitnesscenter unbedingt mindestens ein- oder zweimal (besser sind natürlich dreimal) wöchentlich empfehle, um hier nicht nur Ausdauertraining zu machen, sondern speziell auch Krafttraining einzubauen.

Wenn Sie wenig Zeit haben, bedenken Sie: Dreimal 30 Minuten Krafttraining sind effizienter als einmal wöchentlich zwei Stunden.

Wenn Sie regelmäßig trainieren (am besten Krafttraining abwechselnd mit Ausdauertraining wie Rad fahren, laufen und schwimmen), werden Sie die Fettverbrennungsöfen Ihres Körpers anwerfen. In dieser Phase ist es auch sehr wichtig, dass Sie Ihren Körper regelmäßig Vitamin C in Form von frisch gepresstem Zitronensaft in Wasser (natürlich ohne Zucker) oder Vitamin-C-Tabletten zuführen. Da Ihr Körper Vitamin C nicht unbegrenzt speichern kann, tun Sie dies zwei bis dreimal täglich. Der Körper benötigt das Vitamin C für die Fettverbrennung. Sie werden merken, wie die überflüssigen Pfunde purzeln und sich ihr Körper positiv formt und Ihrem Idealbild oder Zielfoto immer näher kommt, das Sie vorher für sich definieren müssen. Schließen Sie jetzt bitte die Augen und stellen Sie sich vor, wie Sie gerne aussehen würden oder vielleicht sogar schon einmal früher ausgesehen haben, als Sie sich noch wohl fühlten. Ich empfehle Ihnen, Ihren Wunschfettanteil oder den Wunsch-Bauchumfang anfangs als Ihre Messlatte herzunehmen. Setzen Sie die langfristigen Ziele ehrgeizig, die kurzfristigen jedoch realistisch, damit sie nicht mutlos werden.

Falls Sie jetzt Angst haben, dass das in Ihrem Fall vielleicht besonders schwierig werden könnte, weil Sie einige Kilogramm mehr auf die Waage bringen, als Ihr BMI empfiehlt, kann ich Sie beruhigen: Bei längerfristig geplanten Zielen ist nahezu alles möglich. Der dickste Mann der Welt hieß noch vor kurzem beispielsweise Manuel Uribe und lebt in Mexico. Sein Rekordgewicht lag bei 560 kg. Zum Zeitpunkt, als ich die Erstauflage dieses Buch schrieb, wog er „nur mehr“ 310 kg, immerhin 250 kg weniger als vorher. Sie fragen nach dem Rezept? „Obst und Eiweißpulver“.

Wenn Sie ein radikales Abnehmprogramm vorhaben oder auf hohem Übergewichtslevel starten, würde ich jedoch immer parallel auch noch einen Arzt Ihres Vertrauens fragen, was er in Ihrem speziellen Fall noch anrät. Sie sollten jedoch idealerweise einen Arzt wählen, der sich mit Ernährungsberatung beschäftigt und auf diesem Gebiet weiterbildet, weil sich hier die Erkenntnisse, wie bereits eingangs erwähnt, in den letzten 20 Jahren extrem stark weiterentwickelt haben. Jemand, der Sie in Ernährungsdingen berät, sollte übrigens auch durch sein Äußeres vermuten lassen, dass er wenigstens ansatzweise lebt, was er Ihnen empfiehlt. Wir sind wieder beim Prinzip der best of best Coaches. Ich persönlich habe mir nicht irgendeinen sondern einen der Besten der Besten als Coach gesucht.

Lassen Sie sich nicht von irgendjemanden coachen sondern suchen Sie sich immer die „Besten der Besten".
Aber zurück zum Thema: Im Bereich Design your Life gehe ich um Fachwissen der Topleute weiter. Ich habe vieles gelernt und habe für Sie die besten Erkenntnisse ausgewählt. An dieser Stelle empfehle ich Ihnen wie in Auflage 3 meines Buches das Buch von Dr. Strunz „Wieso macht die Tomate dick?"

Jetzt nehmen Sie bitte die Fettwaage und ein Schneidermaßband und notieren Sie bitte auf dieser Seite die heutige Ausgangsbasis.

Meine heutige Ausgangsbasis sind folgende Daten:

1. kg: ______
2. BMI: ______
3. Fettanteil: ______ %
4. Taillenumfang: ______ cm
5. Bauchumfang: ______ cm
6. Brustumfang: ______cm
7. Oberschenkelumfang links: ______ cm
8. Oberschenkelumfang rechts: ______ cm
9. Bizepsumfang links: ______ cm
10. Bizepsumfang rechts: ______ cm

Danach tragen Sie nun nachfolgend Ihre Ziele ein. Machen Sie es bitte jetzt sofort. Ich rate Ihnen, das Ganze ernst zu nehmen und das Blatt zu unterschreiben. Sie können es sich später kopieren und an Ihren Kühlschrank kleben oder in Ihre Trainingstasche stecken.

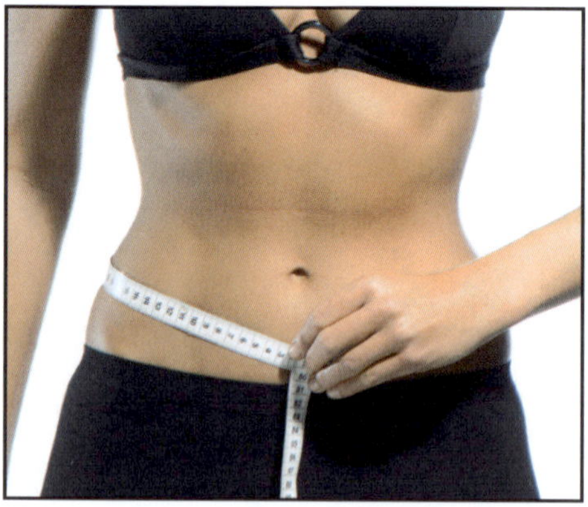

Ziele: Lebenssanierungs-Programm - Mein Körper

Ich, ________________ , vereinbare mit mir selbst, heute am ________________ , dass ich bis zum ____________ maximal ______ Kilogramm wiegen werde und /oder einen BMI von maximal ______ besitzen werde.

Zielfettanteil: _____%

Mein geplanter Taillenumfang ist _______ cm.

Mein Bauchumfang misst zu diesem Zeitpunkt _______ cm.

Weitere Zielmaße:

Brustumfang: _______ cm

Oberschenkelumfang links: _______ cm
Oberschenkelumfang rechts: _______ cm

Bizepsumfang links: _______ cm
Bizepsumfang rechts: _______ cm

________________ ________________________

Ort, Datum Unterschrift

Das sollte jetzt Motivation genug sein, um zu starten und damit den Wohlstandskrankheiten ein Schnippchen zu schlagen.

>> TIPP <<

Ändern Sie Ihre Ernährungs- und Bewegungsgewohnheiten!

Planen Sie Ihre Traumfigur und übertragen Sie die Daten der vorgenannten Tabelle in Ihren Aktionsplan am Ende des Buches!

LEBENSSANIERUNG Schritt 19:

Schluss mit Geschichten und Ausreden!

„Die beste Methode, einen Gefangenen davon abzuhalten, aus dem Gefängnis auszubrechen, besteht darin, sicherzustellen, dass der Gefangene bemerkt, dass er sich in einem Gefängnis befindet." (Dostojewski)

Viele von uns sind sich nicht bewusst, dass die zahlreichen Geschichten des Lebens, die Sie täglich anderen und sich selbst erzählen, Sie im wahrsten Sinn des Wortes gefangen halten und verhindern, sich entfalten zu können. Das menschliche Wesen neigt dazu, sich selbst Geschichten zu erzählen, um den eigenen Erlebnissen einen Sinn zu geben und diese zu rechtfertigen. Viel schlimmer aber sind die Geschichten, die wir uns erzählen, weil wir glauben, uns damit vor uns selbst rechtfertigen zu können. Kommt Ihnen der ein oder andere der nachfolgenden Sätze vielleicht bekannt vor?

- Ich bin zu jung.
- Ich bin zu alt.
- Mir fehlt die Erfahrung.
- Ich konnte nicht anders reagieren, weil...
- Es war eine Notlüge.
- Man ließ mir keine andere Wahl.
- Aufgrund meiner Erziehung bin ich es gewohnt,...
- Mein Lehrer sagte schon,...
- Ich bin nicht klug genug.
- Ich bin unsportlich.
- Dieser Schmerz ist chronisch.
- Das war schon immer so.
- Es kann gar nicht anders sein.

- Ich habe gewusst, dass es schief gehen wird.
- Meine Gene (Eltern, Großeltern) sind schuld

Doch all das sind nur Sichtweisen! Denn es ist gut möglich, dass wir uns diese Geschichten selbst zusammengestellt haben, irgendwann einmal, um uns selbst gegenüber rechtfertigen zu können, dass manches nicht so geklappt hat, wie wir es uns vorgestellt haben. Für jede Situation gibt es gleich eine ganze Reihe verschiedener Sichtweisen.

Ich möchte Ihnen eine Geschichte erzählen die ich erstmals von Stephen R. Covey (ebenfalls einer der Besten Trainer in den USA von dem nicht nur ich, sondern Topleute wie Tony Robbins viel gelernt hat) hörte:

Stellen Sie sich bitte folgendes vor: Sie sitzen in einem voll besetzten U-Bahnwagen und lesen Zeitung. Der Wagen ist ziemlich voll, es ist Sommer, es ist unangenehm warm, stickig und es stinkt. An der Haltestelle steigt ein Vater mit zwei Kindern zu und setzt sich auf den letzten noch freien Platz neben Sie. Von Anfang an fällt Ihnen auf, dass die Kinder offensichtlich absolut schlecht erzogen sind, denn sie toben schreiend herum. Der Vater sitzt mit geschlossenen Augen auf seinem Sitz und macht gar nichts. Alle Leute schauen schon. Als eines der kleinen Kinder an Ihrer Zeitung zerrt, reicht es Ihnen.

Sie sprechen den Vater an und sagen: „Ich möchte ja nicht unhöflich sein, aber der ganze Wagen fühlt sich bereits durch den Lärm und das Toben Ihrer Kinder belästigt. Können Sie sie nicht etwas unter Kontrolle bringen?“ Der Mann schaut sie gedankenverloren an und sagt dann mit leiser Stimme: „Sie haben Recht, ich habe das nicht bemerkt. Sie müssen wissen, wir kommen gerade aus dem Krankenhaus, wo die Mutter der Kinder vor einer Stunde verstorben ist, und ich glaube, sie können damit genauso wenig umgehen wie ich. Bitte entschuldigen Sie.“

Denken Sie, Ihre Sichtweise hätte sich nun geändert? Glauben Sie, dass es öfter im Leben Situationen gibt, in denen die Art und

Weise unseres Betrachtungswinkels ausschlaggebend dafür ist, was wir sehen? Von René Descartes sagt man, er habe einmal eine ganze Nacht lang wach gesessen, weil ihm die Tatsache keine Ruhe ließ, ob nicht alles, was er für Realität hielt, nur träumt.

Der chinesische Philosoph Chuang Tzu formulierte es einmal so:
„Letzte Nacht träumte ich, ich wäre ein Schmetterling,
und heute weiß ich nicht, ob ich ein Mensch war, der
träumte, ein Schmetterling zu sein, oder ob ich jetzt ein
Schmetterling bin, der träumt, er sei ein Mensch."

Es ist oft so, dass Menschen jahrelang chronische Schmerzen haben, nur um Aufmerksamkeit und Mitleid zu bekommen. Diese Methode des „Liebe-Einholens" hat irgendwann für sie funktioniert und wurde danach etabliert, gemeinsam mit der Geschichte dazu. Schauen Sie sich Ihre Geschichten an und prüfen Sie, ob Ihnen nicht eine andere Geschichte einen besseren Nutzen bringen könnte.

Warum können Sie nicht wohlhabend sein? Warum müssen Sie dick sein? Warum können Sie keine dauerhaft befriedigende Beziehung führen? Warum sind Sie nicht dazu in der Lage, Sport zu treiben oder sich ausgeglichen zu ernähren? Warum können Sie beruflich nicht erfolgreich sein? Warum haben Sie beim anderen Geschlecht keinen Erfolg? Warum sind Sie immer der "Looser"?

Welche Storys haben Sie sich als Rechtfertigung ausgedacht, um irgendetwas nicht tun zu müssen?

Lassen Sie uns aufhören mit Rechtfertigungen vor uns selbst und den nie enden wollenden Ausreden oder wie einer meiner Coaches mich gelehrt hat:" Jungs, Ihr könnt mir alles erzählen, aber ab sofort bitte KEINE "OPFERGESCHICHTEN"!

>> TIPP <<

Ab sofort keine „Opfergeschichten“ und keine Ausreden!

LEBENSSANIERUNG Schritt 20:

Entscheidungen sind unser Schicksal!

„Andere Entscheidungen bringen andere Handlungen, und andere Handlungen bringen andere Resultate."

Folgende Ausgangsbasis: Zwei Kinder, am gleichen Tag zur Welt gekommen. Eines in eine reiche Familie hineingeboren, jeder Wunsch wird ihm von den Augen abgelesen und erfüllt. Die Eltern bezahlen die besten Schulen, die besten Sprachlehrer, die besten Sportlehrer. Es wird ins Ausland zur Ausbildung geschickt. Jahre später, das Kind ist mittlerweile erwachsen und frustriert, ohne Lebenssinn, nicht fähig, richtig zu lieben, alkoholsüchtig und drogenabhängig.

Das andere Kind, offensichtlich vom Leben benachteiligt, wächst in ärmlichen Verhältnissen auf, muss schon früh seine Ausbildung abbrechen, um Geld zu verdienen, kann nur eine Pflichtschule besuchen und doch - Jahre später besitzt diese letztgenannte Person ein florierendes Unternehmen, eine wunderbare Familie und hat alle Ziele im Leben umgesetzt.

Denken Sie, die Story habe ich mir einfach so ausgedacht? Nein, keineswegs, wir sprechen in diesem Buch ausschließlich über Beispiele aus der Realität, und vielleicht kennen Sie selbst Kinder reicher Eltern, die wohbehütet mit den besten Lehrern aufgezogen wurden und später in ihrem Leben nicht lebensfähig sind. Ich selbst hatte kurzzeitig einmal eine Freundin, die im besten Wohlstand aufgewachsen war, von ihren Eltern Wohnungen in mehreren Städten Europas und teure Autos sowie Schmuck und Designerklamotten ohne Ende geschenkt bekam, aber mit 33 Jahren noch immer nicht dazu in der Lage war, die Kraft aufzubringen, ihren Traum des Medizinstudiums und der Ausbildung zur Augenfachärztin abzuschließen. Stattdessen verschob sie dieses Vorhaben von Jahr zu Jahr und machte lieber andauernd Urlaub, kaufte sich ohne Ende als permanente Ersatzbefriedigung unzählige Versace Kleider, Gucci und andere Designertaschen und Manolo Blahnik Schuhe, um am Ende tief unglücklich und unzufrieden mit sich selbst zu sein.

Woran liegt es also? Sind es die Umstände, in die wir hineingeboren werden? Definitiv nicht. Es sind nicht primär die Situationen, mit denen wir im Leben konfrontiert werden, sondern die Entscheidungen, die wir treffen und die unser Leben beeinflussen.

Wo Sie heute in Ihrem Leben stehen, wie Sie sich fühlen, ist nur das Resultat der Entscheidungen Ihres bisherigen Lebens. Auch wenn Sie mit der gegenwärtigen Situation lediglich eingeschränkt oder gar nicht zufrieden sein sollten, so ist diese Einsicht doch eine wunderbare Erkenntnis. Wenn es beginnt weh zu tun steigt der Wille und damit die Kraft etwas zu verändern.

HEUTE ist der erste Tag Ihres neuen Lebens, denn Sie können sofort beginnen, neue Entscheidungen zu treffen und Ihr Leben damit in eine neue Richtung bringen. Es stimmt, es kann natürlich etwas dauern, bis Sie die Resultate spüren; aber es ist ähnlich wie bei einem großen Öltanker. Wenn der Kapitän eine neue Richtung einschlägt, so dauert es auch geraume Zeit, bis alle auf dem Schiff merken, wohin der neue Kurs geht. Aber wenn der Öltanker dann einmal in Bewegung ist, dieses Momentum in sich hat, dann ist der neue Kurs unaufhaltsam. Vergessen Sie jedenfalls nie: Sie sind der Designer Ihres Lebens, der Drehbuchautor, der Regisseur und der Hauptdarsteller in einer Person!

Wie sieht es aktuell mit Ihren Entscheidungen aus in unserem Design-your-life-Prozess?

Haben Sie aufgrund der Analyse Ihres Lebensrades schon Entscheidungen getroffen? Haben Sie sich selbst schon beantwortet, welche Dinge verändert werden müssen? Sind Sie noch skeptisch, dass es möglich ist, Ihr Schiff des Lebens in kurzer Zeit so zu manövrieren, dass es wieder den richtigen Kurs nimmt? Ich möchte Ihnen in diesem Zusammenhang sagen:

Mir ging es ähnlich. Als ich damals da saß und beschloss, mein

Leben zu verändern, fiel mir ein Motivationsbuch meines heutigen Kollegen Jürgen Höller in die Hände, in dem ich einen Satz gelesen habe, der zu einem der wichtigsten Leitsätze in meinem Leben werden sollte:

„Nichts ändert sich, außer wir ändern uns!“

Lesen Sie es noch einmal, rahmen Sie sich diesen Satz ein und wiederholen Sie ihn immer wieder - denn dieser Satz ist äußerst wichtig!

„Nichts ändert sich, außer wir ändern uns!“

Eins war mir durchaus klar: Ich hatte meinen Lebensfilm nicht mehr nach meinem Drehbuch gedreht, sondern nur noch improvisiert. Ich hatte nur mehr zufällige Gelegenheiten wahllos wahrgenommen und mich damit weit von meinen Zielen entfernt. Ich hatte in all der Zeit vergessen, dass ich selbst für mein Leben verantwortlich bin. Das machte ich mir jetzt wieder deutlich. Ich musste lernen, in Zukunft Entscheidungen zu treffen, die richtigen Entscheidungen - und zwar ganz bewusst!

Wie ist es in Ihrem Fall? Haben Sie sich angewöhnt, Entscheidungen selbst zu treffen, bevor es andere tun?

Erst, wenn wir wirklich bewusst die Aktivitäten in unserem Leben steuern, indem wir in der Lage sind, Dinge zu starten, fortzusetzen und auch wieder zu stoppen, erst dann sind wir unser eigener Drehbuchautor und der Schöpfer unserer eigenen Welt. Jedem dieser Schritte gehen immer der freie Wille und die bewusste Entscheidung voran.

Warum fällt es eigentlich den meisten Menschen so schwer, Entscheidungen zu treffen? Sie haben Angst vor Veränderung. Sehr oft finden sich Menschen mit Mittelmäßigkeit ab, weil Sie Angst haben, die Veränderung könnte Schlechteres mit sich bringen. Raus aus der Komfortzone kostet Mühe!

Im menschlichen Leben kann man jede Motivation, etwas zu tun, auf zwei Motive herunter brechen:

Das Verhindern von Schmerzen oder Freude genießen.

Welches der beiden Motive ist für die Masse der Menschen stärker, was denken Sie? Das Vermeiden von Schmerz, Sie haben recht. Das ist der Grund, warum mehr als 90 Prozent der Menschen in Veränderungen keine Chance sehen, sondern eine Bedrohung. Der zweite Grund, warum viele Angst vor Entscheidungen haben, liegt schon in der Natur des Wortes. Entscheidung enthält das Wort „Scheidung". Jede Entscheidung ist eine Gabelung des Weges, ein Scheideweg sozusagen. Es muss uns bewusst sein:

Jedes Mal, wenn wir uns für eine Sache entscheiden, dann entscheiden wir uns gleichzeitig gegen eine andere. Wissen Sie noch, als Sie damals auf Partnersuche waren? Zum Zeitpunkt, als Sie sich für den einen Partner oder die eine ganz besondere Partnerin entschieden haben, haben Sie automatisch allen anderen eine Abfuhr erteilt. Zumindest hoffe ich das für Ihren Partner. Oder als Sie die ersten Bewerbungsgespräche führten und Ihren ersten Job annahmen. Gleichzeitig mussten Sie anderen Firmen absagen?

Das ist der Grund, warum viele Menschen Angst vor Entscheidungen haben.

Eine andere Ursache, warum Menschen keinen Mut haben Entscheidungen zu treffen, ist einfach nur Angst. Angst vor Fehlern. Sie haben nicht verstanden, dass nur derjenige keine Fehler machen kann, der nichts probiert und nichts riskiert.

No risk, no fun!

Fehler sind Bausteine unseres Entwicklungsprozesses. Ohne Fehler können wir uns nicht weiterentwickeln.

IBM-Gründer Watson senior wurde einmal gefragt, was die Voraussetzungen für einen Kandidaten sind, um bei IBM aufzusteigen und Karriere zu machen. Die lapidare Antwort lautete: „Er muss nur seine Fehlerquote verdoppeln!“

Watson verstand, wenn er seinen Mitarbeitern die Angst vor Fehlern nahm, auch deren Entscheidungsfreudigkeit und Entwicklung höher sein würde. Er selbst wußte wovon er sprach. Als er einmal im Jahr 1943 gefragt wurde wie groß der Weltmarkt für PC´s sei, sagte er:” Ich glaube, dass es auf der Welt einen Bedarf von vielleicht fünf Computern geben wird! Der Rest ist Geschichte! Es ist eine Kette, in der wir uns bewegen. Fehler sind wichtig und bringen uns Erfahrungen. Diese Erfahrungen wiederum bringen uns zu besseren Entscheidungen, und diese Entscheidungen bringen uns letztlich wieder Erfolge.

>> TIPP <<

Lernen Sie, entscheidungsfreudig zu werden!

LEBENSSANIERUNG Schritt 21:

Lernen Sie Ausdauer von den ganz Großen!

Nun möchte ich Ihnen ein Beispiel eines Mannes erzählen, der für jedermann ein Vorbild sein kann, wenn es darum geht, Flexibilität an den Tag zu legen und rasch echte Entscheidungen zu treffen. Besonders auch ein Vorbild dafür, sich von nichts abbringen zu lassen und diese Entscheidung zu leben, auch wenn Schwierigkeiten oder Probleme auftreten. Er verstand die wichtigsten Lebensgesetze, aber besonders das Gesetz der Ausdauer. Ich spreche von Soichiro Honda, dem Gründer der Honda Motor Corporation, die durch Autos und Motorräder jedem von uns bekannt ist. Auch in seinem Leben gab es viele Hindernisse, Probleme und Schwierigkeiten. Ließ er sich davon abbringen, an seinen Zielen festzuhalten? Nein, in keinster Weise, ganz im Gegenteil: Er sah diese Hindernisse stets nur wie Hürden bei einem Hürdenlauf, die es zu überspringen galt.

1938 war er ein armer Student, der tagsüber zur Schule ging und nachts an seiner ersten Vision arbeitete, und zwar, für die Toyota Motor Corporation einen neuen Kolbenring zu konstruieren, den er dann an Toyota verkaufen wollte, um ihn in weiterer Folge zu produzieren. Nachdem er bereits geraume Zeit erfolglos an dem Projekt gearbeitet hatte, ging ihm das Geld aus und er tat etwas, was einem Frauen sehr selten verzeihen. Er versetzte die Juwelen seiner Frau, Erbstücke, im Pfandhaus, um weitermachen zu können.

Endlich, nach unzähligen Versuchen und jahrelangen Mühen gelang es ihm, seinen ersten großen Traum umzusetzen: Er hatte einen brauchbaren Kolbenring konstruiert. Jedenfalls dachte er das. Als er nun damit zu Toyota ging, um diesen dort anzubieten, trat die erste Hürde auf. Toyota lehnte ab. Es wurde nichts mit dem guten Geschäft, und ihm blieb kurzfristig keine andere Wahl, als zurück zur Universität zu gehen, wo ihm der Spott seiner Kollegen und Professoren sicher war. Viele andere hätten jetzt frustriert aufgegeben, aber was tat Soichiro

Honda? Er verbrachte in den nächsten zwei Jahren einen Großteil seiner Nächte und Freizeit damit, den Kolbenring zu verbessern.

Warum? Er hatte sich für ein bestimmtes Ziel entschieden und handelte auch weiterhin genau in diese Richtung. Das „Nein“ von Toyota akzeptierte er nicht als etwas Endgültiges, sondern er erkannte, dass er nur seine Strategie etwas ändern musste. Das bedeutet, er war bei der Zielerreichung flexibel, ohne sein großes Ziel aus den Augen zu verlieren.

Was geschah dann? Zwei Jahre später kaufte Toyota die überarbeite Konstruktion. Soichiro Honda sollte nun eine Fabrik bauen, aber im ganzen Land war kein Beton verfügbar, weil sich die japanische Regierung gerade auf den zweiten Weltkrieg vorbereitete. Gab er deshalb auf? Natürlich nicht. Er hatte sich entschieden, diese Fabrik zu bauen, aufzugeben war keine Option! Daher rief er alle seine guten Freunde zusammen, und gemeinsam arbeiteten sie so lange an einer Methode, Beton auf eine andere als die herkömmliche Art herzustellen, bis es ihnen endlich gelang und sie die Fabrik zur Herstellung der Kolbenringe bauen konnten. Ein Teilsieg war errungen, so schien es jedenfalls.

Ist die Geschichte nun, da er sein erstes großes Ziel erreicht hatte, zu Ende? Nein, denn eigentlich fängt sie jetzt erst richtig an. Es kam der Krieg, und die Flieger der US Air Force bombardierten die Fabrik so lange, bis sie beinahe dem Boden gleichgemacht war. Was tat Mr. Honda? Statt zu resignieren, rief er alle seine Angestellten zusammen und schickte sie nach draußen, um die Flugzeuge der Amerikaner zu beobachten. Honda wollte wissen, wann die Amis ihre Zusatztanks abwerfen, denn diese Zusatztanks enthielten Materialien, die von den Japanern wiederum für die Produktion verwendet werden konnten und sich sonst nirgendwo in Japan beschaffen ließen. Aber die Hürden waren noch immer nicht vorbei.

Eines Tages vernichtete ein Erdbeben das, was von der Fabrik noch existierte, und es blieb Mr. Soichito Honda keine andere Wahl, als zu Toyota zu gehen und seine Kolbenfertigung zu verkaufen. Was geschah dann?

Der Krieg hinterließ seine Spuren, und es kam die große Rezession über Japan. Die Leute hatten keine Arbeit, kein Geld, und Lebensmittel waren kontingentiert. Mr. Honda hatte zwar noch sein Auto, aber er hatte nicht einmal mehr das Geld, um dieses tanken zu können, um damit für seine Familie zum Einkaufen zu fahren. Kapitulierte er jetzt? Gab er sich und seine Ziele auf?

Nein, er lebte nach dem Satz: „Wenn irgendwo eine Türe zugeschlagen wird, tut sich eine andere auf". Daher stellte er sich immer wieder konstruktive Fragen, wie beispielsweise: „Wie kann ich Dinge, die ich bereits besitze, nutzen, um meine Familie besser zu ernähren?"

Dann kam ihm eine bahnbrechende Idee. Er besaß einen kleinen Motor, so wie man ihn traditionellerweise benutzt, um einen Rasenmäher zu betreiben. Diesen Motor nahm er nun und befestigte ihn so an seinem Fahrrad, dass das Resultat daraus ein Fahrrad mit Hilfsmotor war. Mit diesem fuhr er nun regelmäßig zum Einkaufen und erweckte dabei Aufsehen. Es dauerte nicht lange, bis ihm einige Freunde und Bekannte baten, auch ihnen so ein Fahrrad mit Hilfsmotor zu bauen. Nachdem er einige „Motorfahrräder" gebaut hatte, bekam er ein Beschaffungsproblem mit den Motoren. Gab er jetzt auf? Natürlich nicht!

Soichiro Honda hatte nun eine neue Vision, und zwar wollte er eine eigene neue Fabrik errichten, um in die Serienproduktion einzusteigen. Aber wie? Es gab doch Rezession, Armut, ganz Japan besaß kein Geld, die Wirtschaft war buchstäblich niedergebombt und am Boden zerstört.

Also was tat unser Mr. Honda? Er entschied sich dafür, jedem einzelnen Fahrradhändler in Japan einen Brief zu senden. Dann schrieb er den Leuten von seiner Vision eines billigen Mopeds, das den Japanern helfen sollte, buchstäblich wieder in Schwung zu kommen. Dadurch, dass das Moped so preisgünstig wäre, könnten es sich viele Japaner leisten und würden es schaffen, damit mobil zu sein. Dann bat er die Händler, in sein Projekt zu investieren. Er hatte 18.000 Fahrradhändler kontaktiert, und 3.000 davon waren bereit, ihm Geld zu geben, um die erste Lieferung zu finanzieren.

Das war es jetzt, denken Sie nun, oder nicht? Nein, es gab wieder ein Problem. Das Moped war ein Flop, weil es zu schwer und zu unhandlich war und die Verkaufszahlen absolut schlecht waren. Nur sehr wenige Menschen kauften es.

Machte Mr. Honda weiter nach dem alten Rezept? Nein, er änderte das Rezept geringfügig und machte das Gefährt leichter und handlicher. Die abgespeckte, kleinere Variante seines Mopeds nannte er nun „The Cub", und dieses verkaufte sich nahezu über Nacht prächtig. Letztendlich verlieh ihm der Kaiser dafür sogar einen Orden. Das war der eigentliche Durchbruch von Mr. Honda, dessen Betrieb in weiterer Folge zu einem internationalen Konzern und einem der größten Autobauer der Welt wurde. Hatte er mit seinem Projekt „The Cub" einfach Glück? Oder war es die Ausdauer, dieses Kämpfen und niemals aufgeben, das ihm den Erfolg brachte, weil es nicht anders ging? Es gab gar keine andere Option als den Erfolg, wenn er nicht vorzeitig aufgab.

Wie verhält sich das jetzt mit IHREN Plänen?

>> TIPP <<

Gewöhnen Sie sich an, rasch zu entscheiden!
Bleiben Sie Ihren Entscheidungen treu!

LEBENSSANIERUNG Schritt 22:

Kämpfen Sie bis zum letzten Mann!

Bevor wir aber über künftige Ziele nachdenken, will ich Ihnen noch eine von Winston Churchill, dem bedeutendsten britischen Staatsmann des 20. Jahrhunderts, erzählen. Über ihn gibt es eine ganze Reihe interessanter Geschichten, aus denen wir einiges lernen können, aber folgende wird von einigen namhaften Buchautoren und Trainern gerne erzählt:

Winston Churchill war bereits 93 Jahre alt, als er noch einmal von einer Universität eingeladen wurde, einen Vortrag zu halten. Von überall her kamen die Menschen, um Ihren bekanntesten Landsmann und Zeitgenossen live zu sehen.

Tausende Menschen waren letztlich anwesend, als Churchill den Vortragssaal betrat. Vom Dekan der Universität war Churchill als der bedeutendste lebende Engländer vorgestellt worden, der nun seine vielleicht wichtigste Rede halten würde. Unter tosendem Applaus ging Churchill ans Podium. Er blickte einige Sekunden stumm in die Menge, dann hob er seinen Arm und sagte: „Geben Sie nie, nie, nie, nie, geben Sie niemals auf!" Dann blickte er wieder in die Runde, verließ das Rednerpult und setzte sich.

Die Zuhörer waren verblüfft, manche brauchten eine Weile Zeit, um zu verstehen, dass die Rede damit auch schon wieder zu Ende war. Andere waren verärgert, weil sie einen weiten Weg zurückgelegt hatten. Aber nach kurzer Zeit begriffen auch die Resistentesten, was er sagen wollte.

Einige Jahre zuvor, in der Phase der täglichen Bombardements der Deutschen auf London, hatten sowohl seine Berater, als auch seine Freunde und seine Politikerkollegen ihn aufgefordert, endlich mit dem sinnlosen Morden aufzuhören und sich Hitlerdeutschland zu ergeben.

Die Situation schien wirklich aussichtslos. Nacht für Nacht wurde London von den deutschen Kampffliegern bombardiert und sehr viele Menschen, vorwiegend Zivilisten, mussten ihr Leben lassen. Die Menschen hatten Angst, der Druck auf Churchill wurde immer unerträglicher.

In einer Nacht wie dieser saß Churchill mit einigen seiner besten Freunde zusammen, die ihn wieder einmal zu überreden versuchten, sich den Deutschen endgültig zu ergeben, als die Fliegersirenen das neuerliche nahende Unheil verkündeten. „Du wirst uns noch alle umbringen", so lautete der Vorwurf eines Freundes. Während ein Großteil der Freunde in den Keller des Hauses flüchtete, ging Churchill mit seinem Glas in der Hand auf die Terrasse und beobachtete die heranfliegenden deutschen Stukkas, wie sie sich näherten, um ihre Bomben abzuwerfen. Während er die ersten Einschläge hörte, schwang er seine Faust gegen den Himmel und gegen die deutschen Bomber und sagte: „Mich werdet Ihr nicht unterkriegen! Ich gebe nie, nie, nie, nie, ich gebe niemals auf!"

Was wir von Winston Churchill und allen anderen erfolgreichen Menschen lernen können ist, dass Sieger nie aufgeben. Sie wissen, wenn Sie einen Traum einmal nur für einen Moment aufgeben, ist es aus und vorbei. Im Nachhinein sprechen viele Sieger von diesen schwierigen Phasen sehr locker, ganz so, als ob sie ein geplanter Bestandteil des Prozesses gewesen wären. Es handelt sich hier um das „Gesetz der Ausdauer". Wer Ausdauer an den Tag legt, wird schließlich belohnt.

Entscheidungen sind das, was unser Leben zu dem macht, was es ist. Das sollten wir nie vergessen. Immer dann, wenn wir im Leben nicht jene Ergebnisse haben, die wir gerne hätten, haben wir in der Vergangenheit die falschen Entscheidungen getroffen. Wir müssen lernen, keine „Reagierer" zu sein, sondern „aktive Macher", „aktive Entscheider". Und folgende Erkenntnis sollten wir nie aus den Augen verlieren: „Alles, was ich selbst gestartet habe, kann ich auch beenden". Manchmal ändern sich die Umstände und es ist besser, ein Ende mit Schrecken herbeizuführen, als einen Schrecken ohne Ende zu akzeptieren.

Trotzdem ist es im Normalfall, also wenn wir uns sicher sind, die richtige Entscheidung getroffen zu haben, wichtig, dazu zu stehen, auch dann, wenn Probleme auftreten, wie wir an den vorgenannten Beispielen sehen. Umso klarer unser Ziel ist, desto größer ist die Chance, dass wir nicht abgelenkt werden.

Umso mutiger und entschlossener wir auf ein klar definiertes Ziel zugehen und umso weniger Alternativoptionen wir uns lassen, desto größer ist die Umsetzungschance. Es kommt in diesem Fall das „Gesetz der Konzentration" zur Anwendung. Lassen Sie uns das anhand einer wahren Begebenheit betrachten:

Julius Cäsar beschloss, mit seinem Heer Britannien zu erobern. Als er mit seinen Mannen gelandet war und am Ufer vor seinen Leuten stand, um eine Motivationsrede zu halten, drehte sich einer seiner Legionäre um, sah draußen am Meer die brennenden Schiffe der Römer und schrie erschrocken: „Sieh, der Feind hat unsere Schiffe in Brand gesteckt!"

Doch was antwortete Cäsar? „Nicht der Feind, ich habe unsere Schiffe in Brand gesteckt. Ich bin mit Euch hierher gekommen, um dieses Land zu erobern, und wir werden es erobern, oder wir werden gemeinsam hier sterben." Cäsar hatte sich und seinen Leuten keine Rückzugsoption offen gelassen, keine Alternative. Er hatte im wahrsten Sinne alle Brücken hinter sich abgebrochen. Und was geschah? Er gewann.

>> TIPP <<

„Geben Sie nie, nie, nie, nie, geben Sie niemals auf!"
Reduzieren Sie selbst Ihre Rückzugsmöglichkeiten!

LEBENSSANIERUNG Schritt 23:

Lernen Sie, das Neue zu bewerten!

Sie kennen die Geschichte vom halb leeren Glas? Für den einen ist es halb leer, für den anderen halb voll. Einer ist an seinem 40. Geburtstag unglücklich und beginnt, Pläne für die Rente zu schmieden. Der andere sagt: „Gut, die Lernphase habe ich nun abgeschlossen, jetzt kann es los gehen“, und beginnt, die Früchte seiner Arbeit zu ernten oder ein völlig neues Leben aufzubauen. Wo beginnt alles? Wie immer im Kopf, natürlich.

> Es gibt keine richtige und keine falsche Entscheidung im Leben.
> Daher sollten Sie auch keine Entscheidung bedauern.
> Es gibt nur Probleme, wenn wir keine Entscheidungen treffen,
> denn dann treffen andere sie für uns.

Haben Sie solche Situationen in Ihrem Leben schon erlebt? Frustrierend, wenn wir von den Entscheidungen anderer abhängig sind oder glauben, abhängig zu sein. Sehen Sie das genau so?

Stellen Sie sich zwei Menschen vor, sagen wir, zwei Frauen Mitte 30. Beide haben ein Kind, bei beiden ist die Beziehung in die Brüche gegangen. Die Erste ist unglücklich, weil sie von ihrem Mann verlassen wurde, möglicherweise wegen einer jüngeren Frau. Sie fühlt sich einsam, ausgenutzt, alt und unnütz. Daher stellt sie sich die Frage: „Wie werde ich alleine mit meinem Kind je wieder einen Mann finden, zumal ich schon deutlich über 30 bin?“ Von ihrem Kummer und ihren Depressionen wird sie nahezu aufgefressen und ist tief frustriert.

Die zweite sagt sich: „Was gerade passiert, tut zwar weh, aber es gibt mir auch die Chance zum Neubeginn. Mein Sohn ist nun schon 16, das bedeutet, er braucht mich jetzt nicht mehr so sehr wie früher und wird bald eine feste Freundin haben und eigene Wege gehen. Zum Glück habe ich mittlerweile die Reife, mir einen Mann nach den richtigen Kriterien auszusuchen, wenn ich jetzt wieder frei bin. Das gibt mir die Chance, einen neuen, liebevollen Mann zu finden. Ich bin noch immer sehr attraktiv und habe in meiner vergangenen Beziehung viel dazugelernt. Eigentlich bin ich ja auch nicht ganz unschuldig daran, dass mein Mann sich von mir entfernt hat oder, realistisch gesehen, wir uns gegenseitig voneinander entfernt haben. Wir haben unterschiedliche Lebensmotive, die uns leiten, und haben damals bei der Partnerwahl zu wenig darauf geachtet und es auch nicht wahrhaben wollen. Eigentlich habe ich ihn, wenn ich ehrlich bin, nicht mehr geliebt, und wenn er mit seinem dicken Bierbauch Zärtlichkeiten wollte, war mir das manchmal sogar zuwider. Auch sein Atem, der immer nach Zigaretten und Bier stank. Es war schrecklich wie er sich gehen ließ in den letzten Jahren. Trotzdem wünsche ich ihm von ganzem Herzen, dass er mit seiner jetzigen Beziehung glücklich wird. Vermutlich passen die beiden besser zusammen als wir beide. Ich gebe ihn frei. Gleichzeitig bin ich froh, dass ich eine neue Chance bekomme und genieße die neu gewonnene Freiheit. Endlich habe ich die Gelegenheit, mich öfter mal mit einer Freundin zu treffen, ohne dass ich alle Stunde einen Anruf bekomme, wo ich bleibe. Außerdem habe ich jetzt mehr Zeit, mir öfter einmal eine Massage zu gönnen…“

Wenn Sie ein Mann in der gleichen Situation sind, ist es ebenfalls nicht notwendig nach einer Trennung ewig zu leiden. Männer mit Stil, die auf ein gepflegtes Äußeres achten und zu den Damen charmant sind, haben alle Chancen bei Frauen zwischen 20 und 89, zumindest, wenn der Altersunterschied im Bereich von maximal 25 Jahren liegt. Das bedeutet jetzt nicht, dass sich alle Herren eine deutlich jüngere Dame suchen müssen - und natürlich auch nicht umgekehrt. Ich meine nur: „Wo die Liebe hinfällt" kann man nicht oder nur sehr bedingt steuern, und wir Männer haben, sofern wir gesund sind, den Vorteil, aufgrund unserer Zeugungsfähigkeit bis ins hohe Alter sexuell aktiv zu sein und Kinder in die Welt setzen zu können. Das gibt uns bei der Erfüllung der weiblichen Anforderungsliste (zuverlässig, aufmerksam, charmant, gut situiert, finanziell abgesichert…) Chancen bei Frauen, die sowohl merklich jünger sind als auch bei jenen, die deutlich älter sind. Ich sage das nur aus zwei Gründen. Viele Männer sehen sich immer nur im gleichen Bekanntenkreis der gleichaltrigen Damen um. Warum eigentlich? Der Teich, in dem wir fischen können, ist groß. Trotzdem, und das ist der zweite wichtige Grund, muss sich der Fischer zum Teich bewegen und darf nicht mit den Kumpels in seiner Stammkneipe beim Biertrinken herumhängen, in der Hoffnung, ein Fisch würde sich zu ihm verirren.

Zusammengefasst, meine Herren, lässt sich also sagen: Auch sie können, wenn Sie von Ihrer „Ex" verlassen wurden, durchaus positiv denken und froh an die Sache herangehen. Sagen Sie sich: „Die Dame hat offensichtlich nicht zu mir gepasst. Jetzt muss sich wohl ein anderer mit ihr herumplagen und ihre Launen ertragen."

Sie sollten jetzt natürlich nicht deprimiert die alten Urlaubsfotos studieren oder an die Stelle fahren, an der sie das erste Picknick in freier Natur miteinander verbrachten, sondern diese Sentimentalitäten abhaken. Mir ist schon klar, dass das alles nicht so einfach ist und wenn es Sie beruhigt, auch ich hatte schon Liebeskummer in meinem Leben. Aber es gibt einige Faustregeln, die Sie beachten sollten: Ob Sie gleich alle Fotos vernichten oder vorerst nur im Keller deponieren bleibt Ihnen überlassen. Im Vertrauen. Wenn Sie ein Macher sind werden Sie die Fotos in Zukunft ohnedies nicht mehr allzu oft brauchen! Also Sie können diese auch gleich großzügig dem Ex oder der Ex überlassen. Denken Sie auch nicht dauernd daran, wie verführerisch sie damals beim dritten Date ausgesehen hat (das gilt natürlich jetzt wieder für beide Geschlechter) bevor Sie dann knutschend übereinander herfielen. Nein vergessen Sie das jetzt sofort. Strich darunter. Denken Sie lieber einmal realistisch daran, wie:

- schwierig und streitlustig die Tante manchmal war.
- ungehobelt Sie der Kerl manchmal in Gegenwart seiner Kumpels behandelte.
- lästig es Ihnen war, wenn die Schwiegermutter sich in Erziehungsfragen einmischte und pausenlos am Wochenende bei Ihnen zu Hause übernachtete.
- Ihre „Hübsche" aussah, wenn sie wieder einmal zu viel getrunken hatte und ungeschminkt war, vielleicht noch mit Lockenwicklern und verwaschenem Jogginganzug.
- langweilig Ihr Exprinz manchmal sein konnte wenn er mit Chips, Bier und Fernbedienung an Ihren Bedürfnissen vorbeizappte.

Lassen Sie Ihrer Phantasie keine Grenzen, wenn es um widerliche „Gedankenbilder" von Ex-Partnern geht, unabhängig davon, ob es sich dabei um Männer oder Frauen handelt. Mundgeruch, schlampige Kleidung, die Rülpserei, die Sie immer so gehasst haben, oder auch nur eine „beschissene Verhaltensweise" Ihnen gegenüber (Arroganz, Jähzorn, Nörgelei, mangelnder Respekt und Geschmacklosigkeit, Ausnutzen im finanziellen Bereich etc.). Denken Sie so lange nach, bis Ihnen all diese Dinge wieder einfallen - glauben Sie mir, es wird dann leichter. Wenn keines der Bilder von vorhin zutrifft, dann lassen Sie ganz einfach Gras über die Sache wachsen und entscheiden Sie erst in sechs bis zwölf Monaten, ob Sie die Person noch immer lieben. Wenn ja, lohnt es sich, dafür zu kämpfen, aber nur, wenn Sie nicht die Rolle des Don Quichote (egal ob männlich oder weiblich) spielen. Die Entscheidung liegt immer bei Ihnen.

Es geht mir darum, Ihnen in diesem Kapitel zum Abschluss des „Sanierungsteils“ aufzuzeigen, dass wir zwar nicht immer alleine Einfluss auf die Dinge haben, die uns widerfahren, aber wir entscheiden, wie wir sie annehmen und wie wir darauf reagieren.

Ein anderes Beispiel: Alfred ist Manager in einem Großkonzern, der gerade umstrukturiert und mit einem anderen Konzern verschmolzen wird. Er ist 46 Jahre alt und hat heute erfahren, dass er im Rahmen der Fusionierung der Firmen seinen Job verlieren wird. Es dauert drei Stunden, nachdem ihn diese Mitteilung erreicht hat, bis er sich fasst und sich entschließt, nach Hause zu fahren, um mit seiner Familie darüber zu sprechen. Alfred ist tief unglücklich, macht sich Sorgen, wie es weitergehen wird. „Wie soll ich mit 46 Jahren je wieder einen Job mit so einer hohen Bezahlung und in dieser Position finden, bei der jetzigen Wirtschaftslage… noch dazu mit tollen Firmenauto?“

Er kommt nach Hause und erzählt frustriert und niedergeschlagen seiner Frau von dem unangenehmen Gespräch mit seinem Chef. Sie nimmt ihn in den Arm und tröstet ihn. Der kleine Michael, fünf Jahre alt, der alles mit angehört hat, springt nun seinem Papa auf den Schoß und sagt ganz spontan: „Du Papi, du musst nicht traurig sein. Das ist doch super, dass du gekündigt wurdest. Endlich hast du wieder einmal Zeit, mit mir so richtig zu spielen, mit der elektrischen Autobahn und so, du weißt schon!“

Jetzt muss Alfred kurz schmunzeln und folgt dem kleinen Michi, der ihn an der Hand in sein Zimmer zerrt, in dem es sich beide gemütlich machen und den gemeinsamen Moment genießen, wie sie es schon seit mindestens vier Monaten nicht mehr gemacht haben. Nach einiger Zeit kommt auch seine Frau ins Zimmer. „Du, ich habe nachgedacht. Vielleicht ist das ja gar nicht so schlimm, allein schon wegen der Abfindung, die sie dir bezahlen müssen. Du hättest von dir aus sowieso nie gekündigt. Wir könnten doch mit dem Geld, das du jetzt bekommst, gemeinsam mit dem, was ich noch von meinen Eltern bekommen habe, dieses Bistro eröffnen, von dem wir schon so lange träumen. Das ist die Chance für einen Neubeginn. Eigentlich warst du doch in letzter Zeit ohnedies meistens ausgelaugt und hast mir gesagt, dass dir deine Arbeit keine große Freude mehr macht."

Plötzlich hatte sich die Perspektive total verändert. Das Glas ist wieder halb voll. So einfach ist das. Glauben Sie mir, es gibt ganz selten Situationen im Leben, in denen es nicht möglich ist, ihnen irgendetwas Positives abzugewinnen.

Dieses Prinzip funktioniert auch in Alltagssituationen, in denen es nur um Kleinigkeiten geht, die uns ärgern. Nehmen wir an, Sie sind im Auto unterwegs zu einem Termin. Sie sind schon etwas zu spät aufgestanden und dachten, Sie könnten den zeitlichen Rückstand noch aufholen. Die Landstraße war frei, dann fuhren Sie auf die Autobahn, so wie jeden Tag, und jetzt: „Dieser verdammte Stau!" So wie regelmäßig dreimal pro Woche. Sie sind wütend. „Weil irgend so ein Idiot wieder mit Sommerreifen bei Schneetreiben im Dezember fährt, hat es geknallt, und Hunderte stehen deshalb im Stau und kommen zu spät zu wichtigen Terminen!", denken Sie bei sich. „Ich werde den Auftrag sicher verlieren, wenn ich zu spät komme", ist dann gleich der nächste negative Gedanke. Gibt es zu dieser Denkweise eine Alternative? Natürlich! Sie könnten sich sagen: „Okay, ändere Dinge, die Du ändern kannst, aber versuche nicht, Dinge zu ändern, die Du nicht ändern kannst! Und lerne, zwischen beiden zu unterscheiden! Dieser Stau fällt eindeutig in Kategorie zwei. Er ist existent. Ich kann es nicht ungeschehen machen, dass ich jetzt im Stau stehe. Ich kann nicht nachträglich früher aufstehen, ich kann auch nicht nachträglich eine andere Route wählen. Aber ich höre stattdessen ein Hörbuch, das ich immer dabei habe, und nutze damit die Zeit für mich. Meine „rollende Bibliothek" (Empfehlung des Lifedesigners) macht mir richtig Freude, und solche Momente wie diesen genieße ich für mich, so gut es geht. Parallel rufe ich kurz meinen Gesprächspartner an und frage ihn, ob wir den Termin eventuell auf heute Nachmittag verschieben sollen oder ob es in einer Stunde auch noch in Ordnung für ihn wäre. Dabei bin ich gut gelaunt und bin mir sicher, dass er Verständnis hat. Vielleicht steckt er ja im gleichen Stau. Wenn ich meine CDs vergessen habe, dann nutze ich die Zeit, um zu telefonieren, zu meditieren, meine Mails vom Notebook, I-Phone oder Blackberry

abzurufen oder was auch immer." Es gibt unzählige Möglichkeiten, die Zeit effizient zu nutzen!
Nehmen wir ein anderes alltägliches Beispiel: Sie planen am Wochenende Sport im Freien, eine Wanderung, ein Badewochenende oder sonstige Aktivitäten in der freien Natur. Samstagmorgen wachen Sie auf und es regnet. Sie können unglücklich sein, auf das Wetter schimpfen und frustriert ihre Partnerin oder ihren Partner mit Ihrer Griesgrämigkeit und Ihrem Frust verärgern. Oder Sie können eine Entscheidung treffen. Sie können sich an Ihre Partnerin oder Ihren Partner kuscheln, sich innig küssen, ... den Rest überlasse ich Ihrer Fantasie. Später können Sie gemeinsam kochen, einen tollen Film, den Sie schon lange sehen wollten, auf DVD anschauen oder ins Kino gehen, ins Museum, zur Vernissage, Tennis in der Tennishalle spielen oder eine andere Indoor- Aktivität wahrnehmen. Danach verbringen Sie den Abend bei einem Konzert, tanzend oder in einem netten Restaurant beim Candle-Light-Dinner, bevor Sie glücklich Arm in Arm im Bett nebeneinander liegen und sich freuen, dass Sie so einen schönen Tag zusammen verbracht haben. Was dann kommt, überlasse ich wieder Ihrer Vorstellungskraft. Welche Entscheidung ist wohl besser für Ihr Wohlbefinden? Wie haben Sie den Tag bei Variante 1 und wie bei Variante 2 bewertet? Wie flexibel sind Sie?

Das war jetzt ein ganz banales Alltagsbeispiel. Wie aber klappt das mit dem richtigen positiven Bewerten, bei wirklichen Katastrophen und Schicksalsschlägen? Es ist nicht immer einfach, das gebe ich zu. Aber trotzdem ist das Prinzip der Neubewertung, auch bei schweren Schicksalsschlägen sehr oft, um nicht zu sagen, nahezu immer anwendbar. Ich kann mich noch erinnern, wie sehr ich um meinen Großvater trauerte. Aber als er starb, war es trotzdem für alle Beteiligten und auch für ihn selbst eine gute Lösung, eine Befreiung. Er war die letzten Wochen seines Lebens ein intensiver Pflegefall, und es war für meine Großmutter sehr schwierig, ihn zu pflegen, sie wollte aber auch nicht, dass er in einem Heim stirbt. Davor war er Zeit seines Lebens ein fröhlicher stattlicher Mann, der Lust am Leben hatte und andere mit seiner Fröhlichkeit ansteckte. Nun, vor seinem Tod, lag er wochenlang hilflos im Bett. Ich liebe ihn innig. Aber selbst in so schrecklichen Momenten, wenn wir einen lieben Menschen durch Tod verlieren, sollten wir uns fragen:

- Was ist dieser Person nun erspart geblieben bzw. welche möglicherweise unangenehme Sache kann damit abgeschlossen werden?
- Was ist ihm/ihr erspart geblieben?
- Welche neuen Möglichkeiten ergeben sich nun durch den Abschluss dieser alten Sache? Wenn eine Türe zugeht, gehen zwei neue auf.
- Wenn ein Mensch stirbt, wird irgendwo anders auf dieser Welt wieder einer geboren.
- Was kann ich aus dieser Situation lernen, so unangenehm sie auch sein mag?
- Wie kann ich mein Verhältnis zu Tod und Trauer überdenken und verändern?

Auch aus zerbrochenen Freundschaften, gescheiterten Geschäften, Pleiten und anderen Katastrophen, können wir fast immer etwas Positives für unser Leben lernen, wenn wir dazu offen und bereit sind. In Zeiten der Niederlagen und der Krisen wachsen wir, wie ich in diesem Buch versucht habe, anhand meines eigenen Beispiels und aufgrund der Beispiele vieler anderer zu beweisen.

Lassen Sie mich die Reihe der prominenten Beispiele in diesem Buch noch um ein letztes ergänzen. Niki Lauda ist als mehrfacher Formel 1-Weltmeister nahezu allen, die sich für Motorsport interessieren und auch vielen anderen ein Begriff. Er war der erfolgreichste Österreicher, der je in der Formel 1 fuhr. 1975 wurde er zum ersten Mal Weltmeister der Formel 1 und von allen gefeiert. Dann 1976 dieser schreckliche Unfall am Nürburgring (nahezu zeitgleich mit dem Einsturz der Wiener Reichsbrücke), bei dem er fast verbrannt wäre. Schreckliche Verbrennungen am ganzen Körper und im Gesicht, aber binnen kürzester Zeit war er wieder bereit, Rennen zu fahren, was schon alleine für seine gute mentale Konstitution spricht. Er verlor im letzten Moment noch die Formel 1-Weltmeisterschaft 1976 an den Briten James Hunt, durch w.o im für Fahrer nicht zumutbarem Regenrennen bevor er 1977 ein zweites Mal Weltmeister wurde. Nachdem die erste Gründung der Lauda Air in einem finanziellen Fiasko endete, entschloss sich Lauda, sich zur Geldbeschaffung wieder ins Cockpit zu setzen, und wurde 1984, also sieben Jahre später, noch einmal Weltmeister der Königsklasse des Motorsports. Alleine das muss ihm schon einmal jemand nachmachen. Es war mittlerweile eine andere Fahrergeneration unterwegs. „Gratulation Niki", kann ich nur sagen.

Dann, am 26. Mai 1991, Absturz der Lauda-Air Flug 004 in Thailand mit 223 Todesopfern. Alle Welt vermutete menschliches Versagen doch Lauda, der sich entschlossen in eine Maschine setzte und zur Unglücksstelle flog, dementierte. Lauda stellte die Behauptung auf, es könnte die „Schubumkehr" schuld gewesen sein, also ein technisches Problem. Er legte sich mit dieser Behauptung mit der großen „Boeing" an, einem Großkonzern mit Finanzauskunft ohne Ende und eine Truppe von Topanwälten. Alle Welt riet ihm von einem Prozess mit diesem großen Flugzeughersteller ab. Trotzdem zog Lauda den Rechtsstreit durch, seine Piloten und seine Fluglinie wurden rehabilitiert und Lauda Air überlebte diese Krise. Jahre später, im Jahr 2002, musste er trotzdem wirtschaftlich bedingt an seinen Hauptkonkurrenten AUA verkaufen, durfte aber noch eine gewisse Zeit lang im Management mitwirken und fliegen, bevor ihm nach längeren Streitigkeiten auch das untersagt wurde. Nach einem eher erfolglosen Gastspiel als Jaguar-Teamchef kehrte Lauda wieder in die Fliegerei zurück, übernahm im Rahmen der Insolvenz der Aero Lloyd die Mehrheitsanteile der Aero Lloyd Austria GmbH und brachte diese in die neu gegründete Fly Niki ein. Mit Air Berlin gewann er einen starken Kooperationspartner.

Mit Fly Niki ist Lauda auch in der angespannten wirtschaftlichen Situation 2009 eine der erfolgreichsten europäischen Fluglinien. Lauda erlebt als einer der Hauptgegner des AUA-Lufthansadeals zwar die nächste Niederlage, als diese Fusion von der EU abgesegnet wird, aber im Gegenzug dazu muss Lufthansa AUA Landerechte abgeben, wovon Lauda profitiert. In dieser Phase lernte ich ihn auch kurz persönlich kennen. Zum Zeitpunkt, als ich dieses Buch schrieb, hat Lauda gerade wieder einmal beträchtliche Anteile seiner Firma an Air Berlin verkauft (offiziell im Rahmen von Expansionsüberlegungen), was Rückschlüsse darauf zulassen könnte, dass er sich möglicherweise mittelfristig aus dem Luftfahrtgeschäft zurückziehen möchte.

Vielleicht noch kurz ein Beispiel aus seinem privaten Umfeld: Lauda trägt vier Nieren im Körper; da die eigenen Nieren als Folge der Medikamente nach seinem Unfall in der Wirkungsweise stark nachgelassen haben, mussten ihm Spendernieren eingesetzt werden.

Viele seiner Geschäftspartner und Fans wissen von diesem Manko nichts. Nachdem ihm sein Bruder Florian 1997 eine Niere gespendet hatte, war Lauda einige Jahre später, und zwar 2005, neuerlich in einer bedrohlichen Situation Seine deutlich jüngere Frau Birgit Wetzinger, die früher in seiner Airline gearbeitet hatte, entschloss sich kurzfristig, eine ihrer Nieren für ihn zu opfern. Der Eingriff verlief komplikationsfrei. Die beiden sind seit September 2009 glückliche Eltern, und Lauda wurde mit 60 nochmals strahlender Vater von Zwillingen, obwohl seine beiden Söhne Lukas und Mathias aus erster Ehe mit Marlene bereits erwachsen sind und Mathias selbst im Autorennsport tätig ist (sein jüngerer Bruder Lukas ist sein Manager).

Warum ich Ihnen das alles erzähle? Weil ich Niki Lauda vorbildlich finde, was Kampfgeist betrifft. Diejenigen, die Lauda nur aus den Formel 1-Reportagen bei RTL oder anderen Fernsehsendern kennen, werden sich oftmals fragen, wie sich ein Mann über eine Zeit von mehr als 30 Jahren so im Mittelpunkt der Öffentlichkeit halten kann. Für die Österreicher ist er jedenfalls seit Jahrzehnten „Niki Nationale“, für mich der Inbegriff des Kämpfers.

Jetzt habe ich Ihnen anhand eines weiteren Prominenten, geschildert, wie viele Schicksalsschläge auch die sogenannten „Gewinner“ verdauen müssen. Dieser Mann ist für mich jedenfalls das personifizierte „Stehaufmanderl“, wie wir Wiener sagen, oder „Stehaufmännchen“, wie die Deutschen es formulieren. Vor allem beherrscht er nicht nur die Gabe, das Beste aus der jeweiligen Situation zu machen, sondern hat auch ein Geschick dafür, nicht nur Dinge aufzubauen, sondern sich auch wieder rechtzeitig davon zu trennen. Dieser Aspekt ist um nichts unwichtiger als ersteres. Wie die indianischen Völker sagen: Erkenne wann ein Pferd tot ist und höre dann auf es zu reiten. Aber wie auch immer wir hierüber denken mögen, eines ist gewiss: Niki Lauda ist, wenn man seinen Lebensweg ansieht, jemand, der mit jeder Situation, mit jedem Ball, den ihm das Leben zugespielt hat, gut fertig geworden ist. Er hat nicht gesagt: „Okay ,da war dieser Unfall. Mein Gesicht ist verbrannt, ich werde nie wieder Rennfahren können." Nein, er saß wenige Wochen später wieder im Cockpit. Er hat nicht gesagt: „Dieser Absturz ist das Ende, ich höre auf" oder „Meine Fluglinie ist pleite. Ich werde nie an meinen Hauptkonkurrenten verkaufen, diese Schande ertrage ich nicht." Er hat auch nicht gesagt: „Ich werde mit diesem verbrannten Körper nie wieder eine neue Partnerin finden. Oder mit nur einer Niere kann ich keine Kinder mehr in die Welt setzen", oder was auch immer wir uns sonst noch zur Demotivation sagen könnten. Nein, er war immer wieder offen für Neubewertung und Veränderung, und deshalb zählt er am Ende des Tages auch immer wieder zu den Gewinnern, die im Rampenlicht stehen. Für mich ist er einer der Best of Best.

„Denn die einen stehn im Dunkeln, und die andern stehn im Licht; Doch man sieht nur die im Lichte, die im Dunkeln sieht man nicht." (Aus der „Dreigroschenoper" von Bertolt Brecht)

Offensichtlich hat er es immer wieder verstanden, die Ereignisse neu zu bewerten, und deshalb einen Weg gefunden.

Wenn Sie bis zu diesem Punkt gekommen sind und es Ihnen gefallen hat, geben Sie bitte auch anderen die Ihnen nahe stehen die Chance und schenken Sie weiter. Die Erkenntnisse dieses Buches - Ihre Erkenntnisse! Sie finden im Buch auf der letzte Seite einen

Bestellschein den Sie kopieren können. Sollte dieser fehlen dann schreiben Sie uns ein Email:

office@lifedesigner.info

Vielen Dank!

Schlussbemerkung:

Ich danke Ihnen dafür, dass Sie mich als Coach gewählt und dieses Buch bis zum Ende gelesen haben. Es war schön, für einige Zeit Ihr Coach zu sein, und ich hoffe, dass wir beide erst am Anfang dieses gemeinsamen Weges stehen. Auch in meinen nächsten Büchern werden Sie noch viele Beispiele von Prominenten finden (meine Interview- und Recherchephase habe ich bereits begonnen), die Ihnen Mut machen sollen. Vergessen Sie nie: Jeder Prominente, jeder Star von heute war irgendwann ein „Unbekannter". Jeder von Ihnen hatte seine Probleme, Ängste, Zweifel, Höhen und Tiefen, Erfolge und vielmehr noch Niederlagen - so wie „DU und ICH"!

Der einzige Unterschied ist, dass die Gewinner des Lebens das Leben als ein Spiel ansehen. Einmal gewinnen Sie, einmal verlieren Sie, wie ich am Beginn des Buches schon sagte. Aber ein Gewinner des Lebens verliert niemals wirklich. Das, was einen Gewinner des Lebens von einem Verlierer unterscheidet ist, dass sich der Gewinner nicht vom Leben herum schubsen lässt. Auch wenn der Gewinner niederfällt oder vom Leben „niedergeschubst" wird, so steht er schnell wieder auf und klopft sich die Knie und Hände ab, um danach noch sicherer zu stehen. Er nutzt die Erkenntnisse, die er aus der Niederlage und dem kurzzeitigen Schlag des Lebens zieht, um zu lernen. Selbst aus den Zitronen, die ihm das Leben gibt, macht er noch Limonade und schafft damit für sich selbst etwas Wertvolles - nämlich Lebenserfahrung - und dadurch wird er besser, noch viel besser und wenn er diesen Prozess lange und oft genug durchmacht ist er eines Tages:

One of the best - the best of the best!

Oder mit anderen Worten, als neue Lifedesignregel sozusagen: „Wenn dir das Leben eine Zitrone schenkt, verlange nach Salz und Tequila"

Letztlich geht es einzig und alleine darum, dass Sie auf die Siegerseite wechseln, indem Sie persönlich Ihr Leben sanieren, als ersten Schritt des „Lifedesign Prozesses". Wenn Sie die Ratschläge aus den vorgenannten Kapiteln auf sich anwenden, dann haben Sie faktisch das Fundament für alles gelegt, was Sie in meinem zweiten Buch „Lebensdrehbuch - Make Your Life A Masterpiece!" vorfinden. Es ist äußerst wichtig, dass Sie Ihr persönliches „Lebenshaus" auf solidem Untergrund bauen und nicht auf eine Sanddüne stellen. Ich wünsche Ihnen, dass dieses und zwar Ihr persönliches „Lebenshaus" eine prachtvolle Villa oder noch besser ein wunderschönes Schloss wird – und keine „Hundehütte". Vergessen Sie nicht - Sie designen es, Sie planen es und haben die Kraft und die Möglichkeit Ihre Pläne Realität werden zu lassen.
Werden Sie einer der: best of best!

„**M**ake Your Life A Masterpiece!
Win the Oscar!!: in DEINEM Lebensfilm!“

Danksagungen:

Herausragende Leistungen entstehen immer dann, wenn unterschiedliche Menschen zusammentreffen, die sich optimal ergänzen. Sie erinnern sich sicherlich noch an die jahrelange Dominanz eines Michael Schumacher in der Formel 1. Natürlich war diese Einzigartigkeit, seinem Kampfgeist, seinem Mut, seiner Ausdauer und vielen anderen guten Eigenschaften zuzuschreiben von der ich mich in meiner aktiven Zeit, in der ich einige Monate am Rande des Formel 1 Zirkus tätig war, selbst vergewissern konnte. Aber er war auch ein hervorragender Teampartner, der mit seinem Team, bestehend aus Ross Brawn, Jean Todt und den vielen Mechanikern zuerst bei Benetton und danach bei Ferrari wunderbare Gesamtleistungen schuf. Zum Zeitpunkt, während ich dieses Buch in der 1. Auflage schreibe, wird gerade gemunkelt, dass er für Mercedes zurück in die Formel 1 kommt - wieder unter Ross Brawn.

Ebenso hatte auch ich die Chance von vielen besonderen Menschen zu lernen, mich mit Ihnen auszutauschen und mich inspirieren zu lassen. Besonders geprägt hat mich ein persönliches Kennenlernen mit Anthony Robbins, der bereits Personen wie Bill Clinton, Michail Gorbatschow und Andrew Agassi coachte. Er bestärkte mich nicht nur im Vorsatz andere, nicht nur über meine Consultingfirma im Firmenbereich, sondern auch als Trainer und Personal-Coach erfolgreicher machen zu wollen. Letztlich war er der letzte Katalysator, meinen lang gehegten Wunsch umzusetzen und die Academy (mehr Infos unter www.lifedesigner.at) mit dem Ziel zu gründen, Europas größte Akademie für Erwachsenenbildung zu schaffen. Auch die Idee, mindestens 10% der Erträge für sozial Bedürftige und Waisenkinder zu spenden, kam mir im Austausch mit ihm.

Jemand, der mich ebenfalls zu der Idee beglückwünschte, meine eigenen Bücher zu schreiben und Seminare zu halten und mich persönlich motivierte, ist Jürgen Höller, den ich seit Jahren gut kenne und der mir in unseren freundschaftlichen Gesprächen immer wieder Inputs gab. Ich kann mich noch erinnern, als wir, einige Monate bevor ich dieses Buch schrieb, nach einer abendlichen Joggingrunde mit einem guten Glas pannonischen Barriquewein in „Purpurrot" gehalten vor dem Panorama der Zillertaler Berge saßen und er mich darin bestärkte, dieses Buch „Lebenssanierung" zu veröffentlichen. Jürgen war es auch, der mich einlud, als Sprecher auf seinem Motivationstag vor 2.500 Zuhörern - zusammen mit einigen der besten Sprecher des deutschsprachigen Raums - aufzutreten und der mir damit Mut machte, meine Erkenntnisse mit mehr Menschen zu teilen, als ich dies davor tat. Auch wenn wir nicht immer einer Meinung sind, habe ich unseren Kontakt meistens befruchtend empfunden. „Danke Jürgen!"

Auch Bodo Schäfer, der als einer der erfolgreichsten international tätigen Coaches schon das Moskauer Olympiastadion mit 35.000 Leuten gefüllt hat, inspirierte mich schon jahrelang durch seine Bücher, bevor ich letztlich die Gelegenheit hatte, auch ihn persönlich kennenzulernen.

Übrigens glaube ich, dass unsere Freunde, Coaches und Mentoren im Leben uns mehr formen, als alles andere. „Sage mir, mit wem du Umgang hast und ich sage dir, wer du bist." Das ist ein altes Sprichwort. Ich wandle es aus aktuellem Anlass um: „Sage mir, mit wem du heute Umgang hast und ich sage dir, wer du morgen sein wirst. Falls du merkst dass Menschen dich und dein Leben durch Unaufrichtigkeit oder andere schlechte Eigenschaften permanent negativ beeinflussen und nur Probleme in dein Leben bringen - sobald du Klarheit hast, trenne dich - möglichst ohne all zu viele Hassgefühle. Wenn Menschen in deinem Umfeld dir Kraft geben, intensiviere den Kontakt!" Klingt so einfach aber sei vorsichtig! Nicht jeder der behauptet er ist dein Freund, ist es wirklich. Wie schon in der Bibel steht „an ihren Früchten werdet Ihr sie erkennen." Wie ich das aus eigener Erfahrung sagen kann: So manchen Energievampir oder Krafträuber der mit zerstörerischer Energie unterwegs ist, verkleidet sich als Wolf im Schafspelz. Ich danke an dieser Stelle nochmals allen wahren und loyalen Freunden, Geschäftsfreunden und Mitarbeitern die es ehrlich meinen und hinter mir stehen.

Da ich unter Anwendung aller, vorher in diesem Buch beschriebenen Regeln die Mehrzahl meiner früheren Lebensziele bisher erreichen durfte (wenn auch manche, wie ich zugeben muss, länger gebraucht haben und es so wie auch bei anderen Erfolgreichen viele Rückschläge gab und auch manchmal noch gibt), bin ich auch sicher, dass der Wunsch, mit meinen Seminaren, Vorträgen und Büchern noch Millionen von Menschen in mehreren Ländern zu erreichen, in Erfüllung gehen wird. Ich hoffe jedenfalls, dass Sie und viele Ihrer Freunde meine Bücher lesen und unter den Zuhörern bei meinen Seminaren und Vorträgen sitzen werden.

Einige „Adler" (leider kann ich nicht alle erwähnen) die mich immer wieder motivierten, dieses Buch zu schreiben und sich mit mir austauschten, waren Steffen Wendel, der nicht nur ein angenehmer „Sparringpartner", sondern auch ein hervorragender Fachmann in Richtung „Google-Optimierung" ist. An dieser Stelle erwähnen möchte ich natürlich auch Florian Janz und stellvertretend für seine Teampartner Axel Born und natürlich dem gesamten in Schweinfurt gegründeten „Rabenclub" (eine Vorgängerinstitution der „Adler-Lounge") mit Christian Urlhart, Willi Egeler und allen anderen netten „Raben-Kollegen".

Abschließend bin ich allen Autoren dankbar, die mich mit dem Inhalt von hunderten von Büchern in puncto Erkenntnis der Lebensgesetze und Spielregeln zu dem gemacht haben, was ich heute bin.

Besonders danke ich aber an dieser Stelle natürlich auch Ihnen, lieber Leser, dass Sie dieses Buch gekauft haben. Vielleicht waren Sie ja auch schon auf dem einen oder anderen meiner Seminare oder Sie beschließen aufgrund der Lektüre eines meiner Bücher mich nun einmal persönlich kennenzulernen.

Egal, woher wir uns kennen und egal, was Sie bereits über mich gelesen oder gehört haben: Lassen Sie mich bitte auch am Ende dieses Buches eines klarstellen: Ich bin kein Guru und ich lebe mein eigenes Leben auch nicht immer frei von Fehlern, auch wenn ich in der Theorie mittlerweile die Lebensgesetze gut kenne. Schon in der

Bibel steht geschrieben „Wer ohne Fehler ist, der werfe den ersten Stein." Ich bin, wenn Sie das möchten, Ihr Wegweiser, aber niemals der Weg! Ich habe viele Fehler in meinem Leben gemacht an denen ich Sie Anteil nehmen lassen möchte! Und ich mache immer noch genug. Wir alle sind **nur** Menschen - Gott sei dank. Aber wir wachsen mit jedem Fehler!

Die Lebensweisheiten und Spielregeln des Erfolges, die Sie in meinen Büchern finden werden, sind wie ich immer wieder betonen möchte, definitiv nicht meine Weisheiten, sondern jahrhundertealte Lebensgesetze, die nachweislich existent sind und die ich aus einer Vielzahl wertvoller Bücher, Vorträge und Seminare zusammengetragen habe. Es war dabei eine Freude in den letzten 20 Jahren bei den Besten der Besten in die Schule zu gehen. All den Trainern und Coaches, die mich einen Teil meines Weges begleitet und die mich auch mitgeprägt haben, danke ich. Viele habe ich in diesem Buch angeführt ohne Anspruch auf Vollständigkeit. Da es sich um mehr als 120 Seminare der Besten der Besten und tausende Bücher handelte, mögen mir die anderen Autoren und Trainer die nicht namentlich genannt wurden bitte verzeihen.

Ich habe die meisten der Topseminartrainer persönlich näher kennengelernt, den einen oder anderen sogar freundschaftlich, schon bevor ich selbst begann Seminare zu halten.

Es waren hervorragende Trainer dabei, es waren gute dabei und gelegentlich vielleicht auch einige weniger gute. Wobei ich Ihnen jetzt schon sagen kann, auch diese Wertung stimmt definitiv nicht. Sie waren in meiner subjektiven Wahrnehmung entweder gut oder weniger gut. Wie Sie in diesem Buch schon festgestellt haben, ist alles im Leben nur eine Sache der individuellen Betrachtung. Wie wir unsere eigene Realität erleben, ist ausschließlich subjektiv und geprägt durch unsere eigene Wahrnehmung. Es ist also nicht real, sondern es ist tatsächlich nur unsere Realität.

Trainer und Coaches polarisieren so wie Lehrer in der Schule und Künstler auf der Bühne. Das ist normal, denn die meisten bekannten Trainer sind „Persönlichkeiten mit Ecken und Kanten". Der eine liebt jenen, weil er so ruhig und sachlich argumentiert, der andere meint, wenn man dem zuhört, schläft man ja fast ein. Der Zweitgenannte ist begeistert von der Energie und dem Selbstbewusstsein, die ein anderer Trainer auf der Bühne ausstrahlt, und der erste meint, der Typ sei doch ein arroganter Schwätzer - alles unterm Strich nicht wichtig.

Für mich gilt immer: Alle Redner, Trainer und Coaches sind letztlich nur Überbringer der „Erkenntnisse". Sie sind nicht die Erkenntnis. Gehen Sie davon aus, egal wie sympathisch oder unsympathisch Sie einen Trainer, Coach oder Vortragsredner finden - die Botschaft ist wichtig, nicht der Botschafter.

Vergessen Sie Gurus und suchen Sie sich lieber einen Topcoach, einen Sparringpartner!

Zurück zu meinen Erfahrungen. Wann immer ich eine neue Sache in meinem Leben begonnen habe, habe ich mir stets die besten Coaches und Vorbilder gesucht und mich an diesen orientiert. Neben den bereits erwähnten Topleuten wie Anthony Robbins und Bodo Schäfer haben mich auch einige andere mitgeprägt.

Meine liebsten Vortragsredner, deren Reden und anregende Vorträge ich schon vor vielen Jahren gerne beigewohnt habe, sind z.B. der Erfinder des Clienting Edgar K. Geffroy den ich in Wien kennen lernen durfte, Fitnesspapst Dr. Ulrich Strunz von dem ich mich persönlich in puncto „Bluttuning" coachen ließ und der mittlerweile Ehrenmitglied in der Adler Lounge ist, der excellente Dr. Michael Spitzbart sowie der ehemalige Olympiateilnehmer Dr. Thomas Wessinghage, mit denen ich eine interessante Zeit in Salzburg verbrachte.

Auch Jürgen Höller mag ich und bin ihm gegenüber loyal, obwohl wir in einigen Bereichen unterschiedlich denken und ihn einige meiner Klienten und Seminarkunden kritisch betrachten. Es gefällt mir wie er wieder aufgestanden ist trotz Niederlagen. Auch Emile Ratelband ist in meinen Augen nicht nur ein lustiger Spaßvogel, der lange Zeit auf RTL eine eigene Fernsehshow hatte, sondern auch ein excellenter Showman. Zum Zeitpunkt der 3. Auflage dieses Buches stehen wir im Rahmen eines Deutschlandevents erstmal auf der gleichen Bühne. Von Harv Erkner, ebenfalls einem Vollprofi aus den USA, durfte ich ebenfalls einiges lernen und habe letztendlich sogar eine Trainerausbildung bei ihm absolviert.

An dieser Stelle möchte ich meine besten Freunde, Peter Hirschfeld und Dietmar Waldek nicht unerwähnt lassen, die auch in schwierigen Lebensphasen stets gute Sparring- und Diskussionspartner waren und mich darin bestärkten, dieses Buch zu schreiben. Ihnen danke ich auch für die Bereitstellung Ihrer Verlagskontakte. Insbesondere danke ich Paul Jezek, einer der Gründer des „Wirtschaftsblatts", für seine Tipps im Umgang mit der Presse und meinem Freund Steffen Wendel, der selbst Buchautor ist bezüglich der Hilfestellung bei der praktischen Umsetzung zu diesem Buch - ich schätze ihren Einsatz.

Jana Perminova, die neben der Hauptlektorin Anne Zeggelmann dieses Buch lektoriert hat, war stets eine spannende Gesprächspartnerin und wunderbare Freundin und ich danke ihr für ihre Lektorentätigkeit bei diesem Buch. Andrea Kühme, eine Mitgründerin der Academy (mehr Infos unter www.lifedesigner.at), eine der besten Moderatorinnen die ich kenne, und allen anderen, freiwilligen Lektoren danke ich an dieser Stelle ebenfalls nochmals herzlichst für Ihre Tätigkeit.

Vor meinen Mitarbeitern verneige ich mich an dieser Stelle ebenfalls. Ich danke meinen Mitarbeitern, die mit tatkräftigstem Einsatz manchmal auch am Wochenende an der mehrmaligen Überarbeitung des Buches und der Entstehung mitgewirkt haben.

Da in diesem Buch von Sanierung die Rede ist und ich vor meiner Tätigkeit im Vortrags-, Trainings und Coachingbereich im Investoren- und Firmensanierungsbereich gearbeitet habe und dies mit meiner Consultingfirma auch jetzt noch mache, möchte ich auch diesen Bereich kurz erwähnen.

Zwei Personen haben sich dabei als zuverlässige Partner erwiesen; Dr. Peter Peikoff und Mag. Ernst Helldorff möchte ich für das vermittelte Spezialwissen im Sanierungsbereich und aufgrund jahrelanger guter Zusammenarbeit in meiner Consultingfirma besonders erwähnen. Mag. Franz Harrand war mir als steuerlicher

Berater und Freund beim Aufbau meines Firmengeflechts stets eine gute Hilfe und hat mich im Sanierungsteam immer gut unterstützt - mein Dank auch an ihn. Von Hermann Klinger und seinem Team und von Christian Lerner lernte ich viel über Networking. Beide sind sehr erfolgreiche Top-Führungskräfte in zwei der führenden Netzwerkvertriebe Europas.

Last, but not least danke ich meinem Sohn Patrick, der trotz all meiner Schwächen und Fehler nie das Vertrauen in seinen Vater verloren hat. Ihm habe ich dieses Buch gewidmet und wünsche ihm viel Erfolg beim Designen seines Lebens.

Das in diesem Buch aufgezeigte erarbeitete Wissen anderen Menschen zugänglich zu machen und damit einen Beitrag dazu zu leisten, diese Menschen zu Erfolgen zu führen, sei es im Berufs- oder auch im Privatleben, das ist meine Motivation!

10% des Reinertrages dieses Buches werde ich für soziale Projekte unter anderem für bedürftige Waisenkinder im Rahmen einer geplanten Stiftung weitergeben, ähnlich wie wir es auch mit einem Teil der Erträge aus unserer Akademie tun. Danke an alle, die an meiner persönlichen Weiterentwicklung meiner Arbeit Teil gehabt haben!!

MIT HERZLICHEM GRUSS, IHR
Paul Misar

Meine Diamanten

1. ______________________________

2. ______________________________

3. ______________________________

4. ______________________________

5. ______________________________

Aktionsplan

Aktion 1: ____
Start bis: __________, abgeschlossen bis __________

Aktion 2: ____
Start bis: __________, abgeschlossen bis __________

Aktion 3: ____
Start bis: __________, abgeschlossen bis __________

Aktion 4: ____
Start bis: __________, abgeschlossen bis __________

Aktion 5: ____
Start bis: __________, abgeschlossen bis __________

Aktion 6: ____
Start bis: __________, abgeschlossen bis __________

Aktion 7: ____
Start bis: __________, abgeschlossen bis __________

Aktion 8: ____
Start bis: __________, abgeschlossen bis __________

Aktion 9: ____
Start bis: __________, abgeschlossen bis __________

Aktion 10:____
Start bis: __________, abgeschlossen bis __________

Sonstige Notizen für meine Lebenssanierung:

Quellennachweis

Armstrong Lance (mit Sally Jenkins), „Tour des Lebens“, Gustav Bastei Lübbe Taschenbücher und Gustav Lübbe Verlag in der Verlagsgruppe Lübbe,
ISBN-13: 978-3-404-61496-7, ISBN-10: 3-404-61496-8
Barnaby Brenda, „Das Geheimnis hinter the Secret“, Verlag „Die Silberschnur“ GmbH,
ISBN: 978-3-89845-242-7
Beck Martha, „The Joy Diet. 10 Daily Practices for a Happier Life“ (amerik. Originalausgabe 2003), deut. Übersetzung Campus Verlag GmbH, Frankfurt am Main,
Die Deutsche Bibliothek verzeichnet diese Publikation in der Deutschen Nationalbiographie. ISBN 3-593-37432-3
Branson Richard, „Losing My Virginity“, The Autobiography Virgin Books LTd,
Thames Wharf Studios, Rainville Road London W6 9HA, ISBN 978-3-453-640-054
Buzan Tony, „Speed Reading“, Taschenbuchausgabe ins deutsche übersetzt,
Wilhelm Goldmann Verlag, München in der Verlagsgruppe Random House GmbH,
ISBN- 978-3-442-442-16848-4
Byrne Rhonda, „The Secret - Das Geheimnis“, Arkana Verlag, www.arkana-verlag.de,
ISBN 978-3-442-337-903
Coue´Emile, „Autosuggestion nach Emile Coué“, Oesch Verlag AG, Zürich,
ISBN 978-3-0350-1507-2
Covey Stephen, „Die 7 Wege zur Effektivität“, Gabal Verlag, ISBN 978-3-8974-9573-9
Eker Harv T, „So denken Millionäre“, Die Originalausgabe ist erschienen unter dem Titel „Secrets of the Millionaire Mind“ ISBN- 0-06-076328-0, bei Harper Business and imprint of Harper Collins Publishers, LLS, 2006 in deutsch Börsenmedien AG,
D95305 Kulmbach 5. Auflage 2008,www.boersenbuchverlag.de,
ISBN 978-3-938350-27-0
Enkelmann Nikolaus B., Der Kennedy Effekt: Mit Charisma zu Macht und Einfluss,
N Frankfurt/Wien: Redline Wirtschaft bei Ueberreuter, 2002, ISBN 3-8323-0904-07
Geffroy Edgar K., „Machtschock“, Campus Verlag, ISBN 3-593-36950-8
Haanel Charles F., „The master key system“, Wilhelm Goldmann Verlag, München,
www.arkana-verlag.de, ISBN 978-3-442-33821-4
Hicks Esther and Jerry, „The Law of attraction“, Ullstein Buchverlage GmbH, Berlin,
ISBN 978-3-7934-2124-05

Hill Napoleon, „Denke nach und werde reich“,
(deut Ausgabe) Heinrich Hugendubel Verlag Kreuzlingen, München,
ISBN 978-3-7205-2740-8
Höller Jürgen, „Sag ja zum Erfolg“, by Life Learning e.K. Schulstraße 93,
97525 Schwebheim, ISBN 978-3-9811566-1-4
Hujer Marc, „Arnold Schwarzenegger, Die Biographie“,
Deutsche- Verlags-Anstalt, München, in der Verlagsgruppe Random House GmbH
und SPIEGEL-Verlag, Hamburg, ISBN 978-3-421-04405-1
Kirsch David, „Die ultimative New York Diät“, amerikanische Originalausgabe
erschien unter dem Titel „The Ultimate New York Diet“ bei McGraw-Hill, New York,
genehmigte Lizenzausgabe für Verlagsgruppe Weltbild GmbH,
Steinerne Furt, 86167 Augsburg, ISBN 978-3-8289-2277-8
Klein Stefan, „Die Glücksformel“, Rowohlt Verlag GmbH, Reinbek bei Hamburg,
ISBN 3 498 03509 6
Lagerfeld Karl und Jean-Claude Houdret, „Die 3 Diät“, Steidl Verlag, Göttingen 2002,
ISBN 3-88243-845-2
Langen Dietriech Prof.Dr.med., „Autogenes Training für jeden“,
Prof Dr. med. Dietrich Langen Gräfe und Unzer GmbH, München, ISBN 3-7742-3469
Laotse, „Ta Te Ching“ der deutschsprachigem Ausgabe Wilhelm Goldman Verlag,
München, einemUnternehmen der Verlagsgruppe Random House GmbH,
ISBN 978-3-866-474-659
Lassen Arthur, „Heute ist mein bester Tag“, Christine Lassen Seminare & Verlag,
D 63486 Bruchköbel, www.let-verlag.de, ASIN: B002LZ2DVG
Lützner Hellmut Dr. MEd, „Wie neugeboren durch Fasten“, GU-Verlag,
www.gu-online.de, ISBN 3-7742-1462-X
Murphy Dr. Joseph, „Das Erfolgsbuch“, Ullstein Buchverlage GmbH, Berlin,
ISBN Nr. 978-3-548-74433-9
Peters Thomas J. „Kreatives Chaos“, Hoffmann und Campe, ISBN: 978-3-4550-8290-6
Pilzer Paul Zane, „Die nächste Billion“, Copryght der deutschen Übersetzung 2002
by ZCl, Inc, herausgegeben von DMC Media unter Lizenz der Video Plus,
Inc. DMC Media Fachverlag für Network, Marketing Publikationen, 6424 Silz, Austria,
ASIN: B0017IOBD6

Robbins Anthony, „Notes from a friend", erschienen von Fireside, Simon & Schuster, Inc. New York, USA / deutschprachige Ausgabe „Das Prinzip des geistigen Erfolges", Neuausgabe 1. Auflage Dezember 2004 von Ullstein eines Verlages der Ullstein Buchverlage GmbH, Berlin, in Anlehnung an die deutschsprachige Ausgabe 1997 von Wilhelm Heyne Verlag GmbH & Co.KG München (Originalausgabe Anthony Robbins 1991, 1995), ISBN 978-0-743-409-377, ISBN 978-3-548-742-250

Robbins Anthony, „Awaken the Giant within", Free press, a division of Simon & Schuster, Inc, 1230 Avenue of the Americas, New York 10020, 2003, ISBN 0671-72734-6, ISBN 0-671-79154-0 (pbk)

Rogoll Dr.med. Rüdiger: „Nimm dich wie du bist", Herderbücherei 1976, Verlag Herder Freiburg im Breisgau, ISBN 3-451-07593-8

Schäfer Bodo, „Die Gesetze der Gewinner", Frankfurter Allgemeine Zeitung GmbH, D-60267 Frankfurt am Main, ISBN 3-89843-050-2

Schäfer Bodo, „Der Weg zur finanziellen Freiheit: In sieben Jahren die erste Million", Campus Verlag 2000, Frankfurt / Main, ISBN 3-593-36027-6

Schäfer Bodo, „Endlich mehr verdienen", Hoffmann und Campe Verlag, Hamburg www.hoffmann-und-campe.de, ein Unternehmen der Ganske Verlagsgruppe, ISBN 978-3455093803

Strunz Dr.med.Ulrich, „Die Diät", 2002 by Wilhelm Heyne Verlag GmbH & Co.KG, München, ISBN 3-453-21638-5

Strunz Dr. Ulrich, „Die neue Diät, fit und schlank durch metabolic power", ISBN 978-3453120938

Watzlawick Paul „Anleitung zum Unglücklich sein", Piper München 1983, ISBN 3-492-02835-7

Weber Anders „Autogenes Training - eine Lebenshilfe", Oesch Verlag 2002, ISBN-13: 978-3035000030, ISBN-10: 3035000034

Trump J. Donald & Zanker Bill, „Think BIG: Make it happen in business and life", Verlag Harper Paperbacks, ISBN 978-0061547843

„LIZENZ ZUM GELD VERDIENEN“
Steigern Sie Ihr Einkommen und Ihren Marktwert um mindestens 300%
aus der Reihe „Design your Company“

Zielgruppe:

Firmeninhaber von KMU‘s, Freischaffende, Geschäftsführer, Topmanager, Nachwuchsführungskräfte – „alle Leader und Macher“

Ziel der Schulung:

- VON PARADIGMENWECHSEL PROFITIEREN
- Sichern Sie Wettbewerbsvorteile durch „ANDERE STRATEGIEN“ sprich, die “RICHTIGEN STRATEGIEN“
- Ihre ÜBERLEBENSSTRATEGIEN in Zeiten des Killerwettbewerbs
- Entwickeln Sie IHRE DIFFERENZIERUNGSSTRATEGIEN
- Entwickeln Sie IHRE POSITIONIERUNGSSTRATEGIEN
- Entwickeln Sie IHRE SPEZIALISIERUNGSSTRATEGIEN

Inhalt:

- Wie Sie die Veränderungen der Märkte für IHREN FIRMENERFOLG nützen
- Wie Sie ENTGEGEN ALLGEMEINER MARKTENTWICKLUNGEN IHRE POSITION nicht nur behaupten sondern deutlich AUSBAUEN können.
- WIE SIE eine eindeutige Marktpositionierung einnehmen und IHRE MARKE AUFBAUEN.
- WIE SIE IHRE MARKETING- UND VERTRIEBSKANÄLE mit WENIG KOSTENAUFWAND deutlich EFFIZIENTER MACHEN können.
- WIE SIE DURCH richtige Positionierung vom „GELDWECHSLER“ zum „WINNER“ werden!

- WIE SIE mit Positionierung und Spezialisierung im härter werdenden Wettbewerb IHRE INDIVIDUELLEN PERSÖNLICHEN ÜBERLEBENSSTRATEGIEN ENTWICKELN können

Ort: Deutschland, Österreich, Schweiz, Italien
Dauer: 1 Tag
Optional mit Spezialangebot für ein besonders günstiges „Hobby-Schnupper-Einzelcoaching“

„LIFE SECRETS“
Lizenz für Erfolg und Lebensglück!
aus der Reihe „Design Your Life”
NEU: mit FEUERLAUF!

Zielgruppe:

alle die mehr aus Ihrem Leben machen möchten.

Ziele/Nutzen:

(das Seminar wird Sie zu folgendem befähigen bzw. folgendes aufzeigen)

- Ihre neue LEBENSKRAFT entdecken
- Jede Form von PROBLEMEN und KRISEN zu MEISTERN
- BLOCKADEN ABBAUEN
- FREI WERDEN von HEMMNISSE und KOMPLEXE
- ENTDECKEN IHRER PERSÖNLICHEN POTENTIALE
- ZIELKLARHEIT!!!

Inhalte – Wie Sie profitieren können:

- Sanieren Sie Ihre Altlasten
- Lernen Sie Ihre Ängste zu nutzen (Erfolg trotz Ängste)
- Den Körper als Tempel Ihrer Seele entdecken
- Ihr Umgang mit Krankheiten und Schicksalsschlägen
- Nutzen Sie strukturierte Analyseprozessen für Ihre Problemlösung
- Nutzen Sie die wichtigsten Lebensgesetze
- Entdecken Sie die Kraft Ihres Unterbewusstseins
- Wie müssen Ziele definiert sein, damit sie Chance auf Umsetzung haben?
  - Die praktische Umsetzung von „The Secret“!

Ort: Deutschland, Österreich, Schweiz, Italien
Dauer: 3 Tage

Das Seminar basiert auf dem Buch:
„Lebenssanierung – Sanieren statt Planieren“ von Paul Misar
und den anderen 10 der besten Erfolgsbüchern die es am Markt gibt.

„LEBENSDREHBUCH“
Lizenz Deine Träume zu leben!
Wie Sie lernen Zielklarheit zu finden und Ihre PS auf die Straße zu bringen! Für all jene die schon Power besitzen, aber noch den TURBOSCHUB benötigen!

„Design your life“ - Wie aus Rohdiamanten Brillanten entstehen
Die Kunst aus dem eigenen Leben ein Meisterwerk zu machen (optional inkl. persönlichem halbtägigem Coaching durch Paul Misar) inkl. Erstellung eines Lebensdrehbuches

Zielgruppe:

alle die noch mehr aus Ihrem Leben machen möchten!

Ziele/Nutzen:

(das Seminar wird Sie zu folgendem befähigen bzw. folgendes aufzeigen)

- Die RICHTIGEN ZIELE IM LEBEN finden
- Ihr Leben zu designen, perfekter als Sie es für möglich gehalten haben
- Ihr Leben im Einklang mit den EIGENEN LEBENSMOTIVEN zu führen
- Ihre ganz besondere BESTIMMUNG IM LEBEN ZU FINDEN

Inhalte – Wie Sie profitieren können:

- Ganzheitliches designen Ihres Lebens
- Die richtigen Wege gehen
- Praxisworkshop: Ein optimales Lebensdrehbuch im Einklang mit unseren individuell optimalen Möglichkeiten zu schreiben

- Glaubenssätze
- Ihre Lebensmotive und wie sich diese auf Ihre Lebensplanung auswirken
- „Design-my-Life-Prozess“ – Brillanten-Feinschlifftechnik mit Erfolgs- garantie!
- Entdeckung der persönlichen Lebensmotive nach wissenschaftlichen fundierten Erkenntnissen des amerikanischen Psychologen Steven Reiss
- Leben im Flow!
- Optional: Test + Coaching

Ort: Deutschland, Österreich, Schweiz, Italien
Dauer: 3 Tage inkl. Workshop
Begrenzter kleiner Teilnehmerkreis - mit Workshop (max. 15 Pers.)
Dieses Seminar basiert auf dem im Mai 2011 erschienenen Buch
„Lebensdrehbuch – Make Your Life A Masterpiece!“ von Paul Misar

100%ige GELD ZURÜCK GARANTIE BEI UNZUFRIEDENHEIT
(Wenn Sie nach 30% des Seminars merken dass es Ihnen keinen Nutzen bringt, erhalten Sie Ihr Geld retour.)

Anmeldung telefonisch unter: +43 1 718 088 512

Nähere Informationen sowie die aktuellen Termine finden Sie unter:
www.lifedesigner.at

Gerne können Sie uns auch wie folgt erreichen:
Schwarzenbergplatz 8/8, Mezzanin
A – 1030 Wien
Tel.: +43 1 718 088 512
Fax.: +43 1 718 088 580
Mobil: +43 676 843 485 206
E-Mail: office@lifedesigner.info

Paul Misar
Lebensdrehbuch
Make Your Life A Masterpiece!
LIFE DESIGNER
Aus der Reihe:
DESIGN your LIFE

Bestellfax

zum Heraustrennen und Nachbestellen
weiterer Buchexemplare
Fax: +43 1 718 088 580 oder via
Email: office@lifedesigner.info

Hiermit bestelle ich weitere Exemplare des/r Buches/Bücher

.... Stk. „Lebenssanierung – Sanieren statt Planieren“

.... Stk. “Lebensdrehbuch - Make Your Life A Masterpiece!”

zum Versand an folgende Adresse per Nachnahme (Zahlschein) um

je € 24,50.

Name: ....

Adresse: ....
....
....

Telefon: ....

....
Unterschrift

....
Datum